ドレッサージュの基礎
――馬と共に成長したい騎手のためのガイドライン

クルト・アルブレヒト・フォン・ジーグナー 著
Kurd Albrecht von Ziegner

椎名 穣 訳

Elements of Dressage - A Guide for Training the Young Horse

Elemente der Dressur by Kurd Albrecht von Ziegner
Copyright of original edition © 2002 by Cadmos Verlag
This edition © 2002 by Cadmos Equestrian
First published as *Elemente der Dressur* by Cadmos Verlag, 2002.
Japanese translation rights arranged with
Cadmos Verlag GmbH, Brunsbek, Germany
through Tuttle-Mori Agency, Inc., Tokyo

"*USDF Glossary of Judging Terms*"
by and edited by United States Dressage Federation
Copyright © 1999 by United States Dressage Federation
All rights Reserved
Used by permission of United States Dressage Federation,
Lexington, Kentucky
through Tuttle-Mori Agency, Inc., Tokyo

献　辞

本書の執筆を勧めてくれた
アメリカの友人たちに[1]

年2回も家を空ける夫に耐えてくれた
妻エリザベートに

私の誇りである
子供たちと孫たちに

---

1) 『*Elemente der Ausbildung*』の献辞は，ここに訳出した『*The Basics*』のものと同じだが，英語版の『*Elements of Dressage*』では，このパラグラフがなく，代わりに，最後のパラグラフとして，「私を導いてくれた馬たちに」という一文が加えられている（これら3つの本の関係については，「訳出にあたって」を参照）．

訳出にあたって

本書は，クルト・アルブレヒト・フォン・ジーグナー（Kurd Albrecht von Ziegner）大佐の『The Basics: Guideline for Successful Training（基礎事項：調教を成功させるためのガイドライン）』の全訳である．

『The Basics』は，フォン・ジーグナー大佐が初めて英語で著した著書で，アメリカの馬術雑誌Dressage & CT誌に連載した記事を基にXenophon Press社（アメリカの馬術書専門の小出版社）から出版された．その後ドイツに逆輸入され，やはり馬術書専門のCadmos社[1]が，『Elemente der Ausbildung（調教の基本要素）』としてドイツ語訳を2001年に出版し，さらに翌年，同じ出版社が英語版の『Elements of Dressage（ドレッサージュの基本要素）』を出版している．

『The Basics』は，アマゾン・ドット・コムなどの大手インターネット洋書店では扱われていないため，訳者は，アメリカの馬術書専門店Knight Equestrian Books[2]からオンラインで入手したが，Cadmos社版は，ドイツ語版，英語版ともにアマゾンなどで入手できる．

Cadmos社版には，『The Basics』にない「移行」，「横運動」，「踏歩変換」

原著の表紙：左から『The Basics』，『Elemente der Ausbildung』，『Elements of Dressage』．

1) http://www.cadmos.de/
2) http://www.knightbooks.com/

という 3 章が補われているほか，用語の使い方などに若干違いがあるが，これらの章について『Elements of Dressage』を『Elemente der Ausbildung』と対照すると，重要と思われる記述がなかったり，いささか冗長と思われる説明が加えられていたりする箇所が少なくない．そこで，本書は，『The Basics』の改訂第 2 版を底本とし，補われた 3 章については，まず『Elements of Dressage』に従って訳した後，『Elemente der Ausbildung』によって訳し直した．これら 3 章は，他の章が「基礎調教」の考え方の説明に徹しているのに対し，具体的な運動を扱った実践的内容になっており，「基礎調教」の範疇からはやや外れた事項にも言及されているので，本書を通読する際は，むしろこれらの章を飛ばして読んだ方が，フォン・ジーグナー大佐の基礎調教に関する考え方が頭に入りやすいかもしれない．

訳文中，洋書の書名については，原則として，邦訳が出版されているものは邦題を，それ以外のものは原題を表示し，双方を併記する場合には，前者は『乗馬教本 (Reitlehre)』のように邦題を先に，後者は『Das Gymnasium des Pferdes (馬の身体訓練)』のように原題を先に表示した．未邦訳書の邦題は訳者独自のものであり，例えば荒木雄豪編訳『国際馬事辞典』の「馬術家と馬術関係書」などに掲げられた書名とは必ずしも一致しない．

訳注などで FEI (国際馬術連盟)[3]の馬場馬術競技会規程 (以下単に「FEI 規程」と表記) を参照する場合は，原則として 2006 年 1 月 1 日施行の第 22 版の英語版 (同年 5 月 10 日改訂版)[4]を用いたが，FEI では，規約第 53 条により英仏 2 ヶ国語が等しく公用語とされているので，英語版と同等の効力をもつフランス語版 (「フランス語規程」と表記) も適宜参照した．日本語訳 (「日本語規程」と表記) も参照したが，本書での訳文は，日本語規程の表現とは必ずしも一致しない．また，合衆国馬術連盟 (United States Equestrian Federation.「USEF」と表記) の『USEF Rule Book (USEF 規程集)』[5]も適宜参照した．

---

[3] フランス語の「Fédération Équestre Internationale」(英語では「International Equestrian Federation」) の略．

[4] 第 22 版では全面改訂が行われ，構成・内容ともに第 21 版から大きく変更された．当初は英語版のみ公開され，2006 年 6 月になってようやくフランス語版が公開された際に，英語版にも相当な改訂が加えられた．

ところで，本書には様々な馬術用語が出てくるため，すべてに的確な訳語を当てられたかどうかこころもとない．そこで，合衆国馬場馬術連盟（United States Dressage Federation．「USDF」）が出版している『USDF審査用語集（*USDF Glossary of Judging Terms*）』（『USDF用語集』と表記）の最新版である1999年10月改訂版[6]を付録として収録した．なお，この用語集の1990年版は，『*The Basics*』でもしばしば引用されているが，1999年10月改訂版とは表現が必ずしも一致しない（脚注や「馬術用語の訳語について」での引用は，すべて1999年10月改訂版によっている）．

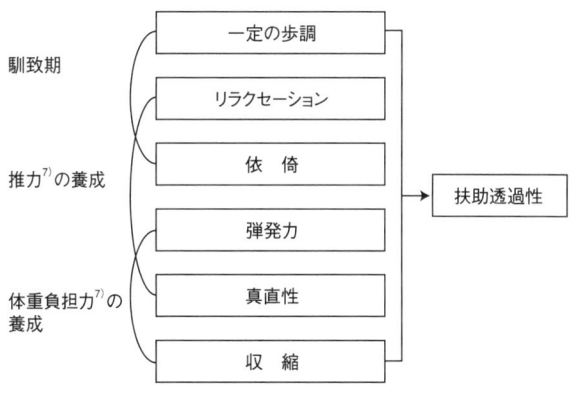

参考図1　ドイツ馬術連盟の公式教本による「調教進度基準」

5）この規程集は，USEFのウェブサイト（http://www.usef.org/）から無料でダウンロードできる．なお，USEFは，アメリカ馬術競技協会（American Horse Shows Association．「AHSA」）が2001年に「合衆国馬術協会（USA Equestrian）」に名称変更された後，2003年に合衆国馬術チーム（United States Equestrian Team）と併合されて成立した組織で，『USEF規程集』も，2001年までは『*AHSA Rule Book*』，2003年までは『*USA Equestrian Rule Book*』と呼ばれていたが，少なくとも馬場馬術部門の規程の内容に関するかぎり，『AHSA規程集』としての最後の版である2000年11月1日施行の2001年版と，2004年12月1日施行の『USEF規程集』2005年版との間には大きな違いはない．そのため，原文で『*AHSA Rule Book*』あるいは『*USA Equestrian Rule Book*』に言及されている箇所は，訳文ではすべて『USEF規程集』に統一した．

6）viiiページ「第2版での追記」参照．

7）「推力」および「体重負担力」については，それぞれ，「馬術用語の訳語について」（以下「訳語解説」と表記）の「Impulsion」の項および「Carriage」の項を参照．

最後に，本書の特徴である「トレーニング・ツリー」についてあらかじめ若干の注釈を付けておく．「トレーニング・ツリー」の基礎は，ドイツ馬術連盟が定め，ドイツの馬術教育の基礎となっている「調教進度基準（die Ausbildungsskala）」にあるが，論者によって順番に違いが見られる．

まず，本家本元であるドイツ馬術連盟の公式教本[8]では，参考図1のような順番とされ，「一定の歩調（Takt）」[9]，「リラクセーション（Losgelassenheit）」[10]，「依倚（Anlehnung）」[11]，「弾発力（Schwung）」[12]，「真直性（Geraderichten）」，「収縮（Versammlung）」の6つの段階を貫く目的が「扶助透過性（Durchlässigkeit）」[13]だとされている．ボルト（Harry Boldt）[14]も，『ボルト氏の馬術』の中で，全く同じ順番で6つの段階を説明している[15]［訳注．「真直性」については，267ページ追記参照］．

---

8) 文献22および23参照．この教本は，馬車や軽乗なども含めた6分冊から成り，乗用馬の御術と調教についても基礎編（文献22）と上級編（文献23）に分かれているが，以下，基礎編を単に「ドイツ公式教本」，上級編を「ドイツ公式教本上級編」と表記する．

9) ドイツ公式教本の英語版（273ページ注13参照）では「rhythm（リズム）」，『ボルト氏の馬術（Das Dressur Pferd）』でも「拍子（リズム）」と訳されているが，「Takt」の本来の意味は「（音楽の）拍子，調子」であり，ドイツ公式教本の「例えば尋常速歩では，運歩の幅が左右均等で，馬が肢を動かすリズムが一定の状態」という説明（同書170ページ［英語版137ページ］参照）からも，「運歩のリズムが正しく，歩幅が左右均等かつ一様な状態」を意味する「運歩の整正」と，「一定のテンポ」とを併せて表現する用語だと考えられるため，「一定の歩調」と訳した．『The Basics』では，「Takt」に代えて「regularity」（本来の意味は「規則正しさ」）が用いられていることから，本書では，その訳語の「運歩の整正」を主として用いているが，「正しいリズムと一定のテンポ」という「Takt」のニュアンスを強調すべき箇所では「（一定の）歩調」と訳した．

10)「Losgelassenheit」の本来の意味は「（解放されて）自由になった状態」で，『ボルト氏の馬術』では「リラックス（解放性）」と訳されており，「Zwang（束縛・無理強い）」がない状態」すなわち「馬が精神的に自由で伸び伸びした状態」を意味するという注釈が施されている（同書112ページ注②参照）．ドイツ公式教本の英語版では「looseness（馬体がほぐれた状態）」となっているが，『The Basics』では「relaxation」と表現されているので，本書でも「リラクセーション」を訳語とした．「訳語解説」の「Suppleness」の項を参照．

11)「Anlehnung」は，馬術用語としては「依倚」と訳されるのが一般的なので，これに従ったが，『The Basics』では「Contact」が用いられているので，本書では「コンタクト」を訳語として用いている．「訳語解説」の「Contact」の項を参照．

12)「Schwung」は，『ボルト氏の馬術』では「弾発力」と訳されているので，これに従ったが，馬術用語としては「推進力」の意味で使われることが多く，『The Basics』でもドイツ公式教本の英語版でも「impulsion（推進力）」が用いられているので，本書では「推進力」を訳語として用いている．「訳語解説」の「Schwung」の項および「Impulsion」の項を参照．

一方，クリムケ（Reiner Klimke）博士[16]は，『*Grundausbildung des jungen Reitpferdes*（若い乗用馬の基礎調教）』の中で，「依倚」以下は同じ順番としつつ，1番目と2番目とを入れ替えて，最初が「リラクセーション」，次が「一定の歩調」だと述べている[17]．

これに対して，フォン・ジーグナー大佐は，どちらとも違う独創的でわかりやすい順番を「トレーニング・ツリー」として提唱している．それがどのような順番で，それぞれの項目にどのような意味があるのかについては，「トレーニング・ツリー」の章をお読みいただけば，自ずと明らかになる．

なお，「調教進度基準」は，英語では，「Pyramid of Training（調教のピラミッド）」のほか，ドイツ語を直訳して「Training Scale」と呼ばれるが，日本でも「トレーニング・スケール」が定着しつつあるようである．

訳　　者

---

13)「Durchlässigkeit」は，『ボルト氏の馬術』では「（扶助に対する）従順性」と訳されているが，本来の意味は「透過性・浸透性」で，『ボルト氏の馬術』の英語版でも「throughness（[扶助の]透過性）」と表現されていることから，「扶助透過性」と訳した．『The Basics』では「suppleness」と表現されているので，本書では「柔順性」という訳語を用いている．「訳語解説」の「Suppleness」の項を参照．
14) ドイツの有名な馬場馬術選手で，1964年の東京オリンピックと1976年のモントリオール・オリンピックで，いずれも団体金メダル，個人銀メダルを獲得している．
15)『ボルト氏の馬術』113～115ページ参照．なお，「Durchlässigkeit」については，「Versammlung（収縮）」の項で，「収縮中の弾発力（推進力）をうまく維持できるようになると，扶助透過性が増す」という形で言及されている．
16) ドイツの有名な馬場馬術選手で，1964年の東京オリンピックを皮切りに，1984年のロスアンゼルス・オリンピックでの個人・団体優勝を含め，金メダルを6個（うち団体5個），銅メダルを2個（いずれも個人）獲得している．
17) この点については，馬の肉体的・精神的緊張が解けてリラックスしなければ，一定の歩調（つまり，歩幅が均一でリズムが正しく，しかもテンポ一定な運歩）は得られないとも言えるし，まず一定の歩調で運動できるようにならなければ，馬の緊張が解けることはありえないとも言えるので，一概にどちらが正しいとは言い切れないが，ドイツの馬術書の多くはドイツ公式教本の順番に従って書かれており，クリムケ博士の本も，娘のイングリット（Ingrid Klimke）による全面改訂（274ページ注16参照）の結果，ドイツ公式教本と同じ順番に改められた．

第2版での追記

　FEI規程は，現在，2009年1月1日施行の第23版が最新版となっているが（フランス語版は，現時点では未公表），本書の初版出版時に参照した第22版の改訂版と比べると，大きな変更は，「後肢旋回」の説明が改められたことと，「自由常歩」という用語が「（常歩中の）長手綱での馬体の伸展」に変更されて定義しなおされたことだけである（それぞれ，200ページ追記，236ページ追記参照）．また，各歩法での肢の運びを示す図版に加え，停止，巻乗り，8字乗り，蛇乗りの図形やピルエットでの運歩を示す図版が追加されたほか，踏歩変換，腰を内へ，腰を外へ，横歩，ピルエット，パッサージュ，ピアッフェについて各運動課目の「目的」が追加されたが，条文自体は，「騎手（rider）」という言葉を「選手（athlete）」に置き換えるという意図不明の修正以外，ほとんど変更されていない．ただし，項番号が変わっている条文については，本文中に第23版での項番号を併記した．

　FEIでは，FEI規程を補完するため，2007年に『*Dressage Handbook–Guidelines for Judging*（馬場馬術ハンドブック－審査の手引き）』を刊行した．このハンドブックでの運動の定義などは，ドイツ公式教本および上級編に非常に似通っており，FEIが全面的にドイツ馬術の考え方を採用したことが見て取れる．FEI規程の第23版で追加された図版や運動課目の目的に関する記述も，ここからの引用である．ちなみに，ハンドブックの巻末には，本書に収録したUSDF用語集の1999年10月改訂版が一部改変されて収められている．

　そのUSDF用語集も，現在では2007年版が最新版となっていて，「トレーニング・スケール」の解説のほか，いくつかの用語が追加され，また，「Collection（収縮）」など全面的に定義が見直された用語もある．この版は，USDFのウェブサイト（http://www.usdf.org）で入手可能である．

　なお，今回の再版に当たり，恒星社厚生閣のご協力を得て，表現上の誤りを訂正したほか，いくつかの追記（上記のほか，85〜86，199，267〜268の各ページ）を行った．

　　2009年9月

　　　　　　　　　　　　　　　　　　　　　　　　　　訳　者

序　文

　クルト・アルブレヒト・フォン・ジーグナー大佐を初めて知ったのは，ある年，USDFの後援で毎年夏にトリスタン・オークス（Tristan Oaks）で行われている「調教と指導に関するセミナー」に参加したときだった．大佐はオブザーバーとして招かれており，指導の部を1日中見学しておられた．その際，若馬にてこずっている騎手がいて，ついに大佐がその馬に乗る許可を求めた．許可を得た大佐は，馬にまたがると手綱を柔らかく執ったまま歩き始めた．すると，馬はリラックスして扶助に対して鋭敏になっていき，やがて速歩に移ると素晴らしい運動を見せた．百聞は一見に如かずと言うが，私はその馬乗りのことをもっと知りたいと思った．長時間にわたって話した末，調教に関する大佐と私の考え方がまさにぴったりだということがわかった．また，大佐の古典馬術的な方法と，馬に対する思いやりにもたいへん感銘を受けた．

　それ以来，私がフォン・ジーグナー大佐と御一緒したのは，クリニックの場面ばかりだったが，騎手が抱える問題に対する大佐のアプローチは有益で，その結果を見れば，騎手にも馬にも役立つものだということがよくわかった．欠点がいともやすやすと矯正されてしまうのを見ると，まさに目からうろこが落ちる思いがした．

　フォン・ジーグナー大佐は，馬乗りに役立つ概念を2つ紹介してくれた．その第一はトレーニング・ツリーの概念図で，これは，馬の調教の正しいステップを図式的に示しているだけでなく，学習課程に必要となる時間の要素をも示してくれている．フォン・ジーグナー大佐は，正しく調教された馬は高いレベルの作業でも低いレベルの作業でも同じようにうまくこなせなければならないと主張している．この目的のために大佐が考案したのが，第二の概念であるセント・ジェームズ賞典馬場馬術課目で，これは，大佐が多くの仕事をした地域の競技会で今日広く使われている．

　私は，アメリカでのフォン・ジーグナー大佐の活動を長年目の当たりにし，その馬術に関する考え方を学んできたが，その間，馬場馬術調教の意味を正しく理解するように生徒を導いていく大佐の能力に深い敬意を払うようになっ

序　文

た．本書は，大佐の教えをアメリカ全土に広めるだけでなく，アメリカの馬場馬術の騎手教育に大きな貢献をすることになると信じている．

ミシガン州ホワイト・レイク（White Lake）トリスタン・オークスにて
ヴァイオレット・ホプキンス（Violet Hopkins）[1]

---

[1] 馬場馬術の教官として活躍したほか，USDFの設立（1973年）に尽力し，USDFが馬場馬術教官向けに開催するホプキンス・ナショナル・セミナー（Violet M. Hopkins National Seminar）の代表，馬場馬術基金（The Dressage Foundation）のナショナル・ボード・メンバーを務めるなど，アメリカでの馬場馬術の普及に尽力し，「アメリカ馬場馬術界の第一人者」と呼ばれていたが，2002年4月にホワイト・レイクの自宅で亡くなった（享年92歳）．

ドイツ語版への序[1]

　本書は，1995年にアメリカで出版された『The Basics – A Guideline for Successful Training』を訳したものがその大半を占めている．

　その基本的な発想は，アメリカでどんどん増えている馬場馬術愛好家に向けて，馬の健康を害さずに堅実な調教を行う方法を示すことだった．

　このような本が必要だと考えたのは，アメリカでは，競技用馬場で要求される運動課目をできるだけ短時間で，しかも最小の出費で身につけるには，どの方法が（つまり，古典馬術の流派のうちのどれが）ベストなのか，という議論の中で，長年にわたって様々な意見が生まれてきていたからだ．その結果，誤りが幅をきかせ，不確かな調教が蔓延して，我々が言う（古典馬術的な）意味での「ドレッサージュ」[2]とは似ても似つかないサル真似がまかり通っていたのだ．これを止めるため，USDFは，馬術大国のうちのどの流派に従って教育を進めるべきかを決断しなければならなくなった．

　その結果，1997年に『United States Dressage Manual（馬場馬術の手引き）』[3]が出版されたが，これはよくまとまった手引書で，求めるべき方向を非常に明瞭に示しているほか，将来のアメリカの指導者や審判員を養成していく基礎とするために，教育内容の純化が必要だとしている．

　この手引書の中核をなすのが「トレーニング・ツリー」で，これは私の『The Basics』から取ったものだ．「トレーニング・ツリー」に関しては，次の点を明

---

1) これは，『Elemente der Ausbildung』が出版された際に，著者がドイツ人の読者向けに書き下ろしたと思われる文章で，『The Basics』にはもちろん，『Elements of Dressage』にも収録されていない．

2) 「dressage」（ドイツ語では「Dressur」）は，一般には「馬場馬術」と訳されるが，著者が「ドレッサージュとは調教の過程そのものであり，競技会の種目としてのいわゆる"馬場馬術"にとどまるものではない」と強く主張しているため，本書では，「ドレッサージュ」と「馬場馬術」という2つの用語に訳し分けている．

3) 1996年に出版された『USDF Manual（USDF教範）』を指しているものと思われ，1998年にUSDFが出版した『Classical Training of the Horse（古典的方法による馬の調教）』とともに，「調教進度基準」（トレーニング・スケール）の考え方が基本概念とされている．

記しておかなければならない.

　1950年代初頭，ヴァレンドルフ（Warendorf）にあるドイツ馬術連盟（Deutschen Reiterlichen Vereinigung）が『*Richtlinien für Reiten und Fahren*（馬術および馬車の御術のガイドライン）』を編纂した際，私も参画した．このとき，「調教進度基準（Skala der Ausbildung）」の考え方が初めて導入された．当時，私はこの考え方を全面的に支持したが，今日に至るまで，ほとんど非難を受けることなく受け容れられ，繰り返し活字になっている．

　しかし，それから約50年にわたって調教の経験を積むうち，「調教進度基準」を見直し，必要があれば拡張しなければならないという確信が強くなってきた．その見直しが，『*The Basics*』を執筆する過程で「トレーニング・ツリー」という形で結晶し，かの国の数多くの乗馬施設でポスターとして掲示されるに至ったのだ．

　ドレッサージュに必要不可欠な構成要素（エレメント）とはどういうもので，それらをどういう順序で育成していくべきか，様々な図形運動や運動課目は，どういう時期に行うのが有益か，また，運動課目を馬に理解させやすくするにはどうすればよいか，そして，どうすれば人馬の完璧な調和に到達できるかといった問いに対し，理論上のみならず，自らの経験に基づいて答えを出すことができて初めて，馬の調教に喜びを見出すことができるし，調教を崩してしまう心配もなくなるのだ．

　それに加えて私は，『*The Basics*』によって，「ドレッサージュ」など全く無意味だと考えているアメリカの馬術界に呼びかけたかったのだ．アメリカでは，「ドレッサージュ（馬場馬術）」とは，ダンスの専門家に仕立て上げられた馬と，大勒，燕尾服，シルクハットを必要とするしちめんどうくさくて細かい作業だという考え方が蔓延しており，野心のある馬乗りの中にも二の足を踏む者がたくさんいた．そのため，馬場馬術騎手の陣営と障害馬術騎手の陣営とが存在し，未だに馬場馬術競技会と障害飛越競技会とがきちんと分けられているのだ[4]．

---

[4] これまでオリンピックの馬場馬術と障害馬術（あるいは総合馬術）の2種目でメダルを獲得した選手がドイツのティーデマン（Fritz Thiedemann）しかいないこと，馬場馬術で有名なクリムケ博士も，ヨーロッパ総合馬術選手権での優勝経験があることを見ても，ドイツでは，他国に比べ，馬場馬術と障害馬術・総合馬術との間の垣根が比較的低いと推察される．

ドイツ語版への序

「古典的」という言葉は，海外の馬場馬術家の間では，これほど当たり前のように誤解されて使われているのだ．

私たちドイツの馬乗りは，「ドレッサージュ (Dressur)」という言葉が，「イヌの訓練」などと言う場合の「訓練 (Dressieren)」とは関係がないことを知っており，「ドレッサージュ」とは馬の調教 (Ausbildung)，つまり，新馬を，馬場馬であれ，障害馬であれ，総合馬であれ，Sクラス[5]の馬に仕上げていく過程全体を意味する言葉だと理解している．調教のイロハのイは，まず強力な基礎調教だというのは，私たちドイツ人にとっては当たり前のことなのだ．

アメリカには，ドレッサージュに反対する誤った先入観が蔓延しているが，『The Basics』によってこれに対処し，「ドレッサージュ」とはまさに，馬術のあらゆる種目のための調教の基礎をつくる「基礎調教」を意味する言葉でもあるということを理解してもらう必要がある．

『The Basics』の翻訳により，ドイツの馬術界が繰り返し表明してきた希望がかなえられることを願いたい．

著　者

---

[5] ドイツでは，馬の調教と騎手の訓練のレベルを，下から順番にE（Eingangsstufe［入門］），A（Anfänger［初心者］），L（Leicht［初級］），M（Mittel［中級］），S（Schwer［上級］）の5つのグレードに分けており，Sクラスは，馬場馬術課目でいえばセント・ジョージ賞典以上に相当する．本書に出てくるアメリカの基準では，Eクラスがトレーニング・レベル，Aクラスがレベル1，Lクラスがレベル2，Mクラスがレベル3およびレベル4，Sクラスがレベル5に当たるが，基礎調教をテーマとする本書の対象範囲は，Lクラス（レベル2）までとなっている（Mクラス以上の馬場馬術調教に関しては，『ボルト氏の馬術』が充実している）．

目　次

献　辞 ·· i
訳出にあたって ··· iii
序　文 ·· ix
ドイツ語版への序 ·· xi
はじめに ·· 1
不変の原理 ··· 3
トレーニング・ツリー ·· 13
リラクセーション　エレメント1 ··· 27
　　　どうやってリラクセーションを得るのか？ ··· 31
　　　ウォームアップ——競技前の準備運動 ·· 41
運歩の整正　エレメント2 ··· 47
　　　三種の歩度 ··· 50
伸びやかな運歩　エレメント3 ··· 55
コンタクト　エレメント4 ··· 59
「手脚の間に置かれた」状態　エレメント5 ·· 67
　　　「騎坐（腰）の作用に軽い」馬 ··· 68
　　　「脚に軽い」馬 ··· 76
　　　「手の内に入った」馬 ·· 81
真直性　エレメント6 ··· 87
　　　真直性を身につけるにはどうすればよいか？ ······································ 91
　　　斜横歩——基礎的エクササイズ ··· 93
バランス　エレメント7 ·· 105
柔順性（扶助透過性）　エレメント8 ·· 113
　　　肩を内へ：価値の大きな運動 ··· 117
推進力　エレメント9 ··· 121

xv

目 次

収　縮 エレメント 10 ……………………………………………………… 125
図形運動に関する考察 …………………………………………………… 135
運動課目に関する考察 …………………………………………………… 141
傾斜のある馬場 …………………………………………………………… 151
移　行 扶助の微調整（タイミング）…………………………………… 157
　　　　どのようにして正しい移行を行うか ………………………… 158
セント・ジェームズ賞典馬場馬術課目 ………………………………… 169
横運動 その時期，方法，目的 ………………………………………… 175
　　　　肩を内へ：すべての横運動の母 ……………………………… 177
　　　　腰を内へ …………………………………………………………… 184
　　　　腰を外へ …………………………………………………………… 187
　　　　横歩 ………………………………………………………………… 189
踏歩変換 …………………………………………………………………… 201
著者紹介 …………………………………………………………………… 207
付録：USDF 馬場馬術審査用語集 ……………………………………… 209
馬術用語の訳語について ………………………………………………… 237
　　　　推進力に関係する用語 …………………………………………… 237
　　　　口向きに関係する用語 …………………………………………… 240
　　　　柔軟性に関係する用語 …………………………………………… 249
　　　　馬の姿勢に関係する用語 ………………………………………… 252
　　　　その他の用語 ……………………………………………………… 257
訳者あとがき ……………………………………………………………… 269
文　献 ……………………………………………………………………… 271
　　　　日本語の文献 ……………………………………………………… 271
　　　　日本語以外の文献 ………………………………………………… 273

はじめに[1]

　アメリカでは，ドレッサージュ（馬場馬術）は他の乗馬スポーツに比べて歴史が浅く，その発達過程でドレッサージュの本当の意味が誤解されてきた面がある．

　一方，馬に芸当を教えて競技場の中で観衆に見せるだけがドレッサージュ（馬場馬術）ではないことくらい，誰でも知っている．ドレッサージュとは，騎手と馬との完全な調和（人馬一体）を目指す馬の精神的・肉体的訓練だ．その魅力ある外見とはうらはらに，ドレッサージュとは基本的に厳しいものなのだ．自己規律や，馬の個性を公正に見る目も要求される．

　私はこれまで，馬の調教についての考え方を執筆してほしいという依頼を繰り返し受けてきたが，実際にその話に入る前にはっきりさせておきたいことがある．

　以下に示すのは，「新しい方式」などではない．私が思い描いているのは，指導者や騎手にドイツの調教法をもっとよく理解してもらいたいということだ．ドイツの調教法では，しっかりとした基礎づくりの大切さをことのほか強調している．馬が後になって国際競技会で成功を収められるようになるのも，システマティックな基礎調教があってこそなのだ．

　ドイツの方式を実践している国はたくさんあるが，これは決して「新しい方式」ではなく，昔の大馬術家が育んできた古典的方法から生まれたものだ．この方式は，ドイツの馬術教官の公式ハンドブックである『*Deutche Reitlehre*（ドイツ馬術教範）』[2] として出版されている．これは，『*The Principles of Riding*（馬術の基本原理）』，『*Advanced Techniques of Riding*（馬術の高等

---

1) アメリカで出版されている『*The Basics*』，『*Elements of Dressage*』には，いずれも「ドイツ語版への序」の代わりに本章が収録されている．

2) ドイツ馬術連盟から出版されており，内容は，やはり同連盟が出版しているドイツ公式教本およびドイツ公式教本上級編とほぼ同じ．

はじめに

技術)』として英訳されており[3]，ともにUSDFの推薦図書になっている．

本書『ドレッサージュの基礎』は，50年以上も馬の調教と騎手の教育に携わってきた経験を踏まえて，複雑な問題を解きほぐすための考え方を示し，上に挙げた基本図書を補足するために執筆したものだ．そのため，よく知られたことがらは繰り返さず，馬の調教の一般的な手順について全体的な考え方を示すとともに，次のような疑問に答えようと思う．

- ドレッサージュに必要不可欠な構成要素（エレメント）とは何か？
- これらのエレメントをものにするにはどうすればよいか？
- それぞれのエレメントを，馬の調教の中でどういう順序で発達させていけばよいか？
- 様々な運動課目や図形運動を行う目的は何か？
- それぞれの運動は，どういう時期に行えば有益で，どういう時期に行うと害になったり故障の原因になったりするのか？
- それぞれの運動を馬にどのように要求していけばよいか？

『ドレッサージュの基礎』はまた，馬の生来の能力に合わせた合理的な調教過程の考え方を示しており，その点で，ヴィルヘルム・ミューゼラーの『乗馬教本』[4]の補足にもなると思う．

『ドレッサージュの基礎』は，馬の調教をめぐる誤解を正す一助にもなるはずだ．これを上に挙げた基本図書と併せて読めば，若馬を，障害馬術や総合馬術はもちろん，馬場馬術のかなり高度なレベルまで調教したいと考えているすべての人に役立つガイドラインになるだろう．

馬の調教には時間がかかるかもしれないが，こと基礎調教に関しては，急がば回れという言葉がそのまま当てはまる．それは，馬の健康が成功の前提条件であり，また成功の鍵でもあるからなのだ．

K．A．フォン・ジーグナー

---

3) それぞれ，ドイツ公式教本，ドイツ公式教本上級編の英語版．273ページ注13，14を参照．

4) ミューゼラー（Wilhelm Müseler, 1887～1952）の名著『乗馬教本（*Reitlehre*）』は，1933年にドイツで出版され，1937年には英語版の『*Riding Logic*（乗馬の論理）』が出版された．南大路謙一訳の日本語版は，1956年初版．なお，207ページ注3参照．

不変の原理

「馬に乗るということは，筋肉や力の問題ではなく，知性と感覚の問題だ」
（ジャン・サン-フォール・ディヤール [Jean Saint-Fort Dillard]）

　家を建てる人は，必ず確固たる土台づくりから始めるだろう．高い建物ほど土台が大切なはずだ．
　また，みずみずしい果物の収穫を楽しみにして木を植える人は，立派な木に育て上げて期待どおりの収穫を上げるため，最初の数年間は枝打ちを怠らないだろう．
　若馬を調教するときも，こういうイメージをもつべきだ．馬にずっと健康でいてほしいなら，素晴らしい演技は馬が成熟してからの楽しみにとっておいて，しっかりした基礎を築いておく必要がある．そして，十分な注意を払って調教を進め，馬の精神的・肉体的能力が自然に発達するようなシステマティックな方法をとらなければならない．
　こんなことは当たり前ではないだろうか？　いずれにせよ，12歳ぐらいの子供に，大人と同じことをしろと言っても無駄なのだ．そうだろう？
　ここで頭に入れておいてほしいのは，馬という生き物は，本格的な調教を受けられるようになるまでにいくつかの段階を経てきているということだ．生まれて半年ばかりの間は，母馬が全部面倒を見てくれるし，馬の生産者も，仔馬を人間に馴らすためにあらゆる手を尽くしてくれる．
　次の段階は，いわば「幼稚園」だ．満1歳の子馬は，特別に目をかけてもらえる．目新しい経験や未知への挑戦に富んだ毎日を送る子馬は，いつも隠れた危険にさらされているからだ．
　若馬は，生後3年半，仲間と一緒に過ごす．生産者は，馬が立派な体つきになり，次第に人に馴れてくるように最善の努力を払う．馬が牽き手に馴れ，つながれることに馴れ，勒，鞍，調馬索，馬運車，それにもちろん装蹄師などに

なじんだ状態で人前に出したいからだ．こうして，健康で自信に満ちた馬ができあがると，次のステップ，つまり調教の準備が整ったことになる．

これを引き受けるかどうかはあなた次第だ．このわくわくする感じ，何とやりがいのある仕事だろう！

では，この仕事をどう進めればよいかあなたは知っているだろうか？ それを最初に考えてみよう．

あなたは馬乗りで，馬に関する知識は豊富だ．上手な調教者に調教された馬も，それほどうまいとは言えない調教者や，時には明らかに下手な調教者に調教された馬もたくさん見てきた．そして，自分でも上手に馬を調教したいと思っている．

あなたは，満3歳半の温血種（Warmblood）[1]の騸馬を手に入れた．この年齢の馬は，10歳の子供のようなものだ．体高も，あと1インチ（2.5 cm）は増えるだろう．もう成長しきっていて，頑健で作業に耐えられるように見えるかもしれないが，骨格も，関節や腱も，まだ十分に発育していない．扱い方を誤ると（最初に遭遇する危険は，調馬索だ！），重大な損傷を与えることにもなりかねない．

いつも世話をしていれば，馬と親密な関係を築き始められるだろう．馬は，どうふるまえばよいかを覚え，新しい環境への対処法を学んでいく．やがて，声を聞いたり手の動きを見たりするだけであなたの気持ちをわかってくれるようになる．ポケットに入っているニンジンに注意を向けるようになるのはもちろんだ．そして，こっちへ来いと言うとき（手を差し出す．図1）の声と，あっちへ行けと言うとき（鞭を上げる）の声を聞き分けるようになる．

やがて馬は，群れのリーダーに敬意を払うのと全く同様に，あなたの権威を認めるはずだ．

ここのところがわからない人は，馬の信頼を得るどころか，馬を混乱させてしまうことになる．馬がひとたび自分の方が力（あるいは知性？）の点で勝っ

---

[1] 半血種（halfblood）とも呼ばれ，一般に「冷血種（cold blood）」すなわちツンドラやステップ地帯などの寒冷地原産の馬と，「熱血種（hot blood）」すなわち中東や北アフリカ原産のアラブ種やサラブレッド種系の馬の交配種を指し（以上，ベルクナップ『The Equine Dictionary（馬事辞典）』），スポーツ馬術に最適とされる．

ていることに気づいてしまったら，その気になればいつでも問題を惹き起こしかねないが，これは調教上の大きな後退になってしまう．

　ペットのイヌや，人間に接するように馬を扱ってはいけない．馬はあくまでも馬として扱い，馬の性質や思考方法を研究するのだ．馬は常に馬であり，馬が考えるようにしか考えないし，馬としてしか行動しない．

図1

馬の本来のコミュニティは群れであり，防衛手段は逃走することだ．何かを怖がったりびっくりしたりするのも，馬であればこそなのだ！そういうことは大目に見てやらなければならない．馬の方も人間のことを大目に見てくれているのだから．

　馬はそれほど大きな脳をもっているわけではないが，決して愚鈍ではない．ただ，人間と同じようなものの考え方をしないというだけのことだ．馬の行動はその場しのぎの刹那的なもので，様々な論理的思考の結果，行動を起こすわけではない．

　馬の本能は驚くほど発達している．それは人間の想像を絶するほどで，例えば地震の襲来を何時間も前に予知できると言われている．

　また，馬は素晴らしい記憶力をもっている．怖い目に遭ったことは決して忘れない．馬の本能と記憶力を考えれば，怖い目に遭ったり神経質になったりしている馬がなかなか沈静してくれないのはなぜなのかもよくわかる．馬を扱うときは，馬が生まれつきこういう性質をもった動物だということをいつもまず考えて，忍耐強く対処してやらなければならない．

　けれども，馬はひどい経験ばかり覚えているわけではなく，良い経験も決して忘れない．どんなときでも厩舎に戻ってくることができるのはその一例だ．

　馬は生まれつき性質の良い動物だ．性質が悪くなるのは，人間の失敗のせい

だ．馬を扱う人間が，扱う際のルールをきちんと守ってやらないと，馬はすぐに悪いことを覚えてしまう．

馬が人間を信頼するようにしむけなければならない．愛を期待してはいけない．あなたが馬を――問題点や個性まで含めて――理解してやれば，馬との友好関係，協力関係を簡単に築けるだろう．

馬が人間と調和し，自ら進んで自信に満ちて色々なことをするようにしむけ，馬との対等なパートナーシップを築き上げることを常に目指すのだ．隷属関係を築くのではない．馬には，いつも誠実に，また公正に接しなければならない．大げさなふるまいもいけない！ 馬の行いを正そうとする前に，まず自分の行いを正すことだ．

馬に何かを求めるときは，常に要求が適度でなければならない．そして，期待どおりの反応が返ってきたら，「いい子だ」と褒めてやるのを忘れないことだ．また，馬ができる以上のことを求めてはならない．そんなことをすると，馬の自信をくじいてしまうからだ．

馬から多くを得るために，人間が多少譲ってやった方がよい場合もある．しかし，重大な抵抗を力で打破しなければ大事に至るのを避けられないというときは，必ず人間が状況を支配しなければならない．それができないなら，もっと腕の良い（そして勇気のある）騎手に後を任せるべきなのだ．

馬は人間よりも力が強いということを忘れてはいけない．抵抗すれば人間の支配から脱したり人間を怖がらせたりすることができると馬が知ってしまったら，馬に対する人間の権威などあらかた消し飛んでしまう．馬が納得して人間に協力するようにしむけなければならない．そして，人間が何を求めているのかを馬が本能的に理解するようにしてやるのだ．

早い話，体重1000ポンドの馬の力を相手にするよりも，1ポンドの脳みそを相手にする方が楽なのだ．

本格的な調教を始める前に，多少ページを割いて，調教の目的とそこに至る道を考えてみよう．

馬を調教する目的は，フランスの大馬術家フランソワ・ロビション・ド・ラ・ゲリニエール（1688～1751）[2]）の時代から変わっていない．ド・ラ・ゲリニエールは，次のように述べている．

「この高貴かつ有益な芸術が目指すところはただ1つ，馬が柔順で（supple）[3]，リラックスし（relaxed），柔軟で（flexible），しかも騎手の意のままに動いて（compliant）その指示によく服従する（obedient）ようにし，そして後躯を沈下させることに尽きる．これらがすべて満たされていなければ，軍用の（現代で言えば総合馬術用の）馬でも，猟騎用の（同じく障害馬術用の）馬でも，馬場馬術用の馬でも，気持ちのよい運動をしたり，乗り心地が良いと感じられたりすることはない」[4]．

調教の方法もまた変わっていない．古典馬術の原則に則った調教過程によってこそ，FEI（国際馬術連盟）が定義するように，「……馬の身体と能力との調和のとれた発達……の結果，馬を沈静し（calm），柔順で（supple），……騎手を信頼して（confident）[5] 注意を集中し（attentive），鋭敏に反応する（keen）[6] 状態にし，その結果，馬が騎手の意思を完全に理解するようにさせる．……このようにして，馬が要求されたことを自らの意志で行っているような印象を与え，自信に満ち，騎手に注意を払い，騎手の支配に対して寛容な気

---

2) ド・ラ・ゲリニエール（François Robichon de la Guérinière）は，1730年以来死ぬまでパリのテュイルリー調馬場の長官を務め，ルイ15世の馬術師範となった．1733年に出版された『École de Cavalier（騎手の教育）』（文献24参照）は，フランスのソミュール騎兵学校のカドル・ノワールやウイーンのスペイン乗馬学校の馬術の基礎を築き，近代馬術の発展に多大な貢献をした．現在の乗馬用鞍も，ド・ラ・ゲリニエールが定めた鞍が原形となっている．
3)「supple」は，一般には「柔軟な」と訳されるが，「扶助透過性がある」という意味で使われる場合もあるので，本書では，その場合，特に「柔順な」という訳語を当てている．「訳語解説」の「Suppleness」の項を参照．
4) ド・ラ・ゲリニエール『École de Cavalier』第2部第1章「馬乗り（horseman）の名に値する者がこれほどまでに少ない理由，また，馬乗りたるに必要な資質」参照．
   なお，『École de Cavalier』には2つの英語版があるが（文献24およびその注参照），そのいずれも，調教の目的について，「馬が柔軟で，温順で，しかも騎手の指示によく服従するようにするとともに，後躯に負重させ……」と書かれており，「柔順で，リラックスし，騎手の意のままに動く」という表現はない．
5) この用語は，馬の「自信」とも，騎手に対する「信頼」とも理解できるが，フランス語規程には「confiant（信頼をこめた）」と表現されていることと，前後関係を考えてこのように訳した．
6) 日本語規程では「敏捷」と訳されているが，前後関係から考えて，馬の肉体的状態ではなく，精神的状態の説明であること，フランス語規程では「perçant（鋭い）」と表現されていることから，このように訳した．

持ちで（generously）服従する……」[7]という状態に至るのだ．

これら２つの定義は，いずれも古典馬術の本質を表している．これは，上級レベルに至った馬にだけ当てはまるのではなく，基礎調教の際に特に重要になる．誠実に調教を進める以外に方法はない．別の道もなければ，「現代的方法」，「古くさい方法」といったものもない．区別があるとすれば，ただ，正しい方法か間違った方法かということだけだ．古典馬術の原則は不変なのだ．

基礎調教は，オールラウンドな総合的調教で，普通の条件の下ではだいたい２年かかる．

１年目に馬がまず学ぶのは，騎手の体重の負担にどう対処するかということだ．そして，騎手の拳と一定のコンタクトを保ったまま，リラックスして正しいリズムで運動することを覚える．さらに，騎手の騎坐（体重）[8]，脚，拳の扶助に反応することを学ぶ．こうして「手脚の間に置かれた（on the aids）」状態になると，レベル１（First Level）[9]に向けて調教を進めていけるようになる．フラットワーク[10]に加え，野外での調教作業も始まる．これには，小さな障害，溝，水濠などの飛越も含まれる．

この年の終わりには，馬は騎手を信頼するようになっているはずだ．そして，野外や道路での外乗に慣れ，レベル１の馬場馬術課目をこなしたり，小さな障害の経路をきちんと回ってきたりすることができるようになっていなければならない．もっとも，将来馬場馬になりそうな馬なら，障害飛越は日常作業に変化を与える程度に行っておけばよい（図２，３，４，５）．

２年目に入ると，レベル２（Second Level）に向けての調教が進んでいく．調

---

7) FEI規程第401条「目的と一般原則」（英語版では馬場馬術の目的と一般原則」）第１項および第３項（第23版では第２項）参照．なお，「馬の身体と能力との調和のとれた発達」という表現は，第21版の改訂版で「調和のとれた調教を通じ，馬を気持ちよく演技する競技馬に仕上げること」と改められ，第22版もこれを踏襲しているが，本質的な変更ではない．
8) 「騎坐」とは，騎手の体が鞍に接している部分をいう．「訳語解説」の「Seat」の項を参照．
9) USEFでは，馬場馬術課目を新馬用の「トレーニング・レベル」から国際競技会級の「レベル５」までのグレードに分けている．トレーニング・レベルからレベル２までの課目の目的については，23ページ注20，21，23を参照．
10) 不整地（起伏に富んだ土地）ではなく，平らな（フラットな）土地で，キャバレッティや障害を使わずに行う作業をいう．

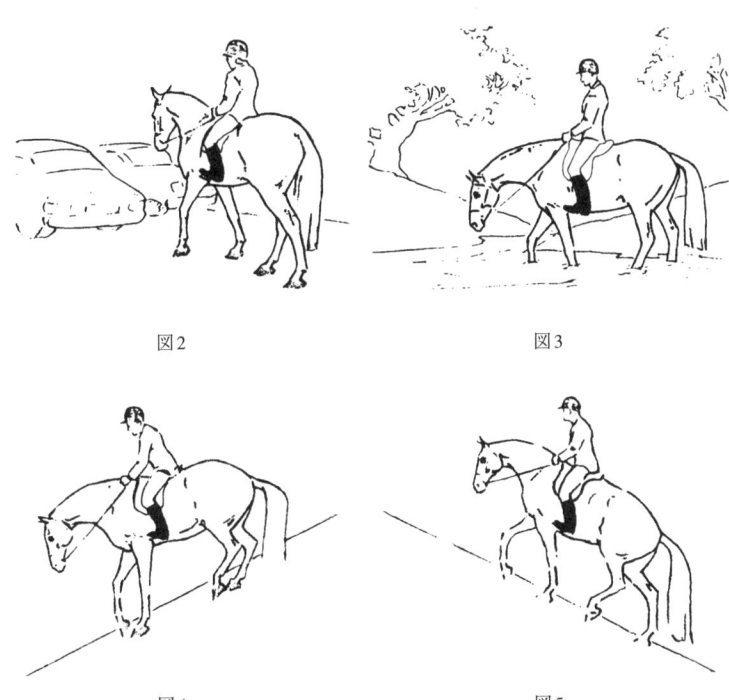

図2　　　　　　　　　　　　　図3

図4　　　　　　　　　　　　　図5

教者は，レベル1の運動課目が確実にできるようにしながら，推進力の前提となる後躯の推力（propulsive power）の養成にとりかかる．2年目の終わりになれば，馬はレベル2の馬場馬術課目を実施する準備が整い，普通の小さな障害になじんでいなければならない．

　こうして2年間の基礎調教を終える頃には，満6歳を迎えようとする馬の肉体もだいたい成長を終え，筋肉がよく発達した馬体ができているはずだ．

　「身体と能力との調和のとれた発達」の結果，馬がこのようなオールラウンドなレベルに到達し，「要求されたことを自らの意志で行っているような印象を与える」までになっていれば，その調教者は素晴らしい仕事を成し遂げたと断言してよい．

　今や，馬は「乗り心地が良い」はずだ．そして，「手脚の間に置かれて」いるので，専門調教へと進める．成熟した馬は，専門調教を経て，その馬が最も

才能を発揮できる分野で活躍していくのだ.

　しっかりした基礎調教こそが，高レベルの馬場馬術，総合馬術，障害馬術に至る最良の準備だ．このオールラウンドな作業を通して，肉体・精神ともに健全で，年をとってからも自ら進んで運動してくれる馬ができ上がるのだ．

　作業をするのは馬だということを常に頭に入れておこう．騎手が四六時中がんばっていて，馬がのほほんとしているようではいけないのだ．

　ドレッサージュには色々な構成要素（エレメント）があるが，どのエレメントを求めて作業をするときも忘れてはいけないのは，馬が騎手に協力するようになる基礎は，馬の前進気勢（desire to move forward）[11]にあり，この資質を絶えず養成し，維持していかなければならないということだ．

　体を固くしたり抵抗を示したりしていやいや運動している馬を見たら，正しい基礎調教ができていないせいだと考えて間違いない．そういう馬は，体が固かったり，馬体の歪曲（crookedness）[12]があったり，痛みを感じたりしていて，「調教」を始める前まで見せていたはずの，伸びやかで歩幅が大きく，体がほぐれて軽快で，しかもバランスを維持した運動ができなくなってしまっている．つまり，まだ準備が整わないうちから無理なレベルの作業を強制されていたことが露見してしまうのだ．

　残念ながら，こうして審査員の温情を期待して競技会（ことに高いレベルの）に参加する騎手が少なくない．そのために馬に高いレベルの運動課目を練習させているうちに，馬が生まれつきもっていた伸びやかで歩幅の大きな運歩（freedom）[13]，軽快性（lightness），優美さといった資質が失われてしまうのだ．

　こんなふうにして競技会に参加するのはばかばかしいし，古典馬術とは全く相容れないということに疑問の余地はない．

　障害の飛び方がまずいのも，障害以前の調教がまずかったせいだ．「手脚の

---

[11]「馬が自ら進んで前に出ようとする状態」をいう．「推進力」との違いにつき，「訳語解説」の「Impulsion」の項を参照．
[12]「訳語解説」の「Crookedness」の項を参照．
[13]「freedom」については14ページ注2参照．

間に置かれて」おらず，バランスが悪くて体が固い馬で騎手がかっこうよく見せようとしても無駄なのだ．

　これを矯正するには，低いレベルの要求に戻り，リラクセーション，運歩の整正（regularity），バランス，柔順性といった基礎調教のエレメントを再構築していく以外に方法はない．これらのエレメントは，人馬の調和を目指すうえで絶対にものにしておかなければならない必須事項だ．

　古典馬術の原則からの逸脱を防ぐ唯一の方法は，ドイツで行われているような資格制度を敷くことだというのが私の考えだ．そうすれば，低いレベルで満足のいく運動ができない人馬が高いレベルの競技会に参加することなどできなくなるからだ．

　古典的意味での調教の基本原則は不変のもので，クセノフォンの時代から変わっていない．その改変は，危険な逸脱になりかねない．

　残念ながら，今日では，実践の段階で純正な調教理論からの逸脱も見られるが，それは特殊事例に過ぎないと考えるべきで，決して「調教の新原則」だなどと考えてはならない．

トレーニング・ツリー

「凡庸な馬にすぐれた騎手が乗れば，
すぐれた馬に凡庸な騎手が乗るよりも成果は大きい」

　ご承知のように，基礎調教は，馬術の3つの分野——馬場馬術，野外騎乗，障害馬術——をカバーするオールラウンドな調教だ．その結果，若馬の肉体と精神を最高の状態にまで育てあげることができる．そして，2年後には，その馬が最も才能を発揮できる分野で実力を発揮できるようになる（専門調教）．

　また，基礎調教の過程では，フラットワークに加えて，キャバレッティや小さな障害の飛越作業による馬の体づくりを通して，段階的に筋肉をつけ，しなやかな体をつくっていくのだということもご承知のことと思う．体育と知育こそが，ドレッサージュの主な特徴なのだ．

　調教には10個のエレメントがある．これらは密接に組み合わさっているが，どれもドレッサージュの「鍵」だと考えなければならない．すぐれた指導者は，この10個のエレメントをどのようにまとめ，どのような順序で並べるのが合理的かを知っている．

　これを理解するために，

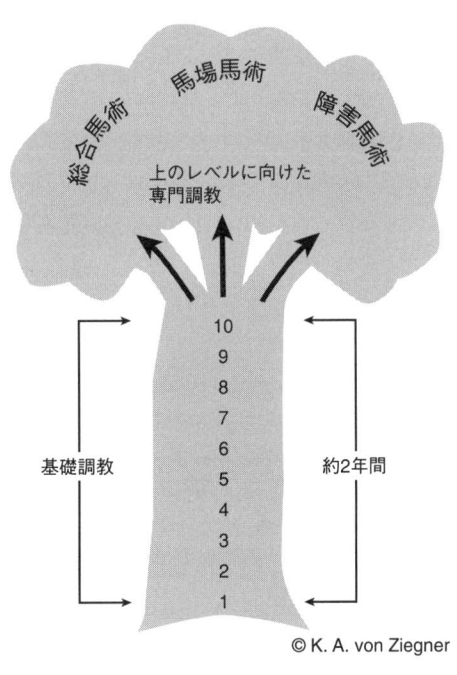

図6

「トレーニング・ツリー」（図6）を見てほしい．

この図を見れば，馬の調教の段階的なステップがわかるはずだ．すぐに見て取れるように，このツリー（樹）の幹は10個のエレメントからできているが，これを若馬の2年間の基礎調教期間中に正しい順序で身につけさせなければならない．10個のエレメントが順序よく細心に積み重ねられていけば，「頑丈な幹」ができ上がり，そこから丈夫な枝が伸びて，美しい樹冠がつくられる．

もちろん，どれだけ美しい樹冠にできるかは専門調教次第だが，その基礎には，健やかで頑丈な幹がある．こうして得られる果実が，素晴らしい障害馬や，大活躍する総合馬や，息を呑むような演技を見せる馬場馬なのだ．

10個のエレメントをアルファベット順に並べると，次のようになる［訳注．カッコ内は，英語／ドイツ語］．

バランス（Balance / Balance）
収縮（Collection / Versammlung）[1]
コンタクト（Contact / Anlehnung）
伸びやかな運歩（Freedom [of gaits] / Ungebundenheit [der Gänge]）[2]
推進力（Impulsion / Schwung）[3]
「手脚の間に置かれた」状態（On the Aids / An den Hilfen）
運歩の整正（Regularity / Takt）
リラクセーション（Relaxation / Losgelassenheit）
真直性（Straightness / Geraderichtung）
柔順性（扶助透過性）（Suppleness / Durchlässigkeit）[4]

---

1) 日本語規程では「コレクション」と呼ばれているが，本書では慣用に従って「収縮」とした．
2)「freedom」も「Ungebundenheit」も「（運歩に）束縛がない」というニュアンスでの「自由（な運歩）」を意味するが，「freedom」は，「束縛や窮屈な感じがない」というところから，「伸び伸びとした状態」というニュアンスでもよく使われるので，「伸びやか（な運歩）」という訳語を当てた．しかし，『Elemente der Ausbildung』では「Raumgriff（大きな歩幅）」という用語に置き換えられている箇所も多いので，その場合は「伸びやかで歩幅の大きな運歩」などと訳している．
3)「訳語解説」の「Impulsion」の項および「Schwung」の項を参照．
4)「訳語解説」の「Suppleness」の項を参照．

| 11 | 12 | 13 | 14 | 15 | 16 | 17 | 18 | 19 | 20 |

さて，ここで問題だ．これら10個のエレメントを，あなたならどういう順序で並べるだろうか？ 正解は読んでいくうちにわかるが，とりあえず自分の答えを考えてみてほしい．

それぞれの用語の意味をはっきりさせるために，簡単な説明を加えよう．

バランスとは，馬と騎手の体重の相対的な配分状態をいい，左の前後肢と右の前後肢への配分状態（左右のバランス）と，両前肢と両後肢への配分状態（前後のバランス）とがある．

収縮とは，馬がいっそう重心の下に向かって踏み出して馬体がつまった状態を意味する．後躯がより多くの体重を負担し，前躯への負重が軽減されて，鬐甲と頸のところが起揚する．

コンタクトとは，馬が銜を受けること（acceptance of the bit）[5]をいう．

伸びやかな運歩とは，馬体がほぐれ，大きな歩幅で歩くことを意味する[6]．

推進力とは，「Schwung（弾発力）」というドイツの馬術用語をアメリカ人に最もわかりやすく説明する言葉だ．「Schwung」には，「後躯に源を発し，弾力的に律動する背中（elastic swinging back）[7]とリラックスした頸を透過して伝達される，馬を前に推し進める力強い推力（thrust）」（『USDF用語集』1990年版）という意味がある．

「手脚の間に置かれた」状態とは，馬が騎手の騎坐（体重），脚，拳の扶助に反応することを覚えた状態をいう[8]．

運歩の整正とは，歩き方が正しいこと（correctness of the gait）をいい，運歩が正調で均一かつ左右均等であること（purity, evenness, levelness）[9]を包含する．

---

[5]「訳語解説」の「Contact」の項を参照．なお，この箇所は，『Elemente der Ausbildung』では，「依倚（Anlehnung）とは，馬が銜を受け（das Gebiss annehmen），騎手の拳に従うことを意味する」と書かれている．

[6]『The Basics』にはこのパラグラフが欠落しているため，『Elemente der Ausbildung』により訳した．

[7]「訳語解説」の「Schwung」の項を参照．

[8]「訳語解説」の「On the aids」の項を参照．

[9]「正調な運歩（purity）」とは，常歩，速歩，駈歩で，それぞれ4節，2節，3節のリズムが保たれていることをいう（⇒USDF用語集「Purity」，「Uneven」，「Unlevel」参照）．

トレーニング・ツリー

| 1 | 2 | **3** | 4 | 5 | 6 | 7 | 8 | 9 | 10 |

リラクセーションとは，精神的な沈静が得られ，しかも現に行っている運動に必要な緊張以外の筋肉の緊張がない状態を意味する．

真直性とは，馬体の歪曲（crookedness）の反対語だ．馬体が歪曲している馬は，一本の蹄跡上を正しくたどれないため，後躯から生まれる推力を十分活用できないのだ．

柔順性（suppleness）は，ドイツ語の「Durchlässigkeit（扶助透過性）」を意味する用語で，「柔軟性」としばしば訳されるが，ただ単に馬体がほぐれた状態（looseness）[10]を意味するにとどまらず，遙かに深い意味をもつ．『*USDF Rule Book*（USDF規程集）』では，柔順性について次のような定義を置いている[11]．「柔順性とは，馬が体を固くしたり抵抗を示したりすることなく，重心位置をスムーズに前後左右に動かすことができる肉体的能力である．柔順性は，手綱による控制扶助（restraining aids）[12]や側方屈撓扶助（positioning aids），それに脚と騎坐（体重）による推進扶助（driving aids）に対して馬が流れるような反応を示すことによって明らかにされる．柔順性は，移行の際に最もよく審査できる」．

ちなみに，『USDF用語集』（1990年版）の定義によると，柔順性（suppleness）とは，「『屈撓能力（pliability）』，すなわち，体勢（carriage）を調節したり（前後の屈撓能力），側方屈撓（position）や馬体の屈曲（bend）[13]の深さを調節したり（側方の屈撓能力）することが，運動の流れやバランスを害することなくスムーズに行える能力」をいう．

「Durchlässigkeit（扶助透過性）」というドイツ語に正確に対応する英語がないので，上記の用語集では，この用語（意味としては，「supplenesss

---

10)「訳語解説」の「Suppleness」の項を参照．
11) 同じ定義が，113ページでは『USEF規程集』から，157ページでは『*USDF Rule Book*』からの引用とされているが，同規程集（2005年版）にも，その前身である『AHSA規程集』（2001年版）にもそのような定義はなく，また，USDFの現在の出版物の中には『*USDF Rule Book*』は見当たらない．
12) 手綱を「控える」扶助をこのように呼ぶ．
13)「屈撓」あるいは「屈曲」とは，「曲げること」を意味し，特に「関節を曲げること」を指す場合が多い．「側方屈撓」，「馬体の屈曲」（あるいは「側方屈曲」）については，「訳語解説」の「Carriage」の項を参照．

（柔順性）」が最も近い）を，「扶助（主に手綱の扶助）が馬体を透過し，後肢に達して働きかけることができるような馬の資質」と説明している[14]．

　上手な馬乗りは，いついかなるときでも馬の天性を尊重し，その肉体的・心理的特性をできるだけたくさん学ばなければならないということを知っている．馬のことをたくさん知るほど（これで馬乗りの質が決まる），馬との間に良い関係を築き，容易に協力し合えるようになるし，このような関係がなければ，効果的な調教はできない．また，調教中に何かを馬に無理強いしようとすれば，馬の健康を害するだけだということも，上手な馬乗りならば知っている．

　このことを頭に入れたうえで，今度はトレーニング・ツリーの完成形を見てみよう（図7）．

　この図の幹の部分には，基礎調教の期間全体にわたる調教作業の際に念頭に置いておくべき10個のエレメントが，正しい順序で並んでいる．

　基礎調教というオールラウンドな調教の中で最も重要な部分を占めるのがドレッサージュだ．確固とした基礎に立脚して作業を進めていく鍵になるからだ．ツリーの幹の部分は，フラットワークで網羅すべき10個のエレメントを示している．これを通して，やがて，リラックスし，騎手の指示によく服従する，ド・ラ・ゲリニエールの言う「乗り心地の良い馬」ができ上がるのだ．

　では，そのエレメントが正しい順序で並んでいるというのはどういう意味だろうか？

　正しい順序とは，それぞれのエレメントが，その前後のエレメントとの間に，互いに緊密な関係を保ちながらしっくりとおさまっているということだ．けれども，自然界で生物の細胞が単独では存在できないように，各エレメントは，その前後のエレメントと関連している．そのため，1つのエレメントにかかりきりになって作業を進めるのではなく，隣り合ったエレメントをいくつかまとめた「段階（フェイズ）」を考えながら作業を進めていくことになる．

　これを念頭に置いて，次のことを理解してほしい．

14）1999年10月改訂版の『USDF用語集』にはこのような説明は見当たらないが，「Throughness（透過性）」の項に，ほぼ同じ説明がある．詳しくは，「柔順性」の章を参照．

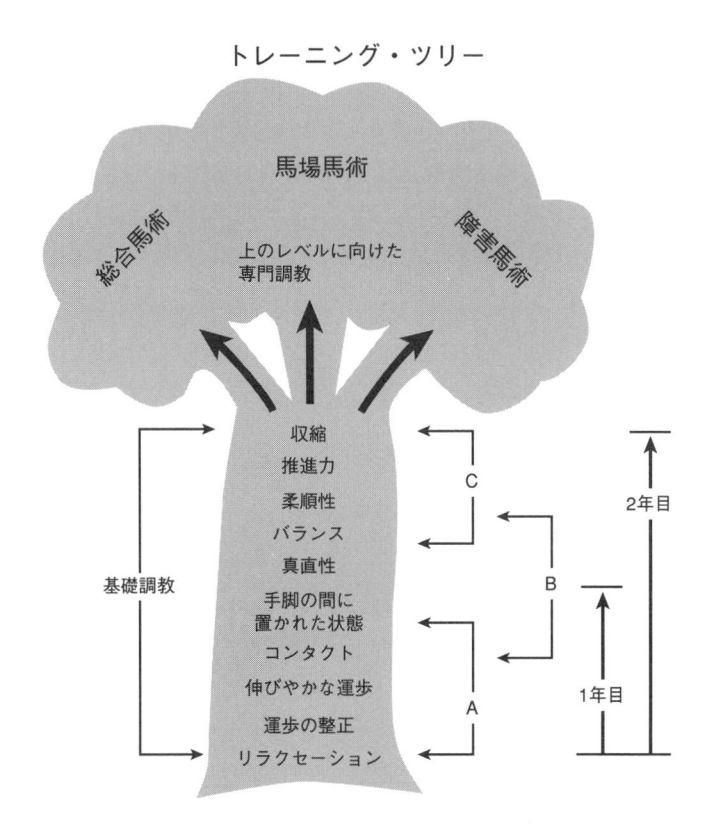

トレーニング・ツリー

図7

フェイズA（トレーニング・レベルまで）：騎手の体重を負担した状態での自然な歩き方の回復．扶助と環境への馴致．
フェイズB（レベル1まで）：推力と前進気勢（forward momentum）[15]の養成．
フェイズC（レベル2まで）：体重負担力，軽快性，律動感の養成[16]．

　トレーニング・ツリーに示されている調教コンセプトは，馬術のすべての分野での基礎となるが，どの分野でも，柔軟性と従順性，つまり馬の乗りやすさが重要になる．乗用馬の調教に関しては，1つの教えに対して全く異なる解釈が示されたり，多様な方法論があったりすることがよくあるが，トレーニング・ツリーは，いわばその「最大公約数」なのだ．

---

15)「forward momentum」は「前に出る勢い」という意味であることから，「前進気勢」と訳した．『Elemente der Ausbildung』では，この箇所は単に「推力（Schubkraft）の養成」と表現されている．

16)『Elemente der Ausbildung』では，単に「体重負担力（Tragkraft）の養成」と表現されている．

フェイズA（トレーニング・レベルに至る段階）では，主として，リラクセーション，運歩の整正，伸びやかな運歩（歩幅の大きな運歩），そしてコンタクトという4つのエレメントを獲得するための作業を行う．

- **リラクセーション**は，取り組むべき最初のエレメントだ．リラックスした馬は，騎手を信頼し，学習可能な状態になる．
- **運歩の整正**は，馬がリラックスし，全身にわたって緊張がとれた状態で運動していなければ得ることはできない．
- **伸びやかな運歩**（歩幅の大きな運歩）は，リラクセーションや運歩の整正を犠牲にして求めてはならない．
- **コンタクト**は，リラックスした馬が，整正で，伸びやかかつ歩幅の大きな運歩で手綱に向かって前進し，銜を受けようとしてきて初めて得られる．

フェイズB（レベル1に至る段階）は，推力を養成する段階で，馬は「手脚の間に置かれ」，今度は，コンタクトを確実なものにするとともに，真直性とバランスの確立を獲得するための作業が主として求められる．

- **コンタクト**（上記参照）
- **「手脚の間に置かれた」**状態は，フェイズAの4つのエレメントが身についた馬に求めるべきものだ．
- **真直性**は，これ以降の馬場馬術調教に進む前提条件として最も重要で，推力の養成の基礎になるが，正しく「手脚の間に置かれて」いない馬に求めることはできない．
- **（左右の）バランス**は，真直性の結果として得られる．

フェイズC（レベル2に至る段階）は，体重負担力を養成する段階で，これまでのエレメントを確認しながら，主としてバランス，柔順性，推進力，収縮を獲得するための作業を行う．

- **バランス**（上記参照）．左右のバランスに加えて，前後のバランスも現れる．
- **柔順性**が最もはっきりと示されるのは，移行の際だ．バランスの悪い馬は，良好な移行を見せることができず，「乗り心地の良い馬」にはならない．バランスが悪い馬には柔順性は現れず，柔順性のない馬に推進力

トレーニング・ツリー

| 1 | 2 | **3** | 4 | 5 | 6 | 7 | 8 | 9 | 10 |

は生まれない．

- **推進力**とは，馬体を前方に押しやる力[17]だ．この力が現れるには，馬が正しいバランスを維持し，柔順になっていなければならない．
- **収縮**とは，馬体がつまってきて体勢が良くなり，後方から前方に向かってさらに起揚し（相対的起揚）[18]，前躯がいっそう軽快になった状態を意味する．他の9つのエレメントが正しく確立されないかぎり，収縮は得られない．収縮する能力を身につけた馬は，さらに高度なレベルの馬場馬術へと進んでいく準備が整ったことになる．

たいへん理にかなっているだろう？

どの作業も，それ以前のエレメントを基礎として組み立てられているのだから，それは当然だ．先行するエレメントがきちんと身についていれば，次のエレメントの導入もそれだけ楽になるはずだ．プロセス全体が，馬の生まれつきもっている能力と整合しているのだ．

この簡単な諸原則に従っているかぎり，さほど間違いを犯さなくて済むはずだ．しかし，この諸原則を踏みにじれば，行き着く先は混乱であり，馬の抵抗など様々な問題に直面することになる．

さて，これでなぜこれほどたくさんの馬が問題を抱えているのかが理解できただろうか？ほとんどの場合，馬に問題があるわけではなく，理由はどうあれ，

---

[17]「馬体を前方に押しやる力」は，『The Basics』では「thrust」と表現されているので，「推力」と訳すべきかもしれないが，『Elemente der Ausbildung』では，この箇所が，「弾発力（推進力）の発揚は，馬が真直性と扶助透過性（柔順性）を身につけて初めて可能となる．扶助透過性（柔順性）を身につけた馬でなければ，推力を体重負担力に転化できない」と表現され，推力が体重負担力に転化されて推進力が生まれる（したがって，推力と推進力とは異なる）という考え方が示唆されているので，別の訳語を当てた．「訳語解説」の「Impulsion」の項を参照．

[18]「関係的起揚」と呼ばれることもある．ドイツ公式教本によると，「相対的起揚」と呼ばれるのは，馬の頭頸の高さが収縮の程度によって決まるからで，もっぱら拳を使ってもたらされる「絶対的起揚」は，馬の背中の動きを阻害し，後躯の活発な動きを減殺するので誤りだとされている．また，後躯への負重が増して収縮の程度が高まると，前躯への負重が減るとともに，後躯の屈撓により後躯が沈下して全体に前高な体勢［訳注．前躯が後躯よりも高く見える状態．⇒USDF用語集「Uphill」参照］になるもので，このように起揚した体勢は，正しい調教により自然に生まれてくるとされている（ドイツ公式教本184ページ［英語版148～149ページ］参照）．

トレーニング・ツリーに示された順序に従わなかった騎手の方に問題があるのだと断言できる．

いくつか例を挙げてみよう．

- 騎手は，馬を「手脚の間に」置こうとして四苦八苦しているが，馬は体を固くし，不快そうな様子を見せている．
  <u>対処法</u>：馬にコンタクトを求める前に，まず馬をリラックスさせ，直径20 mの輪乗り上で伸びやかかつ旺盛に前進できるようにしてやる必要がある．
- 騎手は，馬に障害を飛越させようとしているが，馬が左肩に重り，左に逃避してしまう．
  <u>対処法</u>：馬を真直にしなければならない．しかし，真直性を獲得するための作業をするには，馬が正しく「手脚の間に置かれて」いなければならない．
- 騎手は，速歩で歩幅を伸ばさせようとしているが，馬は，そうはならずにテンポを速め，駈歩に逃げてしまう．馬の背中に固さ（もしかすると，痛み）があることがはっきりわかる．
  <u>対処法</u>：歩幅を伸ばすことを要求する前に，馬がリラックスし，整正な運歩で，銜を受け，しっかりしたコンタクトを保って運動していることを確認しなければならない．そして，馬が銜を味わいながら手綱を前下方に持っていき，その結果，トップラインが伸び，背中の律動（swing）が生まれるようにしなければならない．馬の背中の律動による「波」を感じられないうちは，歩幅を伸ばすことを要求すべきではない．歩幅を伸ばすことは，騎坐[19]と脚の扶助によってこの「波」を大きくすることだからだ．
- 後退の場合に，上と同じことが起こり，馬が抵抗を示して後躯が逃げている．
  <u>対処法</u>：後退を正しく行えるかどうかは，柔順性が身についているかどうかにかかっている．柔順な馬でなければ，半減却に反応しないは

---

[19] この箇所は，『*Elemente der Ausbildung*』では，「Gesäß（臀部）の扶助」となっているので，『*The Basics*』の表現に従って「騎坐の扶助（seat aids）」とした．「訳語解説」の「Seat」の項を参照．

ずだ．しかし柔順性は，バランスと真直性を基礎として養成される．したがって，騎手は，馬が半減却に反応するようになるまで，バランスと真直性を求める作業を行わなければならない．馬が半減却を覚えれば，何の支障もなく後退ができるだろう．

　これら4つの例は，馬を調教していくうえで遭遇するはずの無数の「問題」の一部を示したものだ．

　もし問題にぶつかって動きがとれなくなったら，常に忍耐強さと公正さを失わないようにしながら，問題の背後にある原因を探すことだ．トレーニング・ツリーがその助けになるはずだ．

　ほとんどの場合，準備不足のせいで馬が理解できなかったのが原因だ．だからこそ，もっと簡単な運動課目に戻り，馬が騎手を信頼して協力しようという気持ちを回復させてやらなければならないのだ．そして，その後で改めて元の難しい運動を要求してやれば，たいていの場合，馬は望みどおりの反応を示すだろう．そうしたら，馬を褒めてやり，場合によってはその日の作業を終わりにしてもよい．

　「馬と対決する道」を選ぶと決めたならば，必ず最後には馬に勝ち，よくやったと馬を褒めてやれるようにしなければならない．

　反対に，対決の結果に自信がもてないならば，もっと馬術を勉強しなければならないということを心に留めたうえで，別の道を選ぶことだ．

　馬をしつこく責めたてる騎手は最悪だ．そんなことをしても何の価値もないばかりか，馬はますますかたくなになるし，騎手は欲求不満が募るしで，調教過程を必要以上に難しくしてしまう．

　2年近くもトレーニング・ツリーの原則に従っていくのがたいへん長い道のりだということはよくわかる．しかし，これこそが安全確実な道なのだ．トレーニング・ツリーに従っていけば，馬は精神的にも肉体的にも成熟して，安らかで満ち足りた気持ちになり，騎手に要求されたことは何でもやってのけようという気構えになっているだろう．

　そういう安全確実な道をとらずに近道を探そうとしても，次から次へと問題に突き当たり，時間と体力を浪費するだけになってしまう．長い目で見れば，本書に示す道が常に最短コースなのだ．

ここで再びトレーニング・ツリーを見ると，2年間の基礎調教期間中に3つのフェイズがあることがわかる．

フェイズA —— 馬が騎手の体重の負担に慣れ，騎手に協力しようという気持ちを示すようになる段階（トレーニング・レベルの馬場馬術課目の要求程度[20]）．

フェイズB —— 筋肉，関節，腱の発達により，馬が次第に後躯からの推力を生み出し，騎手を乗せて自然な姿勢で正しく運動することができるようになる段階（レベル1の馬場馬術課目の要求程度[21]）．

フェイズC —— 後躯の体重負担力とセルフ・キャリッジ（self-carriage）の能力[22]が発達し，馬がすべての運動課目を軽快に，無理なく行い始める段階（レベル2の馬場馬術課目の要求程度[23]）．

10個のエレメントがそうだったように，これら3つのフェイズも，ばらばらに分解できるものではない．次のフェイズへの移行の時期も流動的だ．一方，図7から，1年間の調教を終えた頃にはどのエレメントができ上がっているべきかということも見てとれる．この時期になれば，レベル1の馬場馬術課目を大きな過失なしにこなせる馬になっているはずだ．

2年目に入ると，1年目に教えたエレメントをすべて確認しながら，レベル2に向かって調教を進めていく．したがって，レベル1の馬場馬術競技会なら優勝も狙えるはずだ．

---

[20] USEFによると，トレーニング・レベルの馬場馬術課目の目的は，「馬の筋肉が柔軟でほぐれており，馬が，明瞭かつ安定したリズムで，銜とのコンタクトを受容しながら伸びやかに前進する状態の確認」（『USEF規程集』DR118条第2項）とされている．ドイツの基準では「Eクラス」に相当する．

[21] USEFによると，レベル1の馬場馬術課目の目的は，「トレーニング・レベルでの要求に加え，馬が推力（thrust）を養い，ある程度のバランスと透過性（throughness）を身につけていることの確認」（前掲箇所）とされている．ドイツの基準では「Aクラス」に相当する．

[22] 「セルフ・キャリッジ」（⇒USDF用語集「Self-Carriage」参照）については，「訳語解説」の「Carriage」の項を参照．

[23] USEFによると，レベル2の馬場馬術課目の目的は，「馬が，レベル1で要求される推力を身につけたことを示したうえで，さらなる調教の結果，体重のより多くを後躯で負担した状態（収縮）を示し，中間歩度での運動で要求される推力を発揮し，確実に手の内に入っていることの確認．その際，真直性，屈曲，柔順性，透過性，セルフ・キャリッジは，レベル1におけるよりも高度であることが要求される」（前掲箇所）とされている．ドイツの基準では「Lクラス」に相当する．

トレーニング・ツリー

| 1 | 2 | **3** | 4 | 5 | 6 | 7 | 8 | 9 | 10 |

　一般論を言えば，エレメントの習得は，1年目には1番目から5番目まで，2年目には6番目から10番目までという進度で進んでいくべきだろう．

　言うまでもないが，トレーニング・ツリーを見れば，馬の調教の進め方がはっきりわかる．つまり，基礎調教期間中に，10個のエレメントを決められた順序で馬に教え，身につけさせなければならないということが見てとれるのだ．

　トレーニング・ツリーの順序は，調教を効果的に進めていくためには絶対にゆるがせにできない．そして，馬が騎手を信頼して協力しようという気持ちを絶えず増していくにつれて，あるエレメントから次のエレメントへとスムーズに移行していき，「要求されたことを自らの意志で行っているような印象を与える」(FEIの定義)[24] ようになるのだ．

　この順序は，馬が生まれつきもっている能力と整合しているので，長期的な調教プランのほか，日々の調教にも当てはまる．この順序を守って正しい乗り方をすれば，馬の健康の維持にも役立つのだ．

　本書に示したプログラムを正しく終えた馬は，レベル2の馬場馬術課目の運動ならどれでも十分にこなせる．したがって，レベル2の4つの課目[25] のうち，次に実施するのはどの課目かということなど全く気にかける必要はない．ただ1つだけ重要なことは，馬がトレーニング・ツリーの10個のエレメントをすべてきちんと身につけているということだ．

　トレーニング・ツリーの順序に従っていくと，それぞれのエレメントを身につけたときには，次のようにボーナスとしてさらにいくつかの資質が現れることが期待できる．

リラクセーションを身につけると，沈静（calmness）と騎手に対する信頼が現れる．

運歩の整正を身につけると，安定（steadiness）と正調なリズム（pure rhythm）が現れる[26]．

---

24) FEI規程第401条「目的と一般原則」第3項（第23版では第2項）参照．
25) USEFが2003年に制定した馬場馬術課目は，トレーニング・レベルからレベル2までは4つずつ，レベル3とレベル4では3つずつとなっている．
26)『*Elemente der Ausbildung*』には「一定の歩調（Takt）は，集中力，それに，均等な歩幅とリズムをもたらす」と書かれている．「正調なリズム」という場合の「リズム」の定義については48ページを参照．

伸びやかな運歩を身につけると，後躯の活発な動き（activity）と前進気勢（forward momentum）が現れる[27]．

コンタクトを身につけると，騎手の拳と馬の口との連携（connection）[28]と，馬が騎手の拳と脚に従う状態が現れる．

「手脚の間に置かれた」状態を身につけると，扶助に対する反応の良さ（responsiveness）と，騎手の指示によく服従するという意味での従順性（obedient submission）[29]が現れる．

真直性を身につけると，側方の「屈曲能力（bendability）」と推力（propulsive power）が現れる．

バランスを身につけると，軽快性（lightness）と無理のなさ（ease）が現れる．

柔順性を身につけると，屈撓能力（pliability），透過性（throughness），扶助透過性（Durchlässigkeit）（113ページの定義を参照）が現れる．

推進力を身につけると，エネルギー（energy），踏み込み（engagement）[30]，弾発力（Schwung）（121ページの定義を参照），活発感（liveliness），前躯の動きの良さ（mobility）が現れる[31]．

収縮を身につけると，前躯の起揚（elevation），運動の律動感（cadence），浮揚感（suspension）[32]，優美さが現れる[33]．

---

[27]『Elemente der Ausbildung』には「歩幅の大きな運歩が現れると，運動が流麗でほぐれたものになる」と書かれている．

[28]「connection」は，一般には「（人馬の）連携」という意味だが，『Elemente der Ausbildung』には「依倚は，脚の扶助との連携により，騎手の拳と馬の口との間の連携をもたらす」と書かれていることから，言葉を補って「騎手の拳と馬の口との連携」と訳した．

[29]『USDF用語集』では，「obedience（騎手に対する服従）」と「submission（従順性）」とを区別している（⇒USDF用語集「Obedience」，「Submission」参照）．

[30]「訳語解説」の「Engagement」の項を参照．

[31]『Elemente der Ausbildung』には「弾発力（Schwung）は，ほぐれた頸，バネのような背中，後躯からの推力，両肩の動きの自由からなる」と書かれている．

[32]「浮揚感」とは，運動の弾発が増し，空間期（period of suspension）が長くなる結果，あたかも空中に浮かんでいるかのような印象を与える滞空時間の長い運動が可能になった状態をいうと考えられる．

[33]『Elemente der Ausbildung』には「収縮により，馬は，いっそう重心の下に向けて踏み出し，前躯が起揚し，運動の律動感が増し，さらに高揚して弾発（Ausdruck）のある運動をするようになる」と書かれている．

トレーニング・ツリー

| 1 | 2 | **3** | 4 | 5 | 6 | 7 | 8 | 9 | 10 |

　このようにたくさんの馬術用語が出てくると，最初は混乱するかもしれない．しかし，調教というテーマを深く掘り下げていくうち，用語にも次第になじんできて，抵抗なく使えるようになるだろう．

　上に示したように用語を並べてみると，例えば，「手脚の間に置かれた」馬に乗るとどういう感覚があるか，とか，「柔順な」(すなわち扶助透過性のある)馬だと評価されるにはどういう資質をそなえていなければならないか，といったことが簡単にわかる．実際，そのためには，柔順性の前提条件として必要とされる資質がはっきりと示されていなければならないのだ．

　それでは，基礎調教で確立しなければならない10個のエレメントについて順番に説明を加えていこう．最初は，エレメント1，リラクセーションだ．

リラクセーション
トレーニング・ツリーのエレメント1

「良い人馬は，相互の信頼関係があって初めて存在し得る」（*H. M. E*）

　リラックスした馬は，恐怖や苦痛を感じることなく，騎手に注意を向け，沈静して前に出る．走り出すとか性急な歩き方になることもない．三種の歩度のどれかで運動中に騎手が手綱を緩めて執り直す操作[1]をすると速度（pace）[2]や歩調が変わるとか，馬が屋外馬場の置き埒や，騎手がたどらせようとしている野外の小径から外れるといったこともない．

　リラックスした馬の体には，どこにも緊張が見られない．あらゆる筋肉を窮屈な感じなしに使い，全身を使って抵抗なく運動する．騎手を信頼しているからこそ，自信に満ち，精神的にもリラックスするのだ．

　そういうときの馬の目は，落ち着いておだやかな感じに見える．耳も，どこかにじっと向けられるようなことはなく，前後に動いていて，騎手にも回りの状況にも，信頼を向けながらも注意を払っていることを示している．口は閉じていて，湿っている．舌は銜の下にきちんと置かれている．何度かブルルと鼻を鳴らすと，あとは普通に呼吸をする．頸を前下方に伸ばすので，背中の筋肉で騎手の体重を支えやすくなる（てこの効果）．

　馬の尾は，脊柱の末端部分に当たる．馬が尾をどのように保持しているかを見れば，その精神状態がよくわかる．固い感じだったり，どちらかに偏っていたりするのは，背中の緊張がとれていないことを示している．尾を振り回すのは，概して騎手の脚がグラグラ揺れることに対する抵抗だ．リラックスした馬

---

1) 「バランスチェック・エクササイズ（überstreichen）」を指している．111ページ注6参照．
2) 「pace」は，通常，「歩度」と訳されるが，日本の馬術用語の「歩度」は，「歩法」と「速度」とを併せて表現する用語と定義されている（日本馬術連盟『馬術教範』第10または荒木・槇本編『馬術教範抄』第8参照）．

リラクセーション

| 1 | 2 | 3 | **4** | 5 | 6 | 7 | 8 | 9 | 10 |

の尾は，均整がとれてゆったりと保持され，常歩や速歩では運歩のリズムに合わせて左右均等に僅かに揺れるのが観察できる．

　リラクセーションのための作業の時間は，馬の気質と騎手の騎乗技術でだいたい決まる．

　生まれつき落ち着いた馬では，それほど問題は起こらない．しかし，精神的に不安定な馬なら，時間をかけなければいけないし，忍耐も必要になる．長い時間をかける方が，長い距離を運動させるよりも良い結果をもたらすことが経験的に証明されている．

　では，馬はなぜ体を固くするのだろうか？

　すでに述べたように，筋肉の緊張のそもそもの原因は脳にある．全身の筋肉を制御している神経系が脳からの信号を伝えているのだが，苦痛や危険を示す信号が伝わると，馬は即座に体を固くして防御態勢をとるのだ．

　未調教の若馬は，調馬索作業ではリラックスして整正な運歩で運動しているのに，騎手がまたがったとたんに体を固くすることがよくある（図8）．

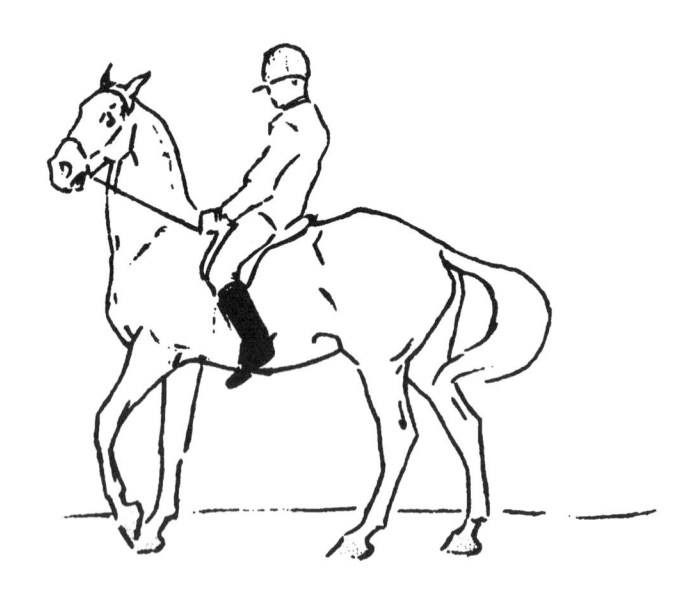

図8　若馬は，騎手の体重の負担に慣れていないせいで体を固くすることがよくある．

リラクセーション

背中に人間を乗せるという新しい状況にも背中に重みをかけられることにも慣れていないため，疑念から防御反応が生じ，背中の筋肉を固くして息をつめてしまうのだ．ここで鞍上の騎手がまずい動作をしようものなら，トラブルに陥りかねない．馬が背中の筋肉の固さを振り飛ばそうとして尻っ跳ね（ヤギ跳び，bucking）をし，騎手まで放り出しかねないからだ．

馬は，最初は平らな場所で，後には起伏に富んだ場所でも，三種の歩度で，騎手の体重のバランスをとりながら運動することを覚えなければならないが，これはかなりたいへんなことだ．経験が豊富で感覚に富んだ騎手は，馬が不意の動きをしても，両脚を締めつけずに動きに追随できるので，馬の方も，体を固くすることなく，短期間で騎手の体重にうまく対処できるようになる．そのためには，傾斜のある馬場での運動（151 ページ参照）がたいへん役に立つ．

馬が体を固くする原因は他にもある．何らかの事故やひどいストレスを経験した馬が苦痛を感じると，筋肉に乳酸がたまって硬直してしまうのだ．自然の治癒過程では，そのように助けを必要としている部位から脳に信号が届くと，酸素と栄養分をたっぷり含んだ血液が送り込まれ，乳酸を分解するのだが，これには時間がかかる．

馬の体が完全に健全な状態に戻るまで騎手が待ってやらないために，この治癒過程が中断されてばかりいると，信号が硬直した筋肉に遮蔽されて脳まで届かなくなってしまう．こうなると，治癒に必要な血液が送り込まれなくなるので，それ以上の治癒は全く期待できない．よく見てみれば，ただこれだけのことが原因となって，運歩が不整正な運動や，体を固くしたままでの運動しかできずに一生を終えてしまう馬がたくさんいることがわかるはずだ．

また，馬の準備が整っていないために馬が理解できない運動課目を実施させようとして騎手があれこれがんばるせいで馬が体を固くしてしまうこともあるが，こんなことは，システマティックな調教という考え方（トレーニング・ツリー）に反している．

馬場馬術競技会を見ていると，残念なことに，まだ準備が整っていないレベルの課目に出場させられている馬が未だに見受けられる．こういう馬は，高いレベルの運動課目を無理やり練習させられ，ストレスを受けてきたことがはっきりと見てとれるが，その過程で，生まれつきもっていた性質，魅力，満ち足

リラクセーション

░1░ ░2░ ░3░ ■4■ ░5░ ░6░ ░7░ ░8░ ░9░ ░10░

りた気持ちといったものを失ってしまっている．

　体に固さがある馬は，思うように体を使えない．馬の背中に固さがあれば，騎手は速歩で座っていることもできない．騎手の方に固さがあったり動きがぎこちなかったりするせいで馬の動きが妨げられると，馬は，防衛のために走り出すこともある（逃走本能）．常歩は，歩幅が短く，テンポが速く，運歩が不整正になるし，駈歩は，丸みのある（round）ものではなくなり[3]，空間期も見られなくなる（「4節の駈歩」とも呼ばれる）．こんな「馬場馬術」などばかげているし，馬の尊厳に対する侵害でしかない．

　繰り返しになるが，リラクセーションは，馬の調教における最初のエレメントで，その後のあらゆる調教の基礎をなすのだ．

　調教中は，馬が満ち足りた気持ちでいるようにしてやる．満ち足りた気持ちになっている馬は，体を固くするようなことがないからだ．

　ウォーミング・アップを始める前に，最低10分間は，長手綱[4]の常歩で馬を歩かせる．また，休息は，馬にとって，よくやったという報奨になる．そして，本運動は馬が疲れないうちに切り上げ，その後，再び最低10分間，常歩で歩かせてやるのだ．

　機会があればいつでも，気分転換のため，外乗に連れて行ってやるとよい．

　人間の方に十分な時間がなかったり，頭に血が上ったりイライラしたりしているときは，本運動にとりかからずに，外乗に連れて行き，馬をリラックスさせ，楽しませてやるのだ．

　どのようなレベルのどのような運動課目でも，リラクセーションを欠いてはならないのだ（図9）．

---

3) ⇒USDF用語集「Roundness」参照．
4) 『*The Basics*』では「放棄手綱（loose rein）」，『*Elemente der Ausbildung*』では「長手綱（langer Zügel）」となっているが，一般にウォーミング・アップには放棄手綱よりも長手綱が適していると考えられるため，後者に従った．なお，「放棄手綱」とは，手綱が完全に緩み，騎手の拳と馬の口との間のコンタクトも失われている状態をいうのに対し，「長手綱（long rein）」とは，馬の頭頸が自然な姿勢に保たれながらコンタクトが維持されている状態を指す（⇒USDF用語集「Free Walk」参照）．

リラクセーション

図9 ピアッフェのときでも，馬は肉体的にリラックスし，精神的に沈静していなければならない．ハノーヴァー種の牝馬ヴェンディシュカ（Wendischka）号に騎乗する著者．

どうやってリラクセーションを得るか？

これまででわかったように，筋肉の緊張は，馬のイライラ，恐怖，苦痛，あるいは何らかの理由によるストレスから発生する．筋肉が恒常的に緊張していると，やがては筋肉に障害が生じ，運歩が短切になったり整正でなくなったりするうえ，ほぼ確実に馬が不快感と抵抗を示すことになる．

リラクセーションに留意しなければならないのは，そういうわけだ．リラクセーションこそが，基礎調教で最も重要なエレメント1なのだ．実際，リラクセーションが得られないかぎり，馬が騎手の微妙な操作に反応するなどということはありえない．

最初の本運動は，調馬索作業から始まる．調馬索作業を扱った馬術書はたくさんあるので，本書では調馬索のかけ方を取り上げることはしない．

ただし，次の諸点を強調しておきたい．

1）調馬索は，馬にも調教者にもひと仕事だということ．調馬索作業では，

リラクセーション

| 1 | 2 | 3 | **4** | 5 | 6 | 7 | 8 | 9 | 10 |

騎乗作業と同じように索手の感覚と集中力が要求される．規律もなくグルグルと円を描いて走らせるだけでは意味がないし，馬の健康を損なうおそれさえある．

2）馬が気を散らさずに済む場所を選ぶこと[5]．
3）正しい調馬索作業をすれば，人馬の関係を確立し，より良いものにできるということ．
4）索手は，調馬索，追い鞭，それに音声を扶助として使い，首尾一貫した命令を決然と与えなければならないということ．そうすれば，馬はその命令の意味を理解するようになる．
5）時間をかけること．リラクセーションは，疲労した状態でもだらけた状態でもない．馬の脳に自信と人間に対する信頼が芽生えることからリラクセーションが始まるのだ．
6）調馬索作業の最初と最後には，常歩を十分に行うこと．

正しい調馬索作業には，カヴソン（cavesson）すなわち調馬索頭絡の他，サイドレーン（side reins）か折り返し手綱（draw reins）[6]が必要だ．サイドレーンでも折り返し手綱でも，馬が銜に向かって前下方に頸を伸ばせるだけの長さが必要になる．

常歩と速歩での作業に十分な時間をかければ，普通の馬は頸を伸ばしてくる

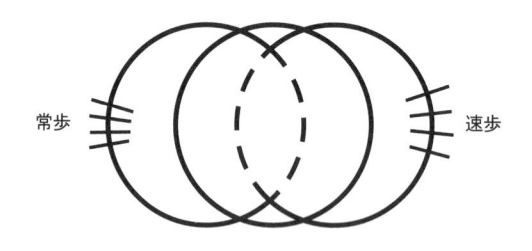

図10

5）『*Elemente der Ausbildung*』には，より具体的に「静かで囲いのある場所で行うこと」と書かれている．
6）図11の馬が着けているのが折り返し手綱．ドイツでは，調馬索作業の際にサイドレーンを使うことが基本とされているようで，ほとんどの馬術書にサイドレーンの使用が勧められている．

ものだ．そして，全身の筋肉がほぐれ，鼻面を垂直線よりもやや前方に出して，口がおおよそ肩端の高さに位置するようになる．

　精神的・肉体的理由から，このようにリラックスしてこない馬には，特別な手法が必要になる．ロングレーン作業や，常歩・速歩での地上横木作業やキャバレッティ作業を忍耐強く行えば，この段階での問題をうまく克服できることもある．キャバレッティ作業により，馬の背中の筋肉がほぐれてくるのだ．キャバレッティ作業は，最初は騎手なしで始め，後には騎手が乗って行う（図11，12）．

図11　リラクセーションを得るための調馬索での柔体運動．

図12　リラクセーションを得るための騎乗での柔体運動（騎手は前傾姿勢をとっている）．

リラクセーション

地上横木やキャバレッティを通過中，馬が速度や運歩を速めようとするのは，決して許してはならない．

馬が最も気分よく歩ける自然なテンポというものがあるので，馬がそれを自分で見つけられるように気を配ってやる．馬が自分でバランスをとり，必要な筋肉を発達させていく方法としては，これが最上だからだ．馬は，索手の前方推進扶助（追い鞭と音声）を尊重しながら，索手の拳と常にコンタクトを保っていなければならない．索手の扶助は，すべて「おだやかではあるが決然とした」ものでなければならない．

中央の輪線上にはキャバレッティを置かず，右側の輪線上には速歩作業用のキャバレッティを，左側の輪線上には常歩作業用のキャバレッティをそれぞれ置いて作業するのが最も有用だ（図10）．

初めて馬にまたがる日というのは，馬にも騎手にも大冒険だ．したがって，それが気持ちの良い経験になるように気を配ることだ！この点についても，本書では深く立ち入らないが，そのときに必要となる事項をいくつか強調しておこう．

- 問題の発生を減らすための十分な準備
- 馬が慣れ親しんだ環境
- 経験豊富な騎手
- 経験豊富な助手
- 一緒に作業をしてくれる落ち着いた馬
- 最初の騎乗がうまくいけば，後の問題を減らせるということ

若馬が初めて本格的に学習するのは，騎手の体重に慣れることだ．若馬は，骨格，筋肉，腱，靱帯が相当な重量を背中に乗せて運動できるまでには発達していないので，最初のうち，背中と頸の筋肉を固くし，それが大きな障害になって自然な運動ができなくなってしまうのだ．

したがって，若馬がまず学ばなければならないのは，三種の歩度で，緊張することなく，うまくバランスをとりながら騎手の体重を負担することなのだ．

けれども，これにはたいへん時間がかかる！

体重が軽くて経験豊富な騎手が乗れば，こんなことを教えるのに何の問題もないはずだ．柔らかい（elastic）騎坐姿勢[7]，馬の腹の「感覚」をただ受け容

れているだけの脚，独立した拳[8]により，馬はじきに自信をつけ，リラックスしてくるはずだ．しかし，こういう資質をそなえていない騎手が若馬に乗ると，色々な問題を惹き起こしてしまう可能性がある．

　残念なことに，馬の中には，背中を正しく使うことを全く教わっていないものがたくさんいる．馬の背中は前躯と後躯を結ぶ橋であり，重要な役割を担っているが，この部分がうまく機能しないと，馬は潜在能力を十分発揮できない．知識のある調教者が乗って，馬の背中がきちんと機能するようにしてやらないと，馬は一生不利を蒙ることになる．

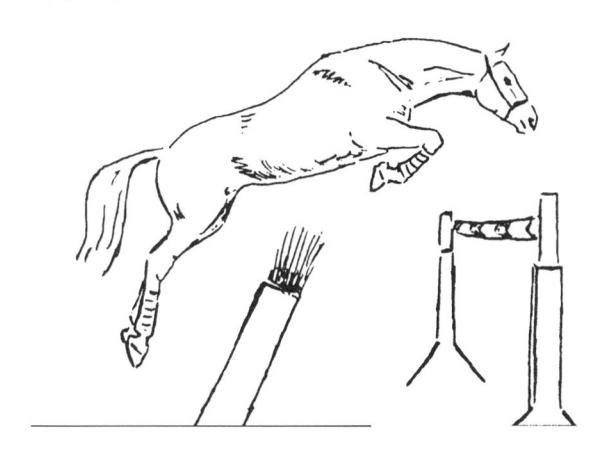

図13　若馬は，たいてい自由飛越が大好きだ．

　日々の調教に代わるものとしてすぐれているのが，自由飛越だ．正しい手順を踏みさえすれば，馬はこれで体づくり[9]をすることを好むものだ．私の馬は，将来馬場馬になりそうな馬も含めて自由飛越が大好きで，冬の間は週1回これを行っている（図13）．

---

[7] グニャグニャの「柔らかさ」ではなく，むしろ「順応性・復元力が高い」というニュアンスがある（⇒USDF用語集「Elasticity」参照）．
[8] 拳が，馬の動きや騎手自身の体の動きにつられて動いてしまうようなことがない状態をいう．『Elemente der Ausbildung』では，「静定された拳（ruhige Hand）」と表現されている．
[9] 『The Basics』では「gymnastics（体操）」となっているが，『Elemente der Ausbildung』では「筋肉トレーニングによる調整」を意味する「Gymnastizierung」が使われているため，「体づくり」とした．

残念なことに，最近，折り返し手綱のような馬を規制する補助手綱が流行している．こういう手綱は，期間を限って十分注意して使えば，馬の背中の故障を克服する助けになり得る．しかし，折り返し手綱は，ほとんどの場合に一種の拘束衣として使われている．つまり，馬の体形から見て，きつすぎる馬体フレームでの運動を強いられていることがよくあるのだ．その結果，馬が生まれつきもっていた運動能力が制限され，抵抗が生じて誤った筋肉がついてしまう．こういう馬が背中に痛みを覚えれば，何とかして苦痛を回避する方法を探そうとするだろう．

経験豊富な獣医は，これが原因で発生する下肢の故障が非常に多いということをよく知っている．

運動の際に背中が十分に使えなければ，それを補償するために下肢を使おうとするのが普通だ．こうして，同じ運動でも下肢を酷使しなければならなくなるため，下肢が故障しやすくなるのだ．

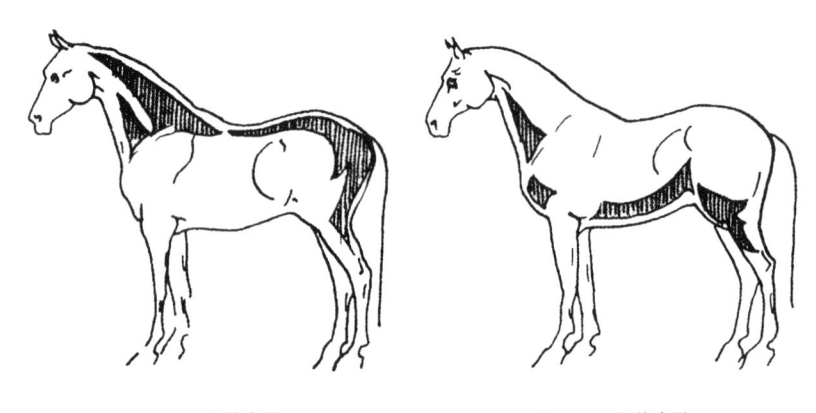

図14　上部筋肉群　　　　　　　図15　下部筋肉群

手綱びっこ（rein lameness）[10] も，一種の補償として起こる．一方の腕が固く，左右のバランスがとれていない騎手に対抗する方法を馬が編み出したということなのだ．

---

[10]「衡びっこ」などとも呼ばれ，放棄手綱では普通に歩くのに，手綱を執ったとたんに異常が出るなど，手綱の使い方が悪いために馬が跛行してしまう状態をいう．51ページ参照．

それでは，ここで馬の体を観察してみよう．重要な機能をもつ主要筋肉群が2つある．上部筋肉群と下部筋肉群だ（図14，15）．

筋肉は，2段階に分けて働く．収縮と弛緩（伸展）が交互に起こるのだ．収縮は，能動的な動作で，エネルギーを必要とし，酸素を消費する．そして，伸展する際に，循環する血液から新たに酸素を供給されて回復する．筋肉は，

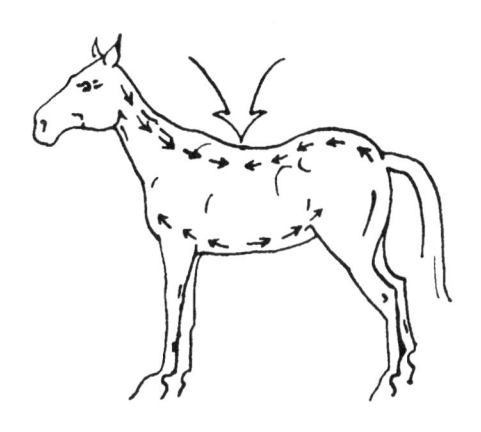

図16　誤り！　馬は背中を固くしている．上部筋肉群が収縮し，下部筋肉群が伸展している．

長時間にわたって収縮を続けると，伸展して回復することができずに固くなってくる．これがひどくなると，筋肉が痛みを伴うけいれんを起こすことがある．

若馬は，騎手がまたがったとたんに背中の筋肉を緊張させるものだ（図16）．

背中の筋肉は，頸の筋肉と腰の筋肉の両方につながっているため，これが緊張すると，頸が引き上げられ，後躯が後方に流れる．こうして，背中の固さが馬体全体に影響し，普通に呼吸したり運動したりすることができなくなって，すぐに疲れてしまう．上手な騎手は，この問題を重く見て，騎乗時間を短く切り上げたり，若馬に何度も休憩を与えてリラックスさせたりしてやるのだ．

背中の筋肉が正しく働くことができるようにしてやることが最も重要な事項だというのは，まぎれもない事実だ．背中は，騎手の体重を負担する部分であり，前躯と後躯とをつなぐ働きをするとともに，後躯や馬体が凝固している，頸が固い，うなじがブロックされている[11]，「口向きが悪い」[12]といった症状の根源なのだ．

したがって，これ以降の調教を進めていくにあたり，背中をリラックスさせ

---

11) 馬がうなじ，すなわち頭と頸との間の関節を固くして譲ろうとしない状態を指している．
12) 『Elemente der Ausbildung』では，より端的に「固い口」と表現されている．

リラクセーション

ることが不可欠なのだ．

　若馬にまたがる前に，あらかじめ調馬索で落ち着かせておかなければならない．そして，頭を前下方に伸ばすことによって，丸みのあるトップラインと弾力性のある背中の律動を示すようになっていなければならないのだ．

　若馬は，騎手の体重の負担に慣れていないので，騎手がまたがると，背中と頸の筋肉を収縮させ，その結果，無理のない歩き方ができなくなってしまうことが多い．

　騎手の体重を負担したままでリラックスした状態を回復させ，無理のない歩き方ができるようにする作業（図17）は，基礎調教の最初の数ヶ月間（フェイズA），騎手にとって最も手ごたえのある課題になる．

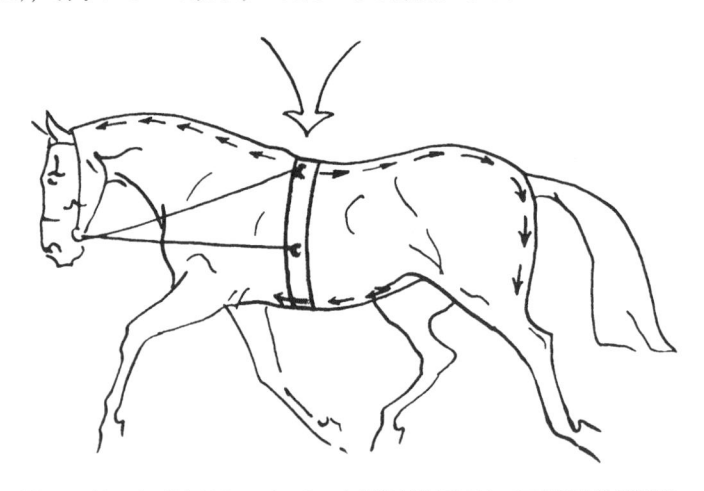

　図17　正しい！　背中がリラックスし，上部筋肉群が伸展して下部筋肉群が収縮している．

　このプロセスを切り詰めることはできない．これに要する時間は，馬の体形と騎手の技術で決まる．リラックスし，騎手と協調して作業できる馬でなければ，適切な筋肉を正しく鍛えることはできないのだ．

　調教のこの段階では，騎手は「古典的な姿勢」，つまり「腰を着けた」姿勢[13]

---

13)「馬場馬術姿勢」を指す．上半身を前傾させる「前傾姿勢」に比べ，坐骨への荷重が大きく，馬の背中に対する負担も大きくなりやすい．これらの騎坐姿勢については，「訳語解説」の「Seat」の項を参照．

で乗ってはいけない．騎手の体重による負担をできるだけ軽くするために前傾姿勢をとる．また，馬が手の内に入って（on the bit）丸みのあるトップラインを保ちながら運動でき，騎手が「座っていられる」ようになるまでは，正坐速歩（sitting trot）[14] もしてはいけない．

　馬が頸と背中を正しく使えるようになれば，調教をさらに進める準備が整ったことになる．馬はもはや体を固くすることもなく，無理のない歩き方を回復している．運歩は整正になり，騎手の拳にコンタクトを求めようとしはじめるはずだ．つまり，脚に反応して伸びやかに前に出ていく結果，次第に騎手の軽い拳との間に恒常的なコンタクトを保てるようになっていくのだ．そして，扶助に注意を払うことを覚え，明瞭なリズムと一定のテンポを保った運動が確立されていく．

　調教をさらに進めていくには，三種の歩度でのキャバレッティ作業のほか，上り坂・下り坂での作業，また，一蹄跡[15] 上で行う回転運動や輪線運動，さらには斜横歩[16] などの運動課目を行う．いずれも，将来必要となる筋肉を鍛えるエクササイズであり，馬体の弾力性と運動技能を向上させるための馬の体づくりだ．その結果，馬はリラックスし，騎手を信頼して協力するようになる．

　頸と背中の筋肉をほぐすためにお勧めできるのが，直径20 m の輪線上で行う「トップラインの伸展エクササイズ（chewing the bit out of the hand）」[17] だ．このエクササイズにより，馬が上部筋肉群を「譲る（give）」[18] ようになる．馬が良い運動をしたときに馬を褒めてやる手段としても適しており，馬が丸みのあるトップラインをつくりながら，銜に向かって体を伸ばしてくるようにする効果がある．これができる馬は，背中が健全に発達し，騎手を信頼して運動していることを示している．

　こうして，前下方に伸展した頸が「てこ」の働きをするので，馬が騎手の体

14）軽速歩（rising trot または posting trot）に対する用語で，速歩で正反撞を受けて乗ることを指す．
15）「二蹄跡（運動）」に対する用語で，左右の前肢の跡を同じ例の後肢が追随するように運動する状態をいう．
16）日本語規程では「レッグ・イールディング」と呼ばれているが，本書では慣用に従って「斜横歩」とした．

リラクセーション

| 1 | 2 | 3 | **4** | 5 | 6 | 7 | 8 | 9 | 10 |

重を負担しやすくなる.

　馬は，調教レベルによらず（つまり，グランプリ・レベルの馬であっても），また，常歩，速歩，駈歩のどれで運動していても，この基礎的なエクササイズが十分にできなければならない．これができない馬は，「ドレッサージュの基礎」が著しく欠けていることを示している．こういう馬は，背中を正しく使うことができない「肢だけで歩く馬」（Schenkelgänger）（「手脚の間に置かれた状態」の章の「騎坐（腰）の作用に軽い馬」を参照）であり，馬場馬術で望まれるタイプの馬では絶対にありえないので，優秀な審判員なら適切な評価を下してくれるはずだ．

　馬が騎手を信頼せず，固さがとれない原因は，ほとんどの場合，騎手の側にある．臆病な騎手はこういう馬を調教してはいけない．そういう騎手が乗った馬は，不安でビクビクした状態に陥り，やがて至る所で「物を見る」馬になってしまうからだ．そしてついには，後ずさりしたり立ち上がったりして前に出

---

17) 図28A参照．ドイツ語の「Zügel-aus-der-Hand-kauen-lassen（手綱を味わいながら拳から持っていくようにしむけること）」の直訳で，ドイツ公式教本の英語版では「手綱を前下方に持っていくこと」と表現されている（なお，「銜を味わう」という用語につき，USDF用語集「Chewing the Bit」参照）．馬が手綱を前下方にもっていく結果，頸と背中すなわちトップラインが前下方に伸展するので，「トップラインの伸展エクササイズ」と訳した．ちなみに，このエクササイズは，ドイツ公式教本では次のように説明されている．

　「騎手は，馬が体を伸ばせる範囲で，"長手綱"になるまで徐々に手綱を伸ばす．これに伴い，馬体が銜に向かって前下方に伸展する．騎手は，後躯の活発な動きを維持するため，推進をいくらか強める必要がある．

　馬体の伸展は，少なくとも馬の口が肩端の高さに位置するところまで行う必要があるが，馬がバランスを維持できる程度にとどめておかなければならない．馬の鼻面は，垂直線の前か垂直線上に保たれる．

　"トップラインの伸展エクササイズ"は，どの歩法でも行うことができるが，輪線上で行うのが最上である．

　このエクササイズは，いつ終わらせてもよい．そのときは，指を握りしめて手綱を執り直せばよいが，放棄手綱に移行して終わらせることもできる」（同書97〜98ページ［英語版81ページ］参照）．

18)「譲る」という用語は，「騎手が手綱を譲る」，「馬がうなじを譲る」などと言う場合と同じで，「緩める」ことを意味する．ここでは，「背中の筋肉をリラックスさせること」という意味になるが，それにより馬が背中で騎手の坐骨を感覚し，騎坐（体重）の扶助に反応できるようになるという効果が生じると考えられる．なお，94ページ注6参照．

るのをいやがるという重大な欠陥を抱えた馬にしてしまうのが常なのだ．
　未調教の若馬を調教する騎手は，ビクビクしてはいけないし，前に出る以外に進む道はないということを馬に納得させることができなければならない．そうすれば，しばらくするうちに馬がこれを受け容れ，騎手の権威を尊重するようになる．

ウォームアップ ── 競技前の準備運動

　20時間以上も閉じこめられていた馬房から曳き出されてきた馬は，筋肉や関節を温め（warm up），肉体・精神とも全身をリラックスさせる時間を必要としている．

　毎日のウォームアップでも，競技会前の準備運動でも，トレーニング・ツリーのルールに従わなければならない．フェイズAのエレメントから始め，フェイズBに，そして，必要があればフェイズCに進むのだ．このウォームアップは，作業というよりもむしろ各エレメントのチューニング（調整）のようなもので，ヴァイオリニストが演奏前に行う楽器のチューニング（調律）と同じだ．

　最初の目標は，馬が，背中の律動を保ちながら，整正で，伸びやかかつ歩幅の大きな運歩で歩けるようにすることだ．そのうちに，馬は手の内に入ってきて，騎手に協力しようという気持ちを示すようになるはずだ．

　なかなかリラックスできない馬には，騎手がまたがる前に調馬索で体をほぐしてやるべきだ．

　ふだん自分の馬場で乗っているときは，スケジュールに追われているわけではないので，何をどうすればよいかわかっているはずだ．馬がリラックスし，反応が良くなってくるまで，好きなだけウォームアップの時間を延ばすこともできる．しかし，競技会場では，競技のスケジュールに縛られ，出番を知らせるベルが鳴るまでにウォームアップを終えなければならないので，競技の準備を整えるのに十分な時間をとれるように前もって計画を立てておく必要がある．

　けれども，「十分な時間」とはどの程度の長さなのだろうか？　これは，馬の性格，気分，調教状態，競技場の雰囲気などによって左右される．

　馬場馬術競技のためのウォームアップは，15分で足りることもあれば，2時

リラクセーション

間以上かかる場合もある．その目的は，これから演技しようとする運動課目を何度も何度も練習することでは決してない．大切なのは，馬を精神的・肉体的にリラックスさせるということに尽きる．リラックスした馬でなければ，騎手の扶助に注意を払い，競技場内で集中力を保つことなどできないからだ．他のスポーツでも，全力を尽くさなければならない作業をウォームアップ中に要求するトレーナーなどいない．

　私は，一般論として，ウォームアップは，どれだけの距離を運動させるかよりも，どれだけの時間をかけるかが問題だとよく言う．準備運動馬場の中で10マイル以上も走らされた馬は，疲れ果ててしまうことはあるかもしれないが，リラックスして競技に向けての準備が整うことなどない．

　しかし，残念ながら，競技会に行くと，準備運動馬場でこれから出場する馬場馬術課目の中の運動項目をせっせと練習したり，基礎がまだ十分でないために無理であることが明らかな運動に熱中したりしている騎手がたくさん見受けられる．その結果，競技場に入場してきたときには，体を固くした気が進まなさそうな馬が，整正さを欠いた無気力そうな運動を見せるということになってしまうのだ．

　総合馬術選手は，馬をリラックスさせ，調教審査に臨める状態にもっていくために長い時間をかけることが時々ある．トップ・コンディションに調整された元気のよい総合馬の場合，3時間も単純なことばかり行わせて「飽きさせて」やる必要があることもある．それも，必ずしも騎乗するわけではなく，馬運車に乗せたり降ろしたり，あたりを曳いて歩かせたり，短時間またがったりといったことを延々と繰り返すのだ．

　成功を収めている騎手が，ウォームアップの際に馬の頭を極端に丸めた過剰屈撓姿勢[19]で運動させているのを時々見かける．馬の背中は後躯と前躯とをつなぐ橋のようなものだが，騎手の体重を負担しながらその機能を発揮させるには，背中の筋肉が頑健に発達し，緊張せずに働くようになっていなければならない．そうだとすると，馬がリラックスし，従順な状態で競技場に入場できるようにするために，一定の時間だけ馬の頭を過剰に屈撓させることによって，

---

[19] 『Elemente der Ausbildung』では「頭を極端に低下させた姿勢」と表現されている．

リラクセーション

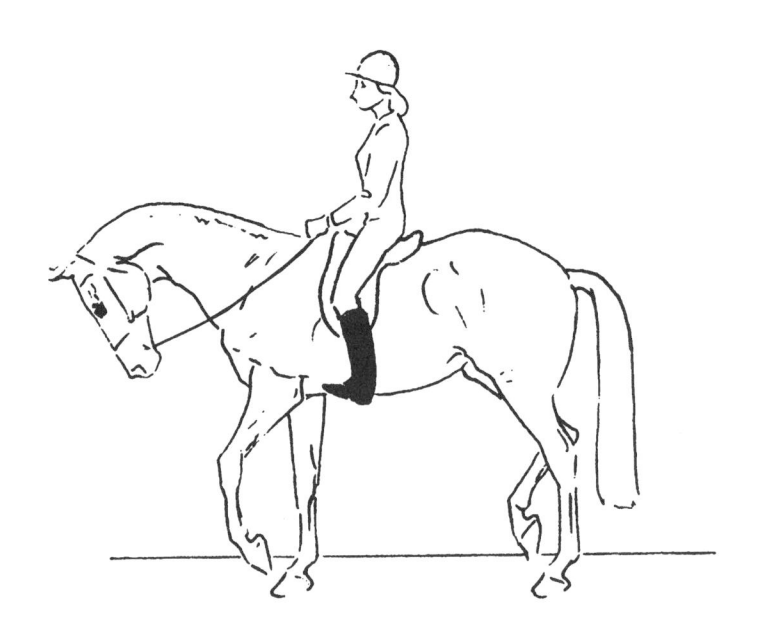

11 12 13 14 15 16 17 18 19 20

図18　過剰屈撓姿勢．このエクササイズに価値があるかどうかは，騎手の技量で決まる[20]．

　背中をアーチ状に隆起させ，トップラインを最大限に伸展させてリラクセーションを得るという方法が有効な場合もあるということになる（図18）．
　この方法により，貧弱な背中の筋肉が鍛えられたり，頑健で締まった筋肉がほぐれたりするということはあるだろう．また，興奮しやすい馬も，地面しか見ることができないため，単調な作業に飽きて落ち着いてくるだろう．
　しかし，この方法をとることができるのは，馬の口との連携の保ち方を知っている，感覚が鋭敏で有能な騎手に限られる．いつでも後躯からの推進力を喚び起こすことができ，しかも，うなじを最高点に置いたまま前躯を起揚させ，踏み込みを生じさせることができる騎手が行うのであれば，このような乗り方

---

20)　『*Elemente der Ausbildung*』には，「背中の筋肉をほぐすためにこの姿勢を求めても，望みどおりの成功を収めることは非常に稀で，ほとんどの馬は，歩き方がおかしくなり，生まれつきもっていたはつらつとした感じを失ってしまう」と書かれている．227ページ注32参照．

リラクセーション

も，古典馬術の原則を冒すことにはならない[21]．

そこで，次のような注意点を挙げておく．

1) この方法は，騎坐（腰）を利かせて（engage the seat）馬の後躯を活発に動かすやり方[22] を知らない騎手は行わないこと．
2) 経験の浅い騎手が行うと，あちこちで見受けられるように，馬が巻き込んだり，背中の律動が失われたり，前躯に重ったり，運歩が小さくなったり，踏み込みがなくなったり，抵抗が生じたりといった問題に突き当たるはずだということ．
3) 常に過剰屈撓姿勢で乗るのは，古典馬術とは全く相容れない方法で，馬が生まれつきもっていた魅力を台無しにしてしまう結果にしかならないということ．

もう1つ注意点がある．背中を正しく使うことができない若馬の場合は，必要な筋肉を発達させるために「低伸姿勢（long and low）」[23] で乗ってやることが必要だが，これはトレーニング・レベルでの馬体フレームであって，馬が騎手の体重を問題なく負担し，拳とのコンタクトを維持できるようになった後にまでそのような乗り方をするのは誤りなのだ．

この時期になれば，後躯のいっそうの踏み込みと，それに伴うある程度の前躯の起揚を馬に要求しなければならない（レベル1の馬体フレーム）．必要もなしに「前躯に重った」状態で乗ってはならないのだ．

よく調教のできた馬で半減却の効果を感得する機会（73ページの図26参照）に恵まれたことのない騎手は，いつまでたっても「低伸姿勢」で乗っていよう

---

[21] 馬が過剰屈撓姿勢をとってもコンタクトを失わずにいられるだけの推進力を騎手が生み出すことができなければ，それは「巻き込み」（「訳語解説」の「Contact」の項を参照）でしかなく，古典馬術の原則の侵害になると理解できる．なお，『Elemente der Ausbildung』には，「感覚が鋭敏で有能な騎手が行うのであれば，このような乗り方が害になることはないが，それでもなお，この方法は"現代風のやり方"であり，古典馬術の終わりになりかねないということをどうしても警告しておかなければならない」という強い注意が書かれている．

[22] 「騎坐（腰）を利かせる」操作については，72～76ページおよび「訳語解説」の「Seat」の項を参照．この箇所は『Elemente der Ausbildung』では，「腰と脚の扶助を使って踏み込みを増加させ，後躯を活発に動かすやり方」と表現されている．

[23] ⇒USDF用語集「Long and Low」参照．

とする．もちろん，この乗り方が馬にとって害になるおそれはないが，馬が天から授かった優美な運動をする潜在能力を十全に発揮させてやることもできないのだ．

運歩の整正
トレーニング・ツリーのエレメント2

「どんなに粋を凝らした運動でも，運歩の整正が害されたとたんに意味を失う」

　馬は，均一な歩幅で（even），しかも整正な運歩で（regular）運動しなければならない．これは，どういう調教レベルの馬をどんな歩度で運動させるときでも，常に騎手が頭の中に入れておかなければならない基礎事項だ．馬がリラックスして整正に運動していなければ，どんな馬場馬術課目でも満足に実施することなどできない．ある運動課目を「完璧に」実施しても，運歩に少しでも不整正があれば，正しい運歩ではないので，「まず可と見る（sufficient）」という得点［訳注．5点］はつかない．

　FEIの馬場馬術課目の「総合観察」の最初の項目は，整正で均一な運歩を意味する「正調な運歩（purity of the gaits）」だが[1]，この項目が最初に書かれているという事実から，この要素が最も重要だということがわかる．

　1990年版の『USDF用語集』には，「運歩の整正は，歩き方が正しいことをいい，運歩が正調で均一かつ左右均等であることを包含する．整正でない運歩には，一過性の場合もあれば，慢性的な場合もあり，馬の故障が原因の場合もあれば，そうでない場合もある[2]．運歩に関する総合観察の中で，運歩の整正は，正調な運歩と馬に故障がないことだけを問題とし，運動のテンポが変わ

---

1) 実際の審査用紙では，「Paces」（フランス語では「Allures」）すなわち「運歩」と表現され（「pace（歩度）」という用語は，ここでは「gait（運歩）」の意味だと理解する必要がある⇒USDF用語集「Pace」参照），「伸びやかで整正」という説明がカッコ書きで付けられている．
　なお，FEIの馬場馬術課目の総合観察は，「運歩」，「推進力（Impulsion）」，「従順性（Submission）」，「騎手の姿勢と騎坐姿勢（座り）および扶助の正確性と効果」の4項目からなる．
2) 『Elemente der Ausbildung』には，「運歩の整正が害される原因には，跛行や馬体の緊張があるが，跛行している馬は競技場にいるべきではないし，馬体の緊張は，総合観察の得点に大きく影響する」と書かれている．

らないことまでは問題としない」と書かれている．

　運歩の整正には構成要素がいくつかあるが，ここでそれぞれの要素の意味をはっきりさせておく必要があるだろう．これらの用語が誤って使われていることが時々あるからだ（なお，以下の表現の一部は，上記の1990年版『USDF用語集』から引用している）．

歩法（gait）：馬場馬術では，常歩，速歩，駈歩の3つの歩法がある[3]．

節（beat）：ある歩法において肢が着地する蹄音（footfall）．1本の蹄が（あるいは2本の蹄が同時に）地面を打つこと．

歩度（pace）：同じ歩法の中での区分で，収縮（collected）歩度，尋常（working）歩度，歩幅を伸ばした（lengthened）歩度，中間（medium）歩度，伸長（extended）歩度がある．歩度の変化は，単位距離当たりの完歩数と相関する[4]．

　収縮なしに歩度をつめようとすると，ウエスタンの「ジョグ（jog）」[5]になってしまうので，馬をそういう歩き方に慣れさせるようなことは決してせず，馬場馬術的に正しい歩き方である「収縮歩度」を守らなければならない．

完歩（stride）：馬の肢の動きが一巡して，元の状態に戻るまでの運動の1周期をいう．例えば速歩の場合，一方の斜対肢の蹄音が聞こえる着地期，空間期，もう一方の斜対肢の蹄音が聞こえる着地期，その次の空間期で1完歩となる．

　歩幅（length of stride）とは，この1周期の間に進む距離をいう．

リズム（rhythm）：その歩法に特有な，肢が着地する蹄音と各肢の離着地の順序．馬場馬術での正しいリズムは，正調な常歩の4節のリズム，正調な速歩の2節のリズム，正調な駈歩の3節のリズムに限られる．リズムを「テンポ」と混同してはならない．

---

[3] 日本では，「三種の歩度」と言われるように，「歩法」と「速度」を併せて表現する「歩度」という用語がもっぱら使われ，「歩法」という用語はあまり使われない（27ページ注2参照）．

[4] 正しく歩度を伸ばせば，歩幅すなわち1完歩で進む距離が伸びるので，例えば10 m進むのに必要な完歩数は減る．

[5] ウエスタンで要求される歩幅の短いゆっくりした速歩．

リズムは，どんな場合でも整正でなければならない．僅かでも正調なリズムから外れるのは，問題発生のサインだ．何かの原因で馬が跛行していたり，どこか痛いところがあったりすることがわかったら，獣医に相談することだ．しかし，人間を乗せずに自由に運動しているときは正調なリズムで運動するのに，騎手が乗ると歩幅が均一でなくなってしまう馬が時々見られる．たいていは，恐怖，痛み，あるいはちょっとした不快感による馬の緊張が原因だ．

　こういう問題は，感覚に富んだ騎手ならば解決できる．リズムやテンポを律動感と混同してはならない．律動感とは，弾力性（elasticity）を保った動きの中でリズムに明瞭な強弱が見られる状態をいい，収縮と前躯の起揚（エレメント10）の結果として生まれてくるものなのだ．

テンポ（tempo）：リズムの反復の速さ，すなわち，1分当たりに刻まれる完歩あるいは節の数をいう．ある歩法の中では，どの歩度で運動していても，単位時間当たりの肢を動かす回数が変化してはならない[6]．テンポは，必ずしも歩幅や速度と相関しているわけではないのだ[7]．

　どの馬にも，心地よく運動できる自然なテンポがある（普通の馬とポニーを比較してみるとよい）．日々の調教では，この自然なテンポを安定させてやらなければならない．そうすれば，騎手は扶助のタイミングを制御しやすくなり，また，扶助を馬の動きに同調させて使うことができるようになる．これこそが，傍目にはそれとわからないような扶助を使い，人馬の調和を育むための前提条件なのだ．

　フリースタイル馬場馬術（自由演技）の選手は，メトロノームを利用して，自分の馬の固有のテンポに合った曲を探すものなのだ．

　歩度変換（歩幅の伸縮）の移行の際は，運歩のリズムとテンポが変わらないようにしなければならない．

---

[6] 例えば収縮歩度から伸長歩度への移行では，テンポが変わらずに歩幅が伸びる結果，速度が上がる．

[7] 『*Elemente der Ausbildung*』には，「"Tempo"という用語は速度に関係し，これによって，例えば尋常速歩，中間速歩，収縮速歩，伸長速歩が区別される」と書かれており，ドイツ語の「Tempo」は英語の「pace」（歩度）に相当することがわかる（⇒USDF用語集「Tempo」の注参照）．

速度（speed）：単位時間当たりに進む距離をいう．テンポと混同してはならない．馬が速度を増す際は，歩法を変えるか（例えば，速歩から駈歩），歩度を変えるか（歩幅の伸展）のどちらかだ．速度を増そうとしてテンポが早くなってしまうのは，馬場馬術では重大な過失だ．

騎手は，常に正調なリズムと一定したテンポを求めなければならない．馬が整正な運歩で運動しており，しかも騎手が馬の自然な動きを妨害しなければ，何も問題はないはずだ．しかし残念ながら，正調なリズムは騎手の座りと扶助，ひいては感覚に大きく左右される．体の柔らかさが欠けていたりバランスが悪かったりする騎手は，馬の動きを感覚できないため，馬の整正な運動をひどく阻害してしまう．

馬を正しく調教するには独立した柔らかい騎坐姿勢（私は，「正しい」騎坐姿勢という言葉が好きでない[8]）．が不可欠だとか，有望な若馬を不器用な騎手に調教させてはならないなどと言われるのはそういうわけだ．

どのような理由であれ，馬の動きに追随できない騎手は，リズムやテンポの狂いを感知できないので，それを修正することもできない．こういう騎手に大声でもっと脚を使って踏み込ませろなどと要求しても無駄だ．そんなことは不可能だからだ．だからこそ，賢明な指導者は，よく調教できた馬を使い，生徒の座りと感覚の向上にほとんどの時間を割くのだ．正良な騎坐姿勢は一生の宝であり，決して失われることのない財産なのだ．

三種の歩度

それでは，三種の歩度，つまり，常歩，速歩，駈歩のリズムについて見てみることにしよう．

馬の各肢の運歩順序をよりよく理解できるようにするために，左後肢に1，左前肢に2，右後肢に3，右前肢に4という番号をつけよう（図19）．以下の図表では，番号の上の○印が各肢の着地の瞬間を表す．

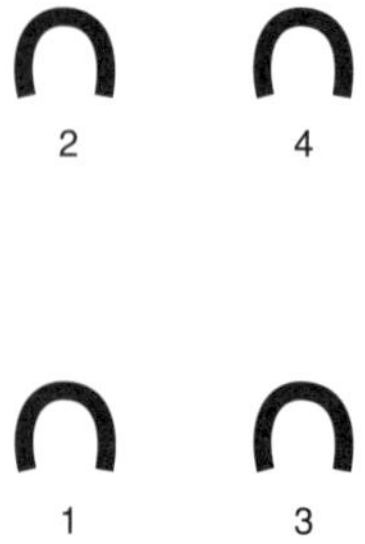

図19

---

[8] 68ページ参照．

常歩は4節の運動だ．故障のない馬が，自然なテンポを保って舗道を歩いているときの蹄音を聞いてみるとよい．肢が着地する音（1：左後肢，2：左前肢，3：右後肢，4：右前肢）が時計仕掛けのように均一に聞こえるはずだ．

○　○　○　○　○　○　○　○　○　○　○　○
1　2　3　4　1　2　3　4　1　2　3　4

このリズムから少しでも外れたら，それは何かおかしいというサインだ．

騎手を乗せて緊張していると，短切な運歩，手綱びっこ，側対歩といった重大な問題が常歩で発生する可能性がある．あまり早いうちから頸を屈撓させようとすると，運歩が短切になったり固くなったりという結果を招くものだ．

騎坐（体重）や脚の扶助を使う代わりに拳（特に「固い」側の拳）を使って馬を真直にしようとして，いつも手綱に「ぶら下がる」ような乗り方をしていると，馬の運歩が均一でなくなってしまうが，これを「手綱びっこ」と呼ぶ．これは馬が悪いのではなく，騎手が原因だ．つまり，まず騎手がまっすぐに乗る習慣を身につけなければならないのだ．

側対歩は，常歩における大きな過失だ．馬は正調な4節のリズムで運動しなくなり，舗道の上では次のような蹄音が聞こえる．

○○　　○○　　○○　　○○　　○○　　○○
1 2　　3 4　　1 2　　3 4　　1 2　　3 4

さらに悪化すると，馬はラクダのような側対歩で歩くようになり，次のような蹄音を響かせる．

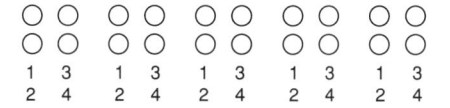

○○　○○　○○　○○　○○
○○　○○　○○　○○　○○
1 3　1 3　1 3　1 3　1 3
2 4　2 4　2 4　2 4　2 4

つまり，左右の側対肢がほぼ同時に着地し，ほとんど2節になってしまうのだ．音楽的才能のない人はこの違いを聴き取れないかもしれないが，見ればわかるはずだ．

馬が側対歩に陥る理由は簡単だ．馬場馬術では良好な常歩には高い点がつ

くので，馬場馬術に向いていそうな馬を買うときに常歩で極端に大きな踏み越し（overreach）を見せる馬を好む人が多い．

ここまではよい．

けれども，こういう常歩はまさしく天からの授かりもので，宝物のように扱うべきなのに，不幸にしてそんなことは全く気にも留めない脳天気な騎手や調教者がいて，馬が肉体的にも精神的にも準備ができていないのに，「馬場馬術的な馬体フレーム」に馬を押し込めようとするのだ．トレーニング・ツリーの原則に背いた者はそれ相応のツケを払わされる．こうして，馬は側対歩に陥ってしまうというわけだ．

踏み越しが大きく，極上の常歩を見せる馬の調教には細心の注意が必要だ．そういう馬は危険にさらされているのだ．こういう馬には，完全な柔順性を身につけるまでは収縮常歩を要求してはならない．柔順性（扶助透過性）はエレメント8なのだから，調教2年目まで待たなければならないということを忘れてはいけないのだ．

側対歩は悪い習慣で，矯正が難しい．馬が側対歩を始めたら，長手綱での柔体運動に戻るとか，外乗に行くとか，傾斜のある馬場での作業（151ページ参照）をするとか，常歩でキャバレッティを使うとかするとよい．斜横歩も，正しく行えば，常歩の正調なリズムを回復するすぐれたエクササイズになる．これを回復することこそが，問題の原因となっている馬体の緊張を除去する唯一の方法なのだ．

生まれつき常歩があまり良くない馬には大した改善は望めない．長手綱での馬の体づくりを十分行うことにより多少の改善が見られる場合もあるが，その前提として，馬が肢を動かす順序を騎手が感覚でき，馬の動きに合わせて扶助を使えなければならない．このことは，どの歩法を改善しようとする場合でも必須の条件だ．

速歩は2節の運動だ．正しい速歩では，両斜対肢が正調なリズムを保った完全に整正な運歩で前に出て，着地する．常歩の場合と同じように，不整正な速歩は，馬体の緊張から生じるのが普通だ．馬体の緊張からパッサージュに似た速歩歩様が生まれることがあるが，これは正調な速歩からの逸脱なので，許容してはならない．

速歩の蹄音は次のようになる．

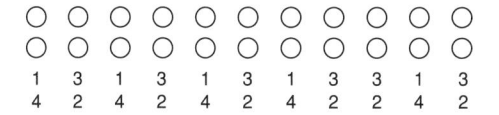

```
○ ○  ○ ○  ○ ○  ○ ○  ○ ○
○ ○  ○ ○  ○ ○  ○ ○  ○ ○
1 3  1 3  1 3  1 3  1 3
4 2  4 2  4 2  4 2  4 2
```

歩幅が短く，体を固くした速歩になるのは，調教が不十分なために背中が律動していないことが原因だ．

トレーニング・ツリーのエレメント1はリラクセーションだということを思い出してほしい．

駈歩は3節の運動だ．右駈歩の蹄音は次のように聞こえる．

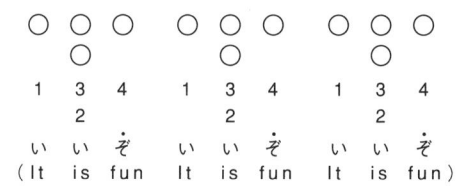

```
○ ○ ○    ○ ○ ○    ○ ○ ○
  ○        ○        ○
1 3 4    1 3 4    1 3 4
  2        2        2
  い い ぞ̇   い い ぞ̇   い い ぞ̇
 (It is fun  It is fun  It is fun)
```

空間期があることと，「いいぞ (It is fun.)」の「ぞ̇ (fun)」のところが強調されている点に注目してほしい．また，内方後肢 (3) と外方前肢 (2) からなる斜対肢が同時に着地している．

常歩・速歩と同じように，馬体の緊張は不整正な駈歩の原因となる．駈歩で最もよく見られる誤りは，「4節」の駈歩と呼ばれるもので，極端な場合には，右駈歩の蹄音が次のようになる．

```
○ ○ ○ ○    ○ ○ ○ ○    ○ ○ ○ ○
1 2 3 4    1 2 3 4    1 2 3 4
```

つまり，「4節駈歩 (four-beat canter)」では，斜対肢（右駈歩の左前肢と右後肢）が同時に踏歩せず，しかも空間期がほとんどわからなくなって，跳躍のない歩き方になってしまうのだ．

生まれつき4節の駈歩をする馬はいない．後肢の踏み込み不足と推進力の欠如がこの悪習の原因だ．明らかに，推進力をつくり出せない騎手が，歩度の短

運歩の整正

縮を収縮と取り違えているのだ．トレーニング・ツリーの順序を無視し，推進力も浮揚感も得られないうちから収縮駈歩を「調教」しようとすると，結局，4節の駈歩に陥ってしまう．

推進力なければ収縮なし（エレメント10はエレメント9の次）だと覚えておくことだ．

4節の駈歩をする馬に正調なリズムを回復させるには，騎手は何よりもまず「収縮」を求めるのをやめ，馬体フレーム[9]に十分な余裕をもたせた活発な尋常駈歩を求めなければならない．正調なリズムが得られたら，尋常駈歩と中間駈歩との相互移行を行う．そして，騎手が怠惰な馬に乗っても推進力をつくり出せるようになるまで，収縮駈歩を求めてはならない．

最後に，襲歩に触れておく必要がある．この高速度の駈歩では，空間期が長くなり，両前肢が極端に前に伸展するため，斜対肢（右襲歩の場合，左前肢と右後肢）の蹄音はもはや同時には聞こえなくなる．

図20 将来馬場馬になりそうな馬にも時々襲歩をさせてやる必要がある．
（アラン・ラング撮影）

---

[9] ⇒USDF用語集「Frame」参照．

伸びやかな運歩
トレーニング・ツリーのエレメント3

「馬に乗ることは自由（freedom）を借りること」
（ヘレーネ・トムソン）[1]

　コンタクトを求める前に，馬が緊張することなく騎手の体重を負担し，自然な歩き方が阻害されていないことを確認しておかなければならない．リラックスし，整正で，伸びやかかつ歩幅の大きな運歩で運動しなければならないのだ．

　伸びやかな運歩は，リラクセーションと運歩の整正に続くトレーニング・ツリーの3番目のエレメントだ．これは，馬の肩・腰など四肢の関節に窮屈な感じがないこと，そして，肢を大きく前方に伸展させ，大きな振幅で動かしながら（reach and scope）[2]，大きな歩幅で運動ができる状態をいう．

　伸びやかで歩幅の大きな運歩は，「前進気勢（desire to move forward）」と密接な関連をもつが，前進気勢もまたFEIの馬場馬術課目の総合観察の項目になっている[3]．

　常歩・速歩・駈歩で馬が勝手にどんどん速度を速める状態を伸びやかで歩幅が大きな運歩と取り違えてはならない．そういう状態に陥るのは，恐怖や苦痛のせいだったり，不快感からだったりするので，以前のエレメントを求める作業に戻らなければならない．馬は，リラクセーションと運歩の整正（エレメント1，2）が確立されないかぎり，動作が阻害されてまともに運動できないからだ．

---

1)『*Elemente der Ausbildung*』では，このエピグラフは「誤りは，矯正するよりも回避する方が容易だ」となっている．
2) ⇒USDF用語集「Reach」，「Scope」参照．
3) FEIの馬場馬術課目の総合観察の第2項目は「推進力」だが，カッコ書きで「前進気勢，運歩の弾力性，背の柔軟（suppleness of the back），後躯の踏み込み」という説明が書かれている．なお，「背の柔軟」とは，「背中の律動」を意味すると考えてよい（「訳語解説」の「Schwung」の項を参照）．

伸びやかな運歩

| 1 | 2 | 3 | 4 | 5 | **6** | 7 | 8 | 9 | 10 |

　スポーツ・セラピストのジャック・ミーガー（Jack Meagher）は，筋肉に必要とされる最も基本的な生理学的条件とは，伸びやかに無理なく動作できることだとして，次のように述べている．「能力を十全に発揮できない馬がたくさんいるが，それは馬が跛行しているとか馬体構造上の欠陥があるといった理由によるものではなく，調教がまずかったために動作の流れの同調がとれなくなってしまったからである．このような馬に何よりも必要なのは，上手な騎手か知識のあるセラピストの手で，動作が阻害されている部位を解放してやることである」．

　実際，馬の調教とは様々な理学療法（physical therapy）の応用だ．ド・ラ・ゲリニエールも言っているように，『この高貴な芸術（ドレッサージュ）は……馬が柔順で，リラックスし，柔軟で，しかも騎手の意のままに動くようにすることに尽きる』からだ．

　残念ながら，実に多くの馬乗りが，トレーニング・ツリーのルールを無視し，伸びやかな運歩（エレメント3）が得られないうちに，コンタクト（エレメント4）を求めて作業しているのが見受けられる．こういう騎手は，活発に動く（能動的な）後躯から受動的な拳に向かって「前に出すように（forward）」乗るのではなく，能動的な拳から受動的な後躯に向かって「後方に引き戻すように」乗っている．これは致命的な誤りで，馬の自然な歩き方を損なってしまう[4]．その結果，馬体全体が窮屈な感じになったり，ひいては，常歩が側対歩になったり，速歩で運歩が勝手に速まったり，駈歩が4節になったりするのだ．

　騎坐（体重）と脚による有効な扶助なしに折り返し手綱を使うのは，馬にとって拘束衣を着せられるようなもので，伸びやかな運歩が著しく制限される．真剣に調教に取り組んでいる指導者ならば，自分の生徒が騎乗能力の不足を折り返し手綱で補おうとするのを許しておくはずがない．

　リラクセーション，運歩の整正，伸びやかな運歩は，コンタクトを獲得するための作業の基礎となり，これら4つのエレメントが，トレーニング・ツリーのフェイズAにおける礎石となる．この段階では，騎手の体重が加わった状態

[4) 『*Elemente der Ausbildung*』には，「コンタクトは，馬が自らこれを求め，維持すべきもので，拳を使って馬を"型にはめよう"とする騎手は，トレーニング・ツリーのルールを無視しているのだ」と書かれている．

で自然な歩き方を回復し，トレーニング・レベルに向けて進んでいくことが要求されている．これらの基礎的エレメントを犠牲にして「派手な運動課目」を実施させようなどとすると，馬の才能を害する結果となり，その後の調教でさらに大きな問題を誘発することになる．

　馬場馬術競技会では，伸びやかに前に出て行こうという前進気勢を示さない馬がたくさん見受けられ，騎手は馬を前に出すために恒常的に強い扶助を使い続けなければならなくなっている．こんな演技は，馬が常に運動を強制されているように見えるため，見ていても愉快ではないし，高い得点も期待できるはずがない．こういう馬は，ほとんどの場合，基礎調教の段階で伸びやかに前に出ることを教わってこなかったのだ．そして，馬の方が準備も整っていないうちから一定の馬体フレームで運動することを強制されてきたのだ．こういう方法がとられた結果，将来馬場馬になりそうな馬として優秀な素質をそなえながら，平均以上のレベルにさえ到達できなかった馬はたくさんいる．

　残念なことに，こういう「馬場馬術」を実践している「進歩的」と称する調教者や騎手は，今日でも決して少なくないが，審判員はそういう演技を許容してはならない．審判員というものは，「この高貴な芸術」に対する責任を負っており，古典的なルールからの逸脱があれば厳しく減点しなければならないのだ．

　伸びやかな運歩とは，肉体的な能力の問題にとどまらず，精神的な質の問題でもある．

　馬が「前に出る（move forward）」ためには，「前に出ようという気持ちになる（think forward）」ことが必要なのだ．

コンタクト
トレーニング・ツリーのエレメント4

「コンタクト（接触）のないところにコミュニケーションはありえない」

『USDF用語集』では，コンタクトの意味を次のように説明している．
「手綱がたるまずに一直線をなすようにぴんと張っている状態をいい，正しいコンタクト[1]であるかどうか，すなわち，馬がコンタクトを受容しているかどうかは，騎手の拳と馬の口との連携（connection）の弾力性（elasticity）によって判断される」（なお，私は手綱に関して「ぴんと張っている」という言葉を使うのは好きではない．「ぴんと張る」というと，手綱を「きつく引く」という意味になってしまうが，それは決して望ましいことではないからだ）．

リラックスして整正に運動している若馬は，頸を伸ばし，トップラインを丸めて背中をアーチ状に隆起させるはずだ．そのとき騎手が脚で促してやると，馬は間もなく拳を求めてくる．そしてほどなく銜を受け（accept the bit），最初のコンタクトを見出す．このとき，手綱は僅かに緊張する．馬の頸，うなじ，顎のすべての筋肉の緊張がとれているため，騎手は，馬の頸のうなずくような動き[2]に追随してやることにより，拳と馬の口との連携がとれている感覚を養っていく．馬の鼻面は垂直線よりもやや前方に出て，口は柔らかく，口を閉じ，舌は銜の下にきちんとおさまっている．そして唾液腺から唾液が分泌されるが，これは馬の口を湿らせて鋭敏な感覚を保っておくために必要なのだ．

騎手がこのような柔らかい連携を恒常的に維持することにより，最初のコミュニケーションをとる機会が馬に与えられる．若馬が初めて騎手とのコミュニ

---

1) 「コンタクト」は，「銜との接触」という意味だが，詳細については「訳語解説」の「Contact」の項を参照．
2) 駈歩でも，また，歩幅の大きな常歩では特に顕著に見られるこのような頭頸の動きを「点頭運動」と呼ぶ．

コンタクト

ケーションを求めてきたときの感覚ほど素晴らしいものはない．騎手に協力する準備ができていることを馬が示してくれるのだが，これこそが調教を成功裡に進めるための前提条件なので，天からの贈り物だと考えることだ．

調教の最初の数週間でこの状態に到達しなければならないし，後には，日々の調教作業のたびに，新たにこの状態を確立してやる必要がある．どんな調教レベルの馬に対しても，ウォームアップの要素としてこの状態が不可欠なのだ．

柔らかく静定された拳（soft and steady hands）を心地よく感じている馬は，頸がほぐれて前後方向の屈撓能力（flexibility）を身につけており，したがって銜を受け，自らコンタクトを維持するはずだ．馬はこうして「手の内に入って（on the bit）」くるのだ（ただし，これだけではまだ「手脚の間に置かれた（on the aids）」とはいえない）．

騎手が軽いコンタクトを維持できない場合が時々ある．拳で馬に「追随する」ことを覚え，「拳は馬の口の一部」であって，自分の体の動きから独立させなければならないということを理解するには時間がかかるのだ．正良な拳（good hands）は，正良な騎坐姿勢（good seat）があって初めて得られるもので，静かに馬上に座っていられない騎手に何度も何度も拳の静定を説いても全く意味がない．

拳はまっすぐに立て，拳を開くと掌が垂直に見えなければならない．このような拳の構えが，柔軟で感受性に富み，馬の口の動きに追随できる拳のための必要条件となる．私が気に入っているのは，サリー・スウィフトがその著書『センタード・ライディング（Centered Riding）』で紹介している，小鳥を手の中に入れて傷つけたり逃がしたりしないように握っておくというイメージだ．

拳でコンタクトをつくり出そうとしてはならない（よくある過失だ！）．馬の頸だけでなく，馬体全体を鍛えていかなければならない以上，拳は，騎坐（体重）と脚が与える推進扶助に応答するだけなのだ．背中を「譲り」[3]，リラックスして伸びやかに運動している馬は，うなじと顎を譲り，騎手が与える手綱の誘いを受け容れるはずだ．望ましい頸の姿勢は，このようにトレーニン

---

3) 背中の筋肉の緊張を解いてリラックスさせることを意味している．40ページ注18参照．

グ・ツリーの順序を守ることによって得られるものなのだ．

　若馬は，程度の差はあるが，馬体が歪曲した（crooked）状態で運動する．そのため，一方の手綱を反対側よりも受けやすい馬[4]がしばしば見られる．左肩を落とし，左手綱に重って運動する馬が大半だ．そういう場合，馬をまっすぐにしようとして左手綱で口に当たる騎手がよくいるが，それでは馬が頭を傾け，馬体がS字になってしまうだけだ．

　調教のこの段階では，馬を真直にすることに気を取られてはいけない．それよりも最初のうちに注意すべきことは，馬の頭が左右のどのあたりを向いていようと，両手綱に等しいコンタクトが保たれていること，そして，騎坐（体重）と脚の扶助の意味を教え始めることだ．

　その後，常に1つの蹄跡上を歩くために馬体全体を屈曲させることを馬に覚えさせなければならない．その結果，両後肢から生まれる推力が馬体を透過して伝わっていくようになる．そして，馬の後肢と騎手の拳との間に最初の連携が生まれ，騎手は馬の右後肢が自分の右拳の中にあり，左後肢が左拳の中にあるという感覚を理解するのだ．

　ここに到達するには，忍耐力を発揮し，騎坐（腰），脚，拳による合図を馬に理解させる必要がある．そして馬は，調教の最初の1年間のうちに，「手脚の間に置かれる」ことを覚える．これで，「真直性」を身につけるための重要な作業に向けて準備が整ったことになるのだ．

　真直性が育成されるにつれ，コンタクトの質も向上する．馬が1つの蹄跡から外れずに歩けるようになると，馬の後躯の推力を騎手が自分の拳に感じるようになる．つまり，真直性が向上すればコンタクトも向上するのだ．

　馬がひとたび手脚の間に置かれれば，そのコンタクトの質をチェックする良い方法がある．騎坐と脚で十分に支持しながら[5]，数歩の間，手綱を徐々に前下方に譲ってやるのだ．すると，あたかも2本の棒で前下方に押されたかのように，望むとおりに頸が伸展し，その結果，馬の口との不断のコンタクトが維

---

[4]「一方の手綱を受ける」とは，反対側に比べてその側の手綱の操作に従いやすい状態をいう．「訳語解説」の「Contact」の項を参照．

[5] この箇所は，『*Elemente der Ausbildung*』では「深い騎坐姿勢を保ち，脚で推進しながら」と表現されている．

持される．馬は手の内に入ったまま，伸展が許されることを報奨だと理解し，体をリラックスさせる（図21）．

これは，ハノーヴァーにあった有名なドイツ騎兵学校で行われてきたエクササイズで，これにより馬は，特に駈歩でトップラインを丸めて背中をアーチ状に隆起させることを覚えるが（背中が前駆と後駆とを結ぶ「アーチ橋」になる），これは，将来障害調教をする際にも役に立つ（バスキュール）．しかし残念なことに，今日の障害飛越競技会では，こういう調教を全く受けていないように見える馬が数多く目につく．

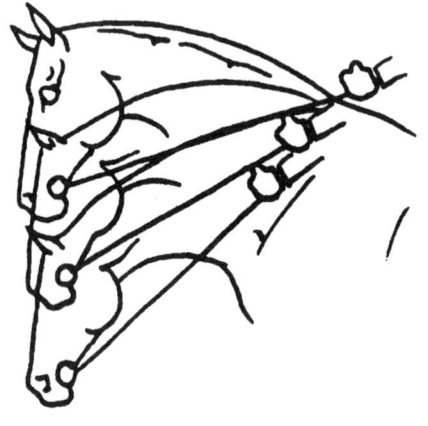

図21 正しい！ 馬は報奨として前下方へと頸を伸展させることを許される．

この方法はまた，「トップラインの伸展エクササイズ」を馬に教える手段としてもすぐれているが，このエクササイズも，たいへん価値のある基礎的エクササイズだ．拳を前下方に送っても，馬が騎手の拳と左右均等な連携を保ちながら前下方に頸を伸ばしてこない場合，背中のリラクセーションができていないと考えなければならない．このような場合，騎手は「頭頸の前下方伸展」を促してやる[6]ことが必要だが，これを直径20 mの輪乗り上で行うとたいへん効果がある．「頭頸の前下方伸展を促す」，つまり「扶助が馬体を透過するように馬を推進する（push a horse through）」ことができない騎手は，一定の期間に限って折り返し手綱を使ってもかまわないが，上手な騎手はこんな器具など

---

6) 『The Basics』の「show the way to the ground（地面に向かう道を馬に示す）」という表現は，『Elemente der Ausbildung』で使われているドイツ語の「den Weg in die Tiefe zeigen（下方に向かう道を示す）」という表現の直訳だと思われるが，図21の頸の伸展エクササイズを意味すると考えてよい．『乗馬教本』日本語版では「頸の低伸」と訳されており，輪乗り上で折り返し手綱を使用してこのエクササイズを行っている図（同書の図22）が挿入されている．

必要としない．

　すでに述べたように，トップラインの伸展エクササイズは，たいへん価値のあるエクササイズだが，推進扶助が十分に使えない騎手は，後躯を動かして馬体を「丸めて」おくことができないので，背中の筋肉がほぐれるように頭頸を正しく前下方に伸展させてやることができず，ただ手綱をくれてやるだけになってしまう．その結果，馬は手綱を拳からもぎ取るようにして，鼻先を前に突き出してしまう．こういう馬は，「アーチ橋」が壊れるので，全身を緊張させ，せかせかした一定しない運歩で勝手にどんどん速度を速めてしまい，運歩の整正など見出せない（図22）．

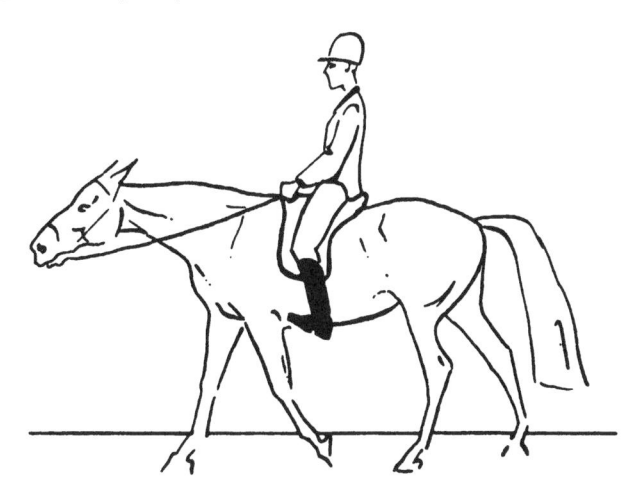

図22　誤り！　馬は報奨として頸を伸展させているが，コンタクトも騎手の拳との連携もなく，したがって馬の背中に対する効果（影響力）もない．馬の背中のアーチは形成されず，「アーチ橋」は壊れてしまう．

　若馬が所望のコンタクトを保った運動を一定の時間続けたら，休みを与えてやる必要がある．トップラインの伸展エクササイズにより馬が銜を味わいながら手綱を拳からもっていくようにさせ，頸を愛撫してやり，長手綱での自由常歩をさせてやる．こうして馬は，筋肉の状態を回復させ，自ら進んでその後の作業を行うようになるのだ．

　乗り方がまずいために馬が次のような状態を示すことがある．

コンタクト

- 頭を上げる（above the bit）[7]
- 巻き込む（behind the bit）[8]
- 銜に突っかかる
- 頭を上下に振る
- 手綱に重る（lean upon the rein）[9]
- 口を開けっぱなしにする
- 頸をひねって頭を傾ける（tilt in the neck）[10]
- 一方の手綱だけを受ける
- 歯ぎしりをする
- 舌を銜の下から引き抜いて口腔の奥に巻き上げる
- 舌を出す
- 舌を越す

　こういった望ましくない状態はどれも，馬が騎手に協力しようという気持ちを失い，コンタクトから逃れようとしていることを示しているが，馬の「口向きの悪さ」や「固いうなじ」，あるいは「悪癖」のせいにしてはならない．それよりも，こういった行為は何かもっともな理由のある反応だということを洞察すべきだ．馬が騎手の側に悪い癖があるとか，乗り方が悪いということを伝える手段はこれしかないのだ．

　ほとんどの場合，騎手の拳が馬を妨害しているというのがその理由だ．しかし，よくご存知のように，正良な騎坐姿勢のないところに正良な拳は生まれない．正良な騎坐姿勢をそなえた騎手は効率よく脚を使うことができるが，これもまた正良なコンタクトのための前提条件の1つなのだ．

　こういう理由から，資格のある指導者は，生徒が馬にコンタクトを要求する前に，生徒自身の深い騎坐姿勢と正しい脚の位置の養成に力を注ぐのだ．

---

[7] FEI規程では「騎手の拳に対する抵抗」とされ（第416条「推進力／従順性」第2項参照），日本語規程では「銜突き出し」と訳されているが，『Elemente der Ausbildung』では「über dem Zügel」（直訳すると「手綱の上に出た」）と表現されている．ドイツ公式教本はこの用語について，「馬の鼻面が垂直線よりも明らかに前方に位置する．馬は，うなじを譲らず，背中を固く反らせながら，頸の下側の筋肉を使って拳に圧力を加えて抵抗する」と説明し，馬が前上方に鼻先を突き出して頭を上げている図（248ページ参考図5e参照）を載せているので（ドイツ公式教本

178〜179ページ［英語版144〜145ページ］参照)，「頭を上げる」と訳した（⇒USDF用語集「Avobe the Bit」，「Against the Bit」参照).
8)「訳語解説」の「Contact」の項を参照.
9)『*Elemente der Ausbildung*』では「auf dem Zügel」(直訳すると「手綱に乗りかかる」)と表現されており，ドイツ公式教本では，「馬が，いわゆる"5番目の肢"として騎手の拳に支持を求めようとし，後躯から前方に向かって十分に踏み出してこようとしない状態」という説明と，馬が手綱にもたれかかっている図（248ページ参考図5c参照）が付されている（同書177ページ［英語版143ページ］参照)
10)「tilt in the neck」とは「頸をひねる」ことを意味するが，「tilting（tipping）head（頭を傾ける)」という表現もよく用いられる（⇒USDF用語集「Tilting」参照).『*Elemente der Ausbildung*』では「sich im Hals（Genick）verwerfen（頸［うなじ］をねじ曲げる)」と表現されており，ドイツ公式教本は，側方屈撓の説明の中で，「外方手綱を譲って側方屈撓を許してやらないと，誤ったうなじのねじれが生じ，馬の頭が傾くため，両耳の高さが均等でなくなる」と述べている（同書106ページ［英語版88ページ］参照).例えば右回転の際，右手綱を使いすぎた結果，馬の鼻先が右に引き寄せられて，左耳が右耳よりも低くなるように頭が傾いた状態をいうが，本書では，「頸をひねって頭を傾ける」と説明的に訳した.

「手脚の間に置かれた」状態
トレーニング・ツリーのエレメント5

「扶助は，馬の自己表現を助けてやるためのものだ」

　1年目の終わりまでに，馬は基礎調教のフェイズAを完了し，「手脚の間に置かれて（on the aids）」いる必要がある．馬は今や「あらゆる扶助に対して迅速かつ寛容な反応を示し，コンタクトを受容し，騎手の拳との連携を保つ」（『USDF用語集』）[1)]ようになっているはずだ．つまり，馬が騎坐（腰）の作用に軽く（on the seat），脚に軽く（on the legs），手の内に入って（on the bit）いるはずなのだ．

人馬の完璧な調和

図23　「手脚の間に置かれた馬」[2)]

　ミューゼラーは，有名な『乗馬教本』の中に「手脚の間に置かれた」馬の図を掲げているが（図23），実際，そのような絵や写真など存在しえないのだ．
　どの程度「手脚の間に置かれて」いるかは，写真で見てもわからず，実際に運動している人馬を観察して初めてわかる．写真は，ある一瞬の人馬の状態しかとらえられないのに対し，「手脚の間に置かれて」いるかどうかは，馬が自

1）1999年10月改訂版の表現とは一致しない．
2）この図は，原書第47版になって削除された．日本語版では「扶助を諒解せる馬」（第20図）と訳されている．

発的な従順性を示し，リラックスして，整正で，伸びやかかつ歩幅の大きな運歩で，騎手と完全に調和しながら運動しているかどうかで決まるからだ．

詳細に入る前に，一般論として，馬の動きと調和するように扶助を与えなければ効果的な扶助にはなりえないということをいっておかなければならない．馬の動きを感得し，常に正確なタイミングで騎坐（腰），脚，拳によるほとんど見えないほどの扶助を与える能力は，「馬術感覚（rider's tact）」と呼ばれる．優秀な指導者にとって最もやりがいのある仕事は，この感覚を養成することなのだ．

それでは，騎坐（腰）の作用に軽く，脚に軽く，手の内に入るとはどういう意味なのだろうか？ これら3つの要素について順番に考えてみよう．

「騎坐（腰）の作用に軽い」馬

騎坐（腰）の作用に軽い馬は，騎坐（腰）の扶助に対して迅速かつ寛容な反応を示す[3]．それを可能にするには，騎手が正良な（good）馬場馬術姿勢[4]（私は，「正しい（correct）騎坐姿勢」という言葉は，堅苦しい姿勢を連想させるので好きでない）を保つことによって，どのような場合にも自分の体を馬の動きに調和させていく必要がある．適切な騎坐姿勢は，バランスがとれて動的であり，緊張や固さはない．騎手は，そのおかげで鞍に密着し，弾力性のある馬の背中の律動の「波」を感覚してそれに追随することができるのだ．

「緊張がない」ということを「グニャグニャの状態」と取り違えてはならない．騎手はリラックスして馬上に座っていなければならないが，自己統制を効かせて全身をしっかりと保っていなければならない．騎坐（腰）こそが感覚に富んだ乗り方の鍵であり，それがあってこそ，脚と拳とが結びつき，はっきりしたコミュニケーションときちんとした扶助が可能になるのだ．

よく調教された馬はドイツ語で「Rückengänger」と呼ばれるが，これは「背中で歩く馬」という意味だ．つまり，「三種の歩度，中でも特に速歩の際に背中

---

[3] 『Elemente der Ausbildung』では「騎手が"垂直に腰を利かせる操作（das senkrechte Anstellen des Kreuzes）"を強めたときに，自ら進んでそれに反応する」と書かれている．
[4] 『Elemente der Ausbildung』では「深い馬場馬術姿勢（ein tiefer Dressursitz）」と表現されている．

が弾力的に律動する馬」ということで，ここから推進力と「弾発力（Schwung)」
を養うことができる．

　これと反対の馬は，「Schenkelgänger」と呼ばれるが，これは「肢で歩く馬」
を意味する．「背中が律動せず，馬の運動に背中が全く関与していないように
見える馬」(『USDF用語集』)[5]ということだが，そんな馬は断じて願い下げだ．
こういう馬は，「騎坐（腰）の作用に軽く」はならない．つまり，騎手が踏み込
みを増すように求めても騎坐（腰）の扶助に対する反応が期待できない馬なの
だ．

　背中を使うことを教わっていないためにSchenkelgängerになってしまって
いる馬はたくさんいる．これを矯正できるのは上手な騎手だけだ．

　初心者には，バランスがとれて安定した運動ができ，背中が律動して「波」
を生み出してくれるRückengängerが必要だ．きわめてゆっくりした，しかも
統制された速歩により，騎手はリラックスし，馬の背中の律動に自分の騎坐を
適応させ，馬の動きに追随する方法を体得するはずだ．そして，両脚ではさみ
つけずに自分の体のバランスをとることを覚えれば，じきに尋常速歩でこの
「波」に追随していけるようになるだろう．しかし，背中を緊張させる馬に乗
っていては，決して速歩で座れるようにはならないはずだ．

　すでに述べたとおり，本書では他のどんな馬術書にも書かれているような事
柄を詳しく説明するつもりはないが，ここで言っておきたいことがある．

　それは，普段どおり呼吸することが正良な騎坐姿勢の1つの要素になるとい
うこと，そして，騎坐（腰）の作用には脚の支持が必要だということだ．

　騎坐には，馬の動きに追随する受動的な騎坐と，腰を利かせて後躯のいっそ
うの踏み込みを求める能動的な騎坐がある．騎坐（腰）を利かせる操作は，ご
くおだやかに行う方が望ましいが，必要に応じてもっと強く使われる場合もあ
る．

　騎坐（腰）は，馬が正しく反応したときに報奨として「譲る」[6]こともでき
れば，尻っ跳ねなどの不従順（disobedience）に対するお返しとして「懲戒」

---

5) 1999年10月改訂版にはこの用語は見当たらない．
6) 「(作用を) 緩める」という意味で使われている．40ページ注18参照．

的に使うこともできる（尻っ跳ねをすれば，馬は自分で自分の背中に苦痛を与えるのだ）．

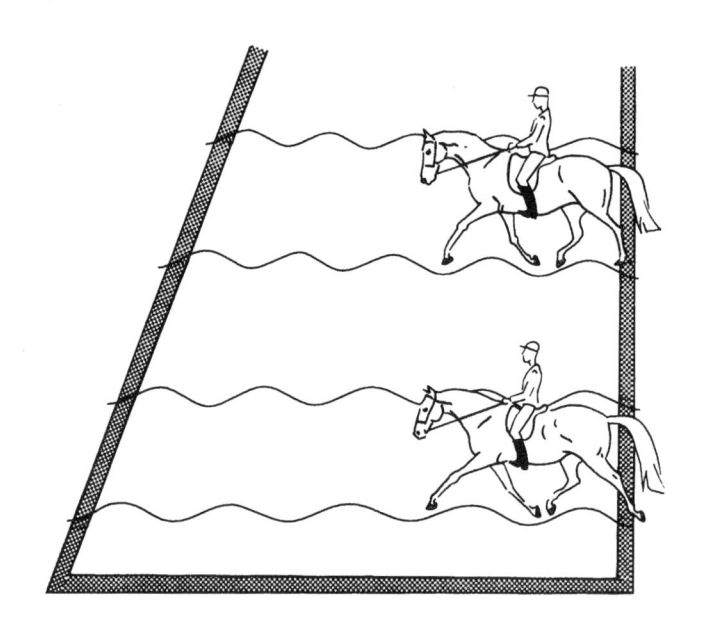

図24　背中の律動の波長を長くすることが歩幅の伸展を意味する．それぞれ5歩の尋常速歩（上図）と歩幅を伸ばした速歩（下図）を示す．馬は「騎坐（腰）の作用に軽く」，テンポは変わらない．

　騎坐により，馬の背中の「波」に相当な働きかけをすることができる．脚と拳と協同して，歩幅の伸展やあらゆる運動の移行の鍵になるのだ．誤った調教を受けたために，背中の「波」，つまり背中の「律動」を生み出すことができない馬は，歩幅の伸展を要求されると運歩を速めてしまいがちだが，これは重大な過失だ（図24）．
　馬術書には，騎手の騎坐姿勢だとか脚や拳について触れているものはたくさんあるが，騎坐[7]を使って馬に働きかける方法について書かれたものは非常に少ない．馬が「騎坐（腰）の作用に軽く」なれば，背中の反応が良くなり，洗

---

7) 『*Elemente der Ausbildung*』では「腰と臀部」(Kreuz und Gesäß)」と表現されている．

練された扶助操作が可能になるのだが，そういう感覚を経験して本を書いている者はほとんどいないということがここから明らかになる．

　馬場馬術競技会で上級課目に出場しているのに，伸長速歩で座っていられない騎手を見ることがある．馬の背中が固いために気持ちよく乗っていられないのだ．

　こういう場合，背中の「波」が全く生まれず，伸長運動は人馬に対する拷問さながらに見えてしまう．「Schenkelgänger（肢で歩く馬）」は，気持ちよく運動することができず，ド・ラ・ゲリニエールの言う「気持ちよく乗れる馬」には決してなりえない．上級課目に出場している馬の背中が固いということは，基礎調教の重大な欠如を示しており，古典馬術の原則に対する侵害だとみなさなければならない．審判員は，この原則を遵守する責任があると感じていれば，こういう馬をどう扱えばよいかわかるはずだ．

　伸長速歩は，上級馬場馬術課目のハイライトにならなければならない．収縮運動を続けてきた馬にとって，飛ぶように前に出ることは一種の「解放」なのだ．騎手はただ「波」に揺られ，馬が自らの能力を発揮するのにまかせてやるだけでよい．そうすれば，馬も騎手も，審判員も観客も皆が楽しめるのだ．

　騎手が騎坐（体重）の扶助を与える前提条件は，三種の歩度それぞれで，自分の重心を馬の重心と一致させながら馬の動きに追随していく能力だ（このことは，馬場馬術姿勢をとっているときでも，「前傾姿勢（forward seat）」あるいは「2 ポイント姿勢（two-point seat）」[8]をとっているときでも，また障害を飛んでいるときでも変わらない）．

　この感覚から少しでも外れていると，馬はそれを感知する．そして，背中が敏感であれば，これを騎坐（体重）による「指示」だと思って反応してしまうだろう．初心者の相手をすることに慣れた年をとった練習馬は，そういう「扶助」を無視することがよくある（だからこそそういう馬が生き延びてこられたのだともいえる）．これに対して若馬は，同じ目に遭うといらついてしまうことがある．上手な騎手ならば，どちらの問題でも数分で処理してしまうはずだ．

　騎坐で馬の動きに追随できない騎手は，馬を妨害していることになる．馬は，

---

8)「前傾姿勢」，「2 ポイント姿勢」については，「訳語解説」の「Seat」の項を参照．

自分の体重を負担するだけでなく，騎手を「引きずって」行かなければならなくなるからだ．そういうわけで，受動的な騎坐で乗るには，実は，馬に引きずってもらわなくてもよいように馬の動きに追随してやるため，腰をある程度能動的に動かすことが必要になる[9]［訳注．85ページ追記参照］．

　騎坐（腰）の扶助は目に見えない．その効果は，凍りついてしまった橇を動かそうとするように騎坐（臀部）を鞍の上で前後に滑らせることで得られるものではないし，上半身を前や後ろに傾けることで（これはよく見られる誤りだ）得られるものでもない．

　騎手が，骨盤を傾けるのではなく，騎坐の基盤（左右の坐骨と縫際とで形成される三角形）を変えないまま，上半身を起こし，脚を伸ばし，頭を高くし，膝を下げ，踵を下げて体を上下に伸ばし（図26の矢印を参照），両坐骨を前下方に押し出す[10]ことで効果が生まれるのだ．このとき，決して坐骨の後ろ側に座る形になってはいけない．そんなことをすると，坐骨が騎坐の基盤を形成しなくなり，騎坐（腰）による効果的な扶助が不可能になってしまうからだ．

　騎坐（腰）による働きかけを説明した馬術書はこれまでいくつもあるが，有益なものはあまりない．

　この「騎坐（腰）を利かせる操作（engagement of the seat）」を説明する最も良い方法は，生徒が馬に乗っているときと同じように両坐骨に体重をかけて座ることができ，その結果，騎坐（臀部）

図25　ドラム缶の端に座っている騎手の姿勢

9）ドイツ公式教本にも，騎手は，上半身を自然に垂直に起こした姿勢で，腹筋と下部背筋の緊張と弛緩を繰り返しながら馬の動きに追随していくと説明されている（「訳語解説」の「Seat」の項を参照）．

10）『Elemente der Ausbildung』では「騎坐の基盤を深くするとともに前へと押し出す」と書かれている．

が「開き」，踵をしっかりと地面に着けられる（図25）ような，十分な大きさの腰掛けか，ドラム缶あるいは木箱を使うことだ．

それでは，図26を見てみよう．

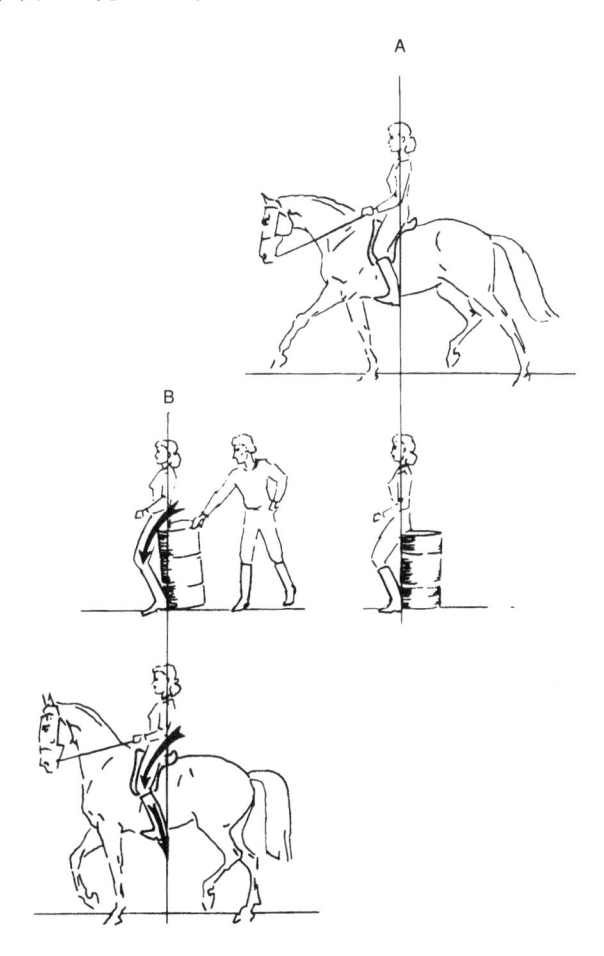

図26　騎坐（腰）を利かせる操作
A－馬の背中の律動との調和がとれた古典的な馬場馬術姿勢．
B－「ドラム缶を傾ける動作」すなわち「騎坐（腰）を利かせる操作」が，しっかりとした位置を保つ下腿と相まって，馬の後躯からのいっそうの活力（推進力，収縮）をつくり出す．騎手の腰から踵に至る下向きの矢印が，騎坐（腰）を利かせる方向を示していることに注意．

ここでは，騎手は自分がすべきことがドラム缶を傾けることだと理解している．こんなことは誰にでも難なくできるし，どの筋肉を使えばよいか教えてもらう必要もない．ドラム缶を傾けるにはどうすればよいかなど，誰でも，どの筋肉を使おうかといったことさえ考えもせずに自分で思いつけるだろう．ただ単に，必要な筋肉を意識もせずに使い，「騎坐の基盤」を押し出すようにしてドラム缶を傾けるだけだ．しかし，ドラム缶を傾けるための「騎坐（腰）」の利かせ方を理解すれば，それがすなわち鞍上で騎坐（腰）を利かせる正しい着想を得たことになる．これと同時に，脚のしっかりした支持がないとドラム缶を傾けられないこともわかるはずだが，ここから，騎坐（腰）を利かせるには脚を利かせる必要があるということも理解できるだろう．

指導者は，指で軽い力を加えることにより，騎坐（腰）を利かせる強さ（ドラム缶の傾き）を増したり減らしたりすることができるが，これは，効果的な半減却を行えるように扶助を微調整[11]するうえでたいへん助けになる．半減却は，感覚に富んだ乗り方の鍵となる重要な扶助だが，その「奥義」としてこれを超える説明はないだろう．

ここで，「腰を張る（bracing the back）」[12]にはどの筋肉を収縮させ，どの筋肉を弛緩させるべきかというううんざりするような議論はもう忘れることにしよう．この用語は，有名なドイツの馬術書の用語を訳したものだが，誤解を招きやすい[13]．馬場馬術の世界では，ここ何十年間も，この不適切なアドバイスの

---

11)「扶助の微調整」とは，主として扶助のタイミングの微調整を指し，扶助のタイミングが馬の動きに一致するように使うことを意味している．「移行」の章を参照．

12)「bracing the back」（直訳すると「腰を緊張させる」）という用語は，英米の馬術書では「腰を張る」という意味で一般的に使われている．しかし著者は，この用語を敢えて避け，「騎坐（腰）を利かせる（engaging the seat）」という用語をもっぱら使っている．「訳語解説」の「Engagement」の項を参照．

13)『Elemente der Ausbildung』には，「ミューゼラーは，『乗馬教本』で"Kreuzanspannen（腰を張る）"という用語を使ったが，これが"bracing the back"と英訳され，骨盤を後方に傾けているところを示した図版とともに広く流布したため，体のどこかを"張る"（緊張させる）ことが必要だという考え方が，世界中の馬乗りに何十年にもわたる誤解と混乱を惹き起こした」という趣旨の文章が補われている．

なお，この「図版」とは，『乗馬教本』（日本語版）第4図（原書では第47版になって削除）を指していると思われる．

せいで多大な混乱が生じているし，場合によっては体を傷めることさえある．ただ単に「ドラム缶を傾ける」ようにすれば，正しい方法で騎坐（腰）を利かせることができるのだ！

　上に説明した方法がことに教育的価値が高いのは，生徒が「腰を張ろう」として骨盤を後ろに倒そうとしたがるのを避けられる点だ．骨盤が後ろに倒れると，坐骨の後ろ側に座ることになる．これは重大な過失だが，「上手な」騎手の中にもしばしば見られる．その結果，脊柱が歪曲して硬直するために無感覚になり，膝が上がってしまう．そして，体がポンポン跳ね上がるのを打ち消すため，騎手は首をすくめ，頭を上下にガクガク揺すって乗るようになる（図27）．

　よく調教された馬は，騎坐（腰）を利かせる操作に対し，後躯から生じる活力をさらに増すという反応を示し，騎手はその活力を拳で受け止めている感覚をもつ．騎坐（腰）は，このようにして脚の扶助と拳の扶助とを連携させ，調和させる重要な働きをするようになる．脚と拳の扶助の効果は，これがうまく機能しているかどうか，つまり，ここでもまた正良な騎坐姿勢がとれているかどうかで決まるのだ．

図27　骨盤が後ろに倒れた姿勢（非常によく見られる重大な過失）．この騎手は，「腰を張り」，坐骨の後ろ側に座っている．その結果，背中が丸くなり，脚が効果的に使える位置から外れている．
　　　ちなみにこれは，J．メリッセンがヨーロッパ選手権で撮影した写真だ．

騎手が，古典的な馬場馬術姿勢で騎坐（腰）を利かせ，後躯を踏み込ませて活発に動かす方法を身につければ，前傾姿勢や2ポイント姿勢をとっていても同じことができるようになるはずだ．逆に，前傾姿勢でしか馬に乗った経験のない騎手は，騎坐（腰）を利かせる扶助を理解するのに困難を感じるのだ．

すでに述べたように，半減却の効きは，騎手が騎坐（腰）を利かせる能力で決まる．騎坐（体重）と脚による推進扶助と，これを受け止める拳とをうまく調和させることができるようになると，半減却の質も向上するのだ．

「脚に軽い」馬

「手脚の間に置かれた」馬とは，騎坐（腰）の作用に軽く，脚に軽く，手の内に入った馬だということを思い出してほしい．

騎坐が，脚の扶助と手綱の扶助とを連携させる働きをするということはご存知のとおりだ．騎坐で馬の動きに追随したり，必要なときに騎坐（腰）を利かせたりする能力をそなえることにより，騎坐は，脚の扶助と手綱の扶助とを調和させ，感覚に富んだ乗り方をする鍵になるのだ．

脚は，馬体全体を循環するエネルギーを生み出し，それによって馬が銜に向かって出てくる．脚による推進扶助は，騎坐を媒体として，これを「受け止める」拳へと伝わるのだ．

それでは「脚に軽い」馬について考えてみよう．

脚に軽い馬とは，脚の扶助に対して迅速かつ寛容な反応を示すようになった馬のことだ．馬に対する情報はすべて騎手の下腿から発せられるので，脚の扶助が最も重要になる．若馬には，できるだけ早いうちから脚の扶助の意味を理解させてやらなければならない．

若馬を毎日扱っている中で，馬の肘の30 cmほど後ろの部分に指で触れたり指で軽い圧迫を加えたりして，これに反応するように教える機会はたくさんある．例えば馬房につながれているとき，右や左にちょっと動かしてやるといったことだ．調馬索をかけているときなら，若馬に前へ出たり横に動いたりすることを教えるのは追い鞭の役目だ．

若馬に乗る際は，脚に注意を向けるよう教えるためにいつも短い鞭を持つべきだ．「あばらを蹴る」など，脚の使い方を強めるのは「扶助」とは呼べず，調

教と乗り方のまずさを暴露するだけだ．ふくらはぎのすぐ後ろのところを鞭で軽く打つことで，脚に対する注意を呼びさませるはずだ．正しい瞬間にすぐさま，適切な強さで打つことにより，馬に印象づけてやらなければならない．

　鞭は，長さが120 cm以下で，反応が速いもの，つまり，固くてあまりしならないもの[14]を使うべきだ．知識のある人が地上から援助する場合には非常に長い鞭が効果的かもしれない．しかし，こういう鞭は柔らかくてグニャグニャしなるため，馬上で使うと鞭が入るタイミングが常に遅れることになり，馬を援助するよりもいらだたせてしまうことの方が多い．

　また，馬は鞭によってではなく，脚によって前に出るように調教しなければならない．つまり，どのような場合でも「脚に敏感で（in front of the legs）」[15]，いつでも前に出られる状態でなければならないのだ．このことは，停止中でも後退中でも変わらない．競技会を見ていて私がよく思うのは，長い鞭を使っている騎手ほど乗り方はまずいということだ．

　鞭と関連して，拍車の用法についても触れておこう．

　拍車は，馬を前に推進するための道具ではない！　それは脚の役目だ．拍車を使う理由はただ1つ，馬が脚に対する注意を失っているときに，馬を「覚醒」させ，脚に注意を向けさせるということだ．拍車の操作は，短く鮮烈な（short and intensive）ものでなければならない[16]．その結果，馬は，ふくらはぎによる「合図」に自ら進んで反応しなければならないと思うようになるのだ．騎手はこのようにして，馬が脚に敏感で，「前進気勢」（FEI馬場馬術課目の総合観察の一項目）を示しながら自ら進んで前に出るように調教していくのだ．

---

14) 『*The Basics*』では「しなやかな（elastic）もの」となっているが，「反応が速い」というところから，『*Elemente der Ausbildung*』の表現に従った．なお，FEI規程では，国際馬場馬術競技会の競技用馬場内での鞭の携行を禁止しており，準備運動馬場での全長110 cm（第23版で「120 cm，ただしポニー競技会では100 cm」に改正）以内の鞭1本に限って使用が認められている（第428条「馬装」第3項「鞭」参照）．

15) 直訳すると「（馬が騎手の）脚の前にある」だが，『国際馬事辞典』19-28を参考に「脚に敏感な」と意訳した．「behind the legs（脚に鈍感な）」（⇒USDF用語集「Behind the Bit, Behind the Aids, Behind the Leg」参照）の反意語で，本書にいう「脚に軽い（on the legs）」と同じ意味だと考えてよいと思われる．

16) 扶助は「短切・明快に」使うのが一般原則とされる．

「手脚の間に置かれた」状態

例えば，馬が駈歩発進の扶助を無視したとしよう．この場合，拍車で馬を駆り立てるのは誤りだろう．そんなことをしても，せいぜい運歩を速めるだけになってしまうからだ．こういうときは，拍車で馬に強い印象を与えるような蹴りを一発（an impressive kick）くれてやり，馬を覚醒させる必要がある．そうすれば，馬は脚に注意を向け，いつでも前に出られる状態になるはずだ．それから扶助を使って合図し，馬が駈歩に発進するのにまかせてやればよい．拍車の誤った用法は，乗り方がまずいことを示している．

拍車を常にしつこく使っていると，馬は鈍感になり，意固地になってしまう．馬に活発な運動をさせようとして力を使う騎手は，往々にしてどうすれば馬の後肢の動きに脚の扶助を合わせられるのかがわかっていない．脚の扶助が馬の動きと一致していなければ，馬には理解できない．そういう扶助は無意味だし，騎手はじきに体力を使い果たして疲れ切ってしまう．これでは馬の調教などできない．馬を調教するには，騎手が計画を立て，馬が作業をしなければならないのだ．

この点で失敗すると，重大な問題を惹き起こすことになる．脚は無視すれば逃げられるものだということを覚えた馬は，いずれ抵抗を始めることになる．

馬が騎手に協力するかどうかは，物理的な力ではなく，騎手が馬を納得させてどれだけ敬意を払わせるかで決まる．騎手はそのために技巧を凝らすのだ．それができる騎手は，正確な作業を馬に求め，馬が手脚の間に置かれた状態を維持して，馬の気ままは許さない．そして，馬にどれだけ要求できるかをよく心得ていて，懲戒よりも報奨をたくさん与えるのだ．

脚に対して鋭敏すぎる馬は，脚で「包み込んで」ほしがっているもので，しっかりと動かずにいる脚を必要としている．馬が脚に従う（accept the leg）ことができないうちは，銜に従う，すなわち銜を受ける（accept the bit）ことは要求できないのだ．

騎坐（体重）の扶助や手綱の扶助と同様に，脚の扶助も馬の動きに合わせて与えなければならない．脚による合図を馬が理解し，それに反応することができるようにするには，同じ側の後肢が地面を離れようとするときに操作してやらなければならない．拍車や鞭のような強化された扶助を使ったとしても，馬の動きに同調していなければ，まともな反応は期待できない（馬に合わせて

乗るのであって，馬に逆らって乗るのではないということだ）．

　扶助のタイミングについて一般論を言えば，右手綱と右脚の扶助は馬の右後肢と，左手綱と左脚の扶助は馬の左後肢とそれぞれ意思を通じ合う．これは簡単なことのように聞こえるだろうが，正確なタイミングの感覚を養うには相当な練習が必要だ．

　扶助を馬の動きに同調させて使うのは，古典馬術に欠かせない要素だが，残念ながら，そんな話は聞いたことがないとか，そこまで気にかけていないという騎手はたくさんいる．そういう騎手は，常に馬に逆らって乗っているので力を使うことになるし，求めるべき人馬の調和に到達することは決してない．馬体の緊張，運歩の不整正，不従順のほとんどは，もっぱらそういう乗り方が原因で発生する．しかし，感覚に富んだ騎手は，どうすれば自分の扶助を馬の動きと調和させることができるかを知っており，馬に合わせて乗れるので，馬を「飛ぶように」歩かせることができる．

　脚を適切に使えない騎手はたくさんいるので，優先順位を明らかにしておく必要がある．

　脚の第一の役割は，深い騎坐姿勢を基礎として，両脚で静かに柔らかく馬体を包み込むことだ．これにより馬は，安心してくつろいだ気分になれる．ちょうど，怖い目に遭った子供の手を父親が握ってやるようなものだ．

　第二の役割は，手綱と協働して，行進線に応じてまっすぐな姿勢や側方屈曲した姿勢を馬に保たせるためのレールとなることだ．横運動の場合を除き，馬は常に列車と同じように単一の蹄跡上を運動しなければならない．このことについては，トレーニング・ツリーのエレメント6，真直性との関係で後述することにしよう．

　そして第三の役割は，馬の両後肢が馬体を前に推進するエンジンだと考えれば，脚はそのイグニション（点火装置）として機能するということだ．よく調教された馬は，自ら進んで前に出て行くので，騎手は真直性，テンポ，弾発力（推進力）を維持するために脚を使うことができるようになるのだ．

　上手な脚の扶助は，ほとんど目に見えない．

　正しい脚の扶助のための前提条件として，馬場馬術姿勢であれ，前傾姿勢であれ，2ポイント姿勢であれ，バランスのとれた騎坐姿勢を基礎に，脚を正

「手脚の間に置かれた」状態

しい位置に置いておくということがある．脚が馬体を柔らかく包み込み（騎手のふくらはぎと馬の腹との間には，葉書を1枚はさんでおくのに必要な圧力以上はかからない）を保ち，三種の歩度のいずれでも，同じ圧力を保ちながらじっと動かずに馬体に密着している（馬と「呼吸を合わせている」）からこそ，馬が脚の圧迫力や位置のごく僅かな違いにも注意を向けてくるのだ．

　脚の位置は，その目的によって変わる．

　腹帯のところに置かれる脚は，馬を前方に推進して踏み込みを求め，後躯を活発に動かしたり，側方屈曲（あばらの屈曲）の支点となる内方脚として機能させたりするために使われる．

　腹帯のすぐ（1インチ［2.5cm］ほど）後ろに置かれる脚は，斜横歩や前肢旋回の場合の内方脚のように，馬体の内方を譲らせ，これを側方に推進する働きをする．

　腹帯から拳の幅1つ分だけ後ろに置かれる脚は，内方脚と対になって使われ，支持の働きをする．そして，やや能動的に使われると，後躯が外側に逃げるのを防ぐことにより，後躯を制御する[17]．

　脚の位置をそれとわかるように変えるのは，これ見よがしに使われる扶助と同じように見苦しい．騎手の騎坐と脚が静かに保たれていれば，馬は最小の扶助にも注意を払うものだ（周りがうるさければ大声を出さなければならないが，静かならささやき声で足りるのと同じことだ）．

　鐙（あぶみ）に関しては，次のことだけ注意しておこう．

　鐙なしの騎乗は，正良な騎坐姿勢を養うために絶対に必要だ．どんなレベル

17）ドイツ公式教本には，「前方への推進の脚は，腹帯のすぐ後ろに置かれ，踵が尻の真下に位置する形になる．側前方への推進の脚は，およそ拳の幅1つ分だけ後ろに置かれる．支持の脚は，側前方への推進の脚とほぼ同じ位置に置かれるが，側前方への推進の脚ほど積極的には使わない」と書かれており，馬体を側方に推進する脚と支持の脚とは，使う位置は同じで使い方が違うだけだということが示唆されているが，むしろこの方が一般的だと思われる．

　これに加えて，ドイツ公式教本には，前方への推進の脚も，側前方への推進の脚も，同じ側の後肢が離地する瞬間に使うのが最も効果的だと説明されているほか（160ページ参照），「一方の脚が前方あるいは側前方への推進作用を及ぼすとき，もう一方の脚は反対側で支持する．このような相互作用があって初めて，側方推進の脚扶助がうまく機能する」という注意も書かれている（以上，ドイツ公式教本74～75ページ［英語版62～63ページ］参照）．

のどんな騎手でも，時おり鐙を上げて脚を伸ばすべきだ．しかし，バランスの良い馬に乗って「目に見えない」扶助を使うには，鐙が必要になる．足で鐙を踏む力をごく僅かに増すだけで馬の反応を引き出すことができるからだ．このような洗練された扶助の前提条件となるのは，足首を柔らかく保ち，鐙をしっかりと，しかし感覚を研ぎ澄ませて踏んでいるということだ．

　鐙の長さは，騎手の脚の長さと馬の胴体の太さで決まる．胴体が太ければ，鐙は長くなる．最も気をつけなければいけないのは，鞍上での騎手の姿勢と，大腿の内側，膝，ふくらはぎで楽に馬体を包み込むことだ．足を無理に馬体と平行に保とうとする必要はない．これはよく見られる誤りだが，そんなことをすると，足首が固くなり，必要な感覚が得られなくなってしまう．大腿を鞍に正しく着けておけば（つまり，膝頭をまっすぐ前に向けておけば），足を正しい位置に保つことができる．

　若馬に脚の扶助を教える方法として，斜横歩がすぐれている．これにより内方脚と外方脚の意味を教えることができる．この基礎的な運動はまた，初心者に脚を正しく使い，扶助を馬の動きに同調させること（扶助のタイミング）を教えるのにたいへん効果がある．その後，前肢旋回や，場合によっては後肢旋回を行えるようになるが，いずれも，経験に富んだ騎手が若馬に内方脚と外方脚の意味を教えたり，初心者が経験に富んだ馬からこれを教わったりするためのすぐれたエクササイズだ．

　若馬がこれらの運動を正しく――つまり，リラックスし，手脚の間に置かれ，真直性を保ち，側方屈撓し，正しいリズムで――，しかも脚と手綱の合図に対して緊張や抵抗を示すことなく，すぐさま反応して実施できるようになれば，調教者は素晴らしい仕事をしたということになる．

　「騎坐（腰）の作用に軽い馬」と「脚に軽い馬」という重要な要素を念頭に置くと，「手の内に入った馬」の意味を理解することができる．このことについては，すでに「コンタクト」（エレメント4）のところで詳細に論じたが，ここで重要な原則をいくつか復習することにしよう．

「手の内に入った」馬

　「手の内に入った」とは，馬が，要求に応じて側方および前後の屈撓を示し

ながら，頸を伸ばし，柔らかく，静かにコンタクトを受容している状態をいう（『USDF用語集』）．

- 手綱の扶助はほとんど目に見えない．軽く握った拳と柔らかい手首により，「スポンジを絞るように」指を握ったり緩めたりする操作を通して合図を与える．
- 手綱は，「譲る（giving）」，「控える（taking）」，「支持する（supportive）」か，「譲らない（non-allowing）」のいずれかの操作をする[18]．
- 「譲る」操作は，何らかの「譲れるもの」，つまりコンタクトがあって初めて可能になる．
- 「控える」操作には，脚による支持がなければならない．
- 「支持する」操作により，直線上や曲線上で馬の肩が外側に逃げるのを防ぎ，馬を「2本のレールの間に」保ち，蹄跡から外れないようにしておくことができる．
- 「譲らない」手綱は，騎坐（腰）を利かせる操作と脚によって「馬体を透過するように前に押し出す」際に，うなじを譲らせるために使われる．このうなじの譲りが，背中を譲ってトップラインを丸めていくための前提条件となる．
- 「柔らかい（soft）」手綱とは，手綱が長かったり，緩んでいたりする状態を意味するものではなく，腕の関節（肩，肘，手首）を柔らかく保つことによって常に一直線をなし，あたかも棒のように見える状態をいう．
- 手綱の扶助は，脚と騎坐（体重）の扶助と協調して使われる．決して手綱の扶助が支配的になってはならない．
- 脚で推進したものを拳で受け止める．
- 正しい手綱の扶助は，馬の動きに同調して使われる．右手綱は右後肢

---

[18] 『*Elemente der Ausbildung*』では，それぞれ，「譲り（nachgebend）」，「控え（annehmend）」，「規整（verwahrend）」，「抵抗（durchhaltend）」と表現されている．四條隆徳編『獨和馬事小事典』では，「抵抗」の操作は，「持続の手綱扶助」と訳され，「拳をその定位において固く閉じ，馬が再び手綱に機触かつ軽快となるまで強い圧迫を持続すること」と解説されているが，「手綱に機触」というのは，「微妙なコンタクト」という意味だと解される．この操作は，フランス馬術にいう「拳の固定」と同じだと考えられる．

に追随するとともにこれを制御し，左手綱も同様に左後肢と同調する．これは，理に適っているとはいえ，決して簡単ではなく，長年の習練を必要とする．

- コンタクトを改善するには，まず騎坐（腰）と脚から始めなければならない．
- バランスの良い馬は，手綱による支持を必要としない．
- 片手手綱で鬐甲のすぐ上に拳を保持することは，馬がきちんとコンタクトを維持し，左右のバランスがとれて真直になっているかどうかをチェックするすぐれた方法だ．これによって馬の歩き方や姿勢が変わらなければ，調教は正しい方向に進んでいる．こうして馬を手綱から自由にしてやることで，騎手は，拳で補助して馬のバランスを保っていたのかどうかを知ることができる．一方，馬はこれを息抜きだと思ってありがたく感じ，騎手にいっそう協力しようという気持ちになる．
- ドイツ騎兵学校の「トップラインの伸展エクササイズ」は，馬のリラクセーションとコンタクトを改善するためにたいへんすぐれている．馬は，基礎調教の最初の1年のうちに，三種の歩度で，前下方へと導いていく拳に対して，あたかも2本の棒で押されるように追随していくことを覚えなければならない．このエクササイズは，調教レベルを問わず，馬をリラックスさせ，満足して日々の調教を受ける状態に置いておくためにたいへん役に立つ．

以上から，手脚の間に置かれた馬は，騎坐（腰）の作用に軽く，脚に軽く，手の内に入っているということ，そして，良い扶助はほとんど目に見えないことがわかった．

正しい扶助の前提条件となるのが，正良な騎坐姿勢だ．

馬は，適切な作業を要求し，同時に切り上げ時を心得ている，ものごとがよくわかっていて判断力に富む騎手に敬意を払うものだ．

目に見えないように扶助を使えるかどうかは，扶助のタイミングが完璧かどうかで決まる．正確なタイミングで扶助を与えなければ，馬には理解できないからだ．そのように扶助を与えれば，どんな馬でも扶助に対して鋭敏に反応するように教えることができるのだ．

「手脚の間に置かれた」状態

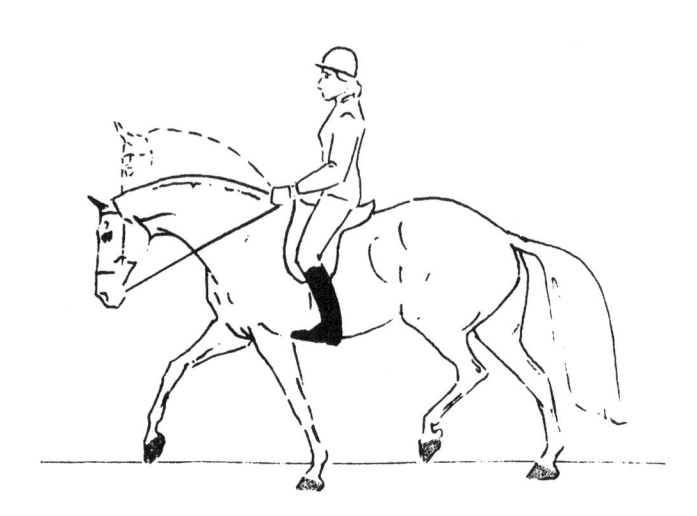

図28A　トップラインの伸展エクササイズ—馬の口との連携が保たれている．

　1000ポンド（450kg）の筋肉の塊を相手にするよりも，1ポンド（450g）の脳味噌を相手にする方が楽だし，脳味噌に新しい考え方を植えつけるのは，古い考え方を取り除くよりもずっと簡単だということを覚えておくことだ．

　馬の中には，背中をリラックスさせるために，限られた時間の間だけ，頭のところが僅かに轡後に来た（overbent）姿勢[19]をとらせ，鼻面を垂直線よりもやや後方に位置させた状態で乗ってやると効果があるものがいる．馬が銜を受けているかぎり，これが害にはなることはない（図28B）．

図28B　鼻面が垂直線よりもやや後方に来ているが，コンタクトを保っているので「巻き込んだ」状態ではない．

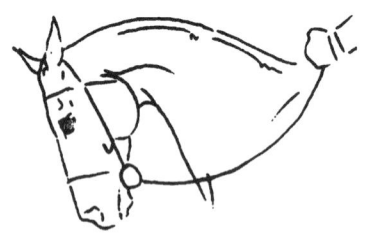

図28C　「巻き込んだ」状態．これは大きな過失で，コンタクトも踏み込みも不可能になる．

---

[19]「過剰屈撓姿勢」（42～44ページ参照）を指す．

しかし，頸を後ろにすくめるようにして，騎手の拳に対するコンタクトを忌避しようとする馬は，もはや手の内に入っているとはいえない．これは「巻き込んだ（behind the bit）」状態であって，重大な過失になる（図28C）．

馬が銜を受けないという問題に直面した騎手は，自分の騎坐姿勢と脚の扶助を反省しなければならない．ほとんどの場合，騎手の騎坐姿勢のバランスがとれていないため，脚が効果を発揮しないのだ．しかし，適切な騎坐姿勢は，静かで鋭敏な拳により馬の口と意思を伝え合えるようにするための前提条件でもある．騎坐（体重）と脚の扶助が，常に手綱の扶助よりも優先する．拳は，扶助を受け止める役割を果たすもので，「控える」ことよりも「譲る」ことを考えていなければならない．しかし，譲れるもの（コンタクト）がなければ，譲ることなどできないのだ．

馬の動きに追随できる適切な騎坐姿勢はまた，扶助を正しい順序で，つまり，騎坐（腰），脚，拳の順で正しく使うためにも必要不可欠だ．

この章の終わりにあたり，次のことを付け加えておこう．

馬を「手脚の間に置く」過程は，肉体的な要素だけからなるものでなく，精神的な面も大きい．馬は扶助の意味を理解しなければならないのだ．これには時間がかかるし，信頼関係に基づいたものでなければならない．整正で，伸びやかかつ歩幅の大きな運歩で運動できるリラックスした馬でなければ，騎坐（腰），脚，拳により与えられる「目に見えない」合図に対して精神的に鋭敏になることはできないのだ．

［訳注（第2版での追記）］
馬の動きへの追随（72ページ）について
　フォン・ジーグナー大佐は「馬の動きへの追随」についてあまり詳しく説明していないが，その本質は，馬の背中が左右交互に前に出ながら沈み込む動きに一致するように，騎手が骨盤の左右を交互に前に出しつつ沈み込ませる動作だと考えてよいように思われる．
　『An Anatomy of Riding』（261ページ参照）も，「馬の背中が左右交互に持ち上がり，沈み込む動きに骨盤の動きを一致させること」が馬の動きへの追随だとしたうえで，次のように述べている．
　馬の背中は，常歩でも速歩でも常に振り子のように左右に揺れながら上下に動くが，骨盤は左右ばらばらには動かせないため，馬の動きに追随するには，骨盤の左半分が持ち上がった分だけ右半分が下がり，続いて右半分が持ち上がった分だけ左半分が下がるという左右に傾く動きが必要になる．ところが，骨盤の左右は股関節を介して大腿骨に，上は腰仙連結（関節）を介して腰椎につながっているため，これらの関節がすべて完全にリラックスしていなければ，十分に動かせない．特

「手脚の間に置かれた」状態

に，左右の大腿で鞍を締めつけると，骨盤が動かせなくなるので，馬の動きに追随できなくなる（以上，同書42～47ページ [『*An Anatomy of Dressage*』では58～66ページ] 参照）。

ここで，『*An Anatomy of Riding*』は，「骨盤の片側が沈む動きは，同じ側の馬の後肢が前に出る動きと一致して起こり，騎手の骨盤は，馬の同じ側の後肢が着地する瞬間に最も深く沈み込む」と述べている。直感的にはうなずけるが，訳者の感覚では，実は逆に右後肢がいっぱいに後ろに伸ばされて離地しようとする瞬間に馬の背中の右側が最も深く沈みこむように感じられる。これと同時に，後ろに伸びる右後肢に押されて馬の右半身が前に出るので，騎手には，これに合わせて骨盤の右側を前に出しながら沈み込ませる動作が必要とされる。完全にリラックスし，馬の動きに身をまかせている騎手は，この動作を無意識に行って馬の動きに受動的に追随していると考えられる。

緊張が解けたところで自分の騎坐の感覚に注意を向けてやると，常歩や速歩で馬の背中が左右交互に沈み込むのが感じられるようになるものなので，まず馬上でリラックスして馬の背中の動きを感知するとともに，特に腰回りの緊張をゆるめて骨盤の動きを妨げないようにしておくことが，馬の動きに追随する第一歩になることは間違いない。

ところで，『*An Anatomy of Riding*』は，「受動的な追随」をさらに進め，能動的に馬の動きに追随するには，「腹筋群と大腿の乗馬用筋を左右交互に使う」ことが必要だと述べている。「大腿の乗馬用筋」とは，大腿の表側を走る縫工筋と，裏側にあるハムストリングス（大腿二頭筋，半腱様筋，半膜様筋の総称）を指す。いずれも膝を曲げる筋肉だが，ハムストリングスは，股関節の伸展（つまり，股関節から下の脚全体を後ろに引く動作）にも使われ，しかも，骨盤下部と膝関節の下とをつないでいるので，骨盤を下方に引く働きもできる（自転車をこぐようなイメージで鐙を左右交互に踏み下げる感覚がこれに近いように思われる）。一方，腹筋群には骨盤を左右に引き上げる働きがあるので，両者が協働して骨盤が左右に傾く動きを生むという説明は理に適っている。しかし，骨盤を馬の背中の動きに追随させるには，最近いろいろなスポーツで注目されている腸腰筋（大腰筋と腸骨筋の総称）も深く関係しているように思われる。腸腰筋は，主として股関節の屈曲（あるいは骨盤の前傾）に使われる筋肉で，股関節を伸展させるハムストリングスとは拮抗関係にあるため，ハムストリングスを効果的に働かせるには腸腰筋に十分な伸展性が必要であることは明らかだし，骨盤や腰椎につながっているこの筋肉が，腹筋群やハムストリングスとともに骨盤の姿勢の維持や制御に大きな役割を果たすと考えるのはごく自然であろう。

しかし，これらの筋肉を自在に使うには，ある程度の訓練が必要になる。イメージとしては，馬の動きに能動的に追随している骨盤の動きは，床の上で胡座を組み，尻を左右交互に持ち上げながら少しずつ前に進む「尻歩き」に近いように思われるが，馬上でこれを再現するのは決して簡単ではない。馬の背中に骨盤を密着させようとして上半身を後傾させてしまう光景がしばしば見られるのも，使うべき筋肉が思いどおりに使えないため，つい使いなれた筋肉を使ってなじみのある動作をしてしまうせいだとも考えられるが，これでは結局，腰回りの緊張を招き，馬の背中を押さえつけるので，「追随」どころではなくなってしまう。また，いくら骨盤を動かしても，馬の背中の動きと同調していなければ逆効果なので，「受動的追随」が身につくまでは能動的追随など試みるべきではないとも言える。いずれにせよ，今後，馬術のバイオメカニクス的研究が進めば，騎手の身体の使い方に関するさらに科学的なアプローチが可能になるものと期待される。

真直性
トレーニング・ツリーのエレメント6

「馬を前に出し，真直にせよ」（グスタフ・シュタインブレヒト）[1]

　基礎調教の最初の1年の終わりに向けて，若馬は手脚の間に置かれていなければならない．馬は，騎坐（体重），脚，拳の扶助に反応することをほぼ完璧に身につけていて，レベル1の馬場馬術課目をきちんと実施できるはずだ．また，不整地での外乗になじんでいなければならず，そこで遭遇する小さな障害や濠も問題なく通過できるはずだ．

　このようにして精神的にも肉体的にも準備が整った若馬は，レベル2に進めることになる．予測できない面倒な事態に突き当たらなければ，調教2年目の終わりまでにこのレベルに到達するはずだ．そのときには，馬はレベル2の馬場馬術課目をきちんと実施でき，レベル1の課目でなら成功を収められるようになっているだろう．

　基礎調教の2年目には，魅惑的な要素が含まれている．馬は手脚の間に置かれているため，調教者は，日々の調教の中で，以前のエレメントをさらに改善し，確立することを目指すとともに，真直性を求める作業を徐々に採り入れていく[2]．

---

1) シュタインブレヒト（Gustav Steinbrecht）は，今日のドイツ馬術の基礎を築いた19世紀の馬術家．このエピグラフは，その著書『Das Gymnasium des Pferdes（馬の身体訓練）』からの引用で，ドイツ語の原文は「Reite dein Pferd vorwärts und richte es gerade.（馬には，前に出すように乗り，真直に導け）」．

2) 『Elements of Dressage』には，ここに次のような段落（『The Basics』にも『Elemente der Ausbildung』にもない）が挿入されている．
　「私は，ドイツの調教進度基準で，推進力（エレメント9）［訳注．vページの参考図1では「弾発力」］が真直性（エレメント6）よりも前に置かれている点には絶対に同意できない．生涯にわたって馬を調教してきた経験から，私は，真直に（2本のレールの上を）運動できない馬に推進力を求めることはできないと信じるに至った．それだけのために問題が発生した馬をたくさん見てきたからだ」．

真直性

脚と拳とが騎坐によって結びつけられて協調することにより，騎手は，馬の後躯と口との間の連携を感覚できる．しかし，この連携は完璧なものではありえない．なぜならば，生まれつきの馬体の歪曲のせいで，馬はまだ真直に運動できないからだ．

生まれつきの馬体の歪曲に関する理論や説明は，馬術書に十分書かれているので，ここではその話には立ち入らない．しかし，これだけは言っておこう．人間の多くが「右手利き」であるように，馬の大半は「右肢利き」で，右後肢の方が左後肢よりも力が強い．この特質は，天からの授かりもので，そのおかげで馬は，危険にさらされたとき，すばやく左に反転できるようになっている．そのせいで，馬体を右に屈曲させやすいため，馬にとっては左よりも右に屈曲する方が楽なのだ．

馬体が歪曲した馬は，常に扶助を無視してしまう可能性を秘めている．こういう馬は，ドアに物をはさんで閉まらないようにしているようなものなので，扶助の中に「封じこめる」のは難しいのだ．

いくつか例を示そう．

- 馬の大半は，「右肢利き」なので，物[3]を見ると左に旋回して逃げようとする．危険に遭遇したときに右後肢で体を押しやろうとするからだ．
- 右肢利きの馬がおびえると，右側にある物を見ようとするし，実際にささいな物体に対しても物見をする．これは，頸と馬体を右に屈曲させることによって，馬体の歪曲を防

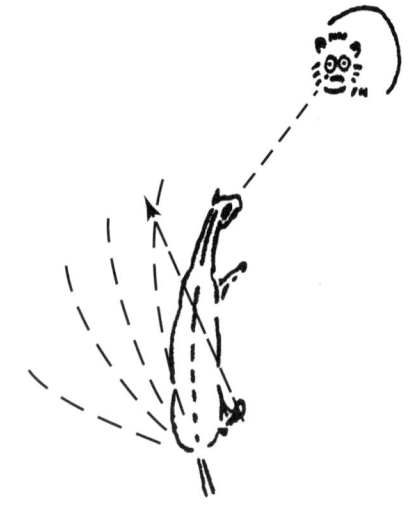

図29 物を見る馬

---

[3] 『The Basics』では「bears in trees（藪の中の熊）」と表現されているため，図29のイラストには熊が描かれている．

真直性

御姿勢として使い，いつでも左に逃げられるようにするせいだ．こういう馬は，同じ物体（審判台，馬場埒沿いに置かれた花壇など）でも左側に見えるときは全く気にかけないものだが，それは，右側に逃げるのは，左側に逃げるよりもたいへんだからだ．

- まずい障害飛越を見ているとわかるように，不従順を示す馬の大半が左に逃避する．
- 頑として前に出ようとしない馬は，左に逃げようとするもので，こういう馬を力ずくで右に向けようとすると立ち上がることがある．
- ほとんどの若馬には，左回転の方が右回転よりも楽なので，日々の調教は左手前から始める．
- 調馬索作業も，通常は左手前から始める．
- 軽乗も，ほとんどのサーカスの演技も，左回りだけで行われる．

調教の最初の数ヶ月間は，生まれつきの馬体の歪曲をがまんしてやらなければならない．馬が手脚の間に置かれていなければ，馬を真直にしようとしたところで，抵抗を誘発し，馬の体を固くさせてしまうだけだからだ．しかし，最初の1年の終わり頃になれば，若馬も徐々に扶助を理解するようになるし，扶助に対する反応もぐっと良くなってくるはずだ．

基礎調教の目的は，騎手との調和を保って運動し，左右にも前後にもよくバランスがとれた，ド・ラ・ゲリニエールの言う「気持ちよく乗れる馬」をつくることだ．この言葉には，直線上でも曲線上でも，後肢が前肢に追随し，労せずに一蹄跡上を歩ける馬という意味も含まれている．

完全に真直に歩けない馬は，どんなレベルであっても十分に調教できているとはいえない．きちんと真直にされた馬には，「乗りやすい手前」とか「乗りにくい手前」とかいうものはないし，左右どちらの側にも目に見えるほどの曲がりにくさは認められないのだ．

「馬を前に出し，真直にせよ」という箴言を残したシュタインブレヒト（1808～1885）の著書『*Das Gymnasium des Pferdes*』は，真剣に馬場馬術の指導に当たっている人々のバイブルとされている．この箴言は，ごく簡単で理に適っているが，実際にこれを達成するには，まず「真直とはどういう状態か？」という問いに答えなければならない．『USDF用語集』の説明はいささか冗長

真直性

| 1 | 2 | 3 | 4 | 5 | 6 | 7 | 8 | **9** | 10 |

なので、これを簡略化して次のように言うことにしよう。「真直な馬とは、左右どちらの側にも全く等しく屈撓できるようになった馬をいう」。

真直な馬は、右にも左にも同じように馬体を屈曲させることができるため、直線にも曲線にも馬体を沿わせることができる。バランスのとれた馬は、ごく僅かな扶助だけでこれをやってのける。

前肢と後肢とが1つの蹄跡上を歩くことができる能力は、これから先のトレーニング・ツリーのエレメントを達成していくうえでたいへん重要だ。バランス、柔順性、推進力、収縮（エレメント7、8、9、10）は、いずれも馬が真直になっていなければ達成できないからだ。

図31を見てみよう。列車が2本のレール上を走っている。ちょうど図30の馬と同じだ。列車の最後尾の機関車が、レールに沿って車両を押している。

機関車を後躯、機関車に押されている各車両を馬の脊椎に置き換えてみれば、直線上でも曲線上でも、機関車が生み出す前に向かう力をすべて正しい方向に向けるためのレールが必要だということがわかるだろう。騎手は、両脚と両手綱によってこの「レール」をつくり、馬がエネルギーを無駄にすることなく、その機関車の働きをする後躯を使えるようにしてやらなければならないのだ。

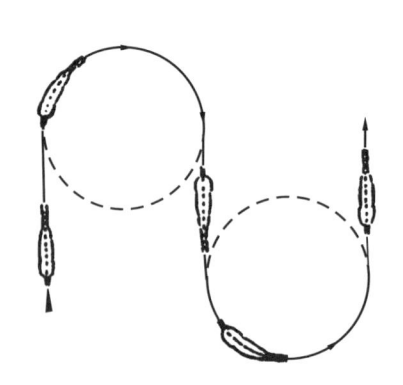

図30　真直になった馬は、左右に等しく馬体を屈曲できる。

列車はレールがなければ脱線してしまうが、馬も騎手の脚と手綱によ

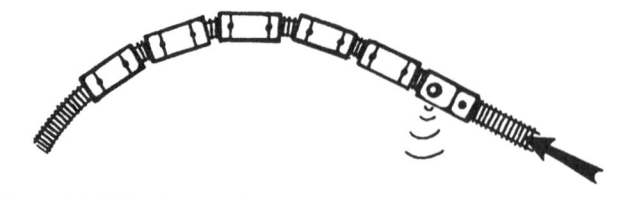

図31　真直な馬は「レールに沿って」運動しており、そのおかげで機関車の推力が正しい方向に向けられる。

りつくられたレールがなければ, やはり「脱線」する. つまり, 前肢か後肢が蹄跡から外れてしまうのだ. この重大な過失を横運動と混同してはならない. 調教のこの段階では, 横運動はまだ適切な運動とはいえないのだ.

真直性を身につけるにはどうすればよいか？

すでに述べたように, ほとんどの馬は, 程度の差こそあれ, 生まれつき馬体が歪曲している. 大半は, 右側が手ごたえのない (hollow)[4] 側になるが, しばしばこちら側が「柔らかい (soft)」側だと認識される.

しかし実際には, 手ごたえのない側の方が「固い (tense)」側なのだ！ つまり, 体の右側の諸筋肉を収縮させているため, その側の手ごたえがなくなるのだ. そういう馬は, 左肩に重り, 右手綱を受けなくなる.

馬を真直にするということは, そういう馬の右側の諸筋肉の緊張を取り除き, 筋肉を伸ばして右手綱を受けるようにしてやることを意味する. 左肢利きの馬の場合は, 同じ作業を反対側に施してやる必要がある.

真直性を求める作業には, 正良な騎坐姿勢と効果的な脚が必須だ. 脚で推進したものを拳で受け止め, 歩調と速度を調節するのだ！ 拳が支配的になると, 流れるような動きが妨げられ, 口向きの問題や, 上顎と下顎とを交差させたり, 歯ぎしりをしたり, 頸をひねって頭を傾けたり, 肩や後躯が逃げたりといったありとあらゆる逃避を惹き起こす.

正良な騎坐姿勢をそなえた騎手は, 拳と脚を静定できるので, これが馬を導く「レール」になる. これにより, 馬のバランスを保たせ, 直線上でも曲線上でも馬が真直になるように制御できるのだ. その際,「レール」は, 馬の肩や後躯が外側に逃げるのを防ぐ働きをする. 馬が扶助から逃避しようとする「気配」を感じた騎手は, 実際に逃避が起こらないうちに介入できる. 効果的な扶助が目に見えないというのはそういうことなのだ！

---

[4]「hollow」は「うつろな」,「へこんだ」という意味だが, ここでは, 馬体の右側の筋肉が左側よりも強く収縮し, 馬体が右に屈曲する結果, 右側が「くぼんだ」状態（凹状）になると同時に, 右拳がからんとして「うつろに」（頼りなく）感じられる状態を指しているので,「手ごたえがない」と意訳した.

これは，長い棒を垂直に掌の上に立て，手でバランスをとろうとするのと似ている．最初のうちは手をあちこちに大きく動かさなければならないが，やがてバランス感覚が育ってくるにつれ，棒が傾く前にほとんど目に見えないような形で介入できるようになる．

調教のこの段階で馬を真直にするためのエクササイズには，直線上・曲線上での作業，長蹄跡上の蛇乗り（shallow loop），蛇乗り（serpentine），輪乗り（circle），巻乗り（volte）などがある．しかし，こういったエクササイズで効果が上がるかどうかは，運動が正確に行われるかどうかにかかっている．図形運動の正確性を追求しない騎手は，馬の調教に必要な自己規律が欠けているのだ．

図形運動は，人馬の訓練を助けるために考案されたもので，騎手の作業をチェックする役割を果たしているのだ．

馬を真直にする作業の真価は，手前によって分量を変えてやるところにある．体を左に屈曲させるのが困難な馬は，右手前よりも左手前に時間を費やす必要がある．しかし，馬の抵抗を避けるために，注意深く作業を進めなければならないし，馬が準備できている以上のことは決して要求してはならない．

直径20 mの輪乗りは，馬に側方屈曲[5]を初めて教えるのに最も有効な図形だ．馬は，緩やかな曲線に適応するのに必要な筋肉と技量を発達させ，しばらくするうちに直径15 mの輪乗り上で，やがては直径10 mの輪乗り上でも「レールに沿って歩く」ことができるようになっていく．

レベル2に達した馬は，直径8 mの巻乗りを描くことができる．馬が二蹄跡運動をせずに描くことができる最小の輪線運動は，直径6 mの巻乗りだが，この最大限の側方屈曲は，馬がレベル3に到達するまでは求めるべきでない．調教レベルに合った巻乗りの直径は，蹄跡上での隅角通過の指標でもある（図32）．

---

[5]『Elemente der Ausbildung』では「Längsbiegung」という用語が使われているが，これは，直訳すると「縦方向の屈曲」で，『獨和馬事小辞典』でも「馬体（前後）の屈撓」と訳されている．しかし，ドイツ公式教本でも「前後（縦方向）の屈曲」ではなく「側方への屈曲」の意味で使われており，『The Basics』でも「lateral bending（側方屈曲）」と表現されていることから，「側方屈曲」とした．

真直性

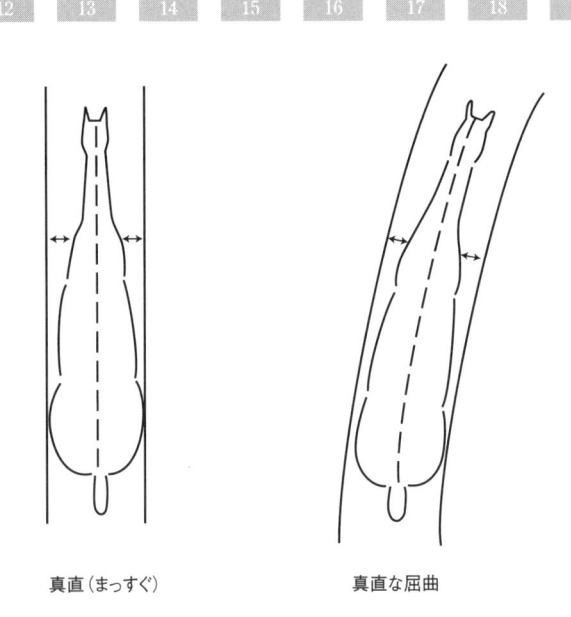

| 11 | 12 | 13 | 14 | 15 | 16 | 17 | 18 | 19 | 20 |

真直（まっすぐ）　　　　　　真直な屈曲

図32 「レールに沿って歩いている」真直な馬．馬の肩とレールとの間隔が左右等しくなっていることに注意．

斜横歩—基礎的エクササイズ

　斜横歩は，前肢旋回と同様，レベル1を卒業した馬場馬向けには勧められない運動だ．「後躯に合わせるように前躯を調整する」という原則と矛盾するうえ，脚によって踏み込むのではなく，脚から遠ざかるように運動することを求められるからだ．

　しかし，基礎調教の主としてフェイズBの段階では，斜横歩は，馬をほぐして真直性を養うエクササイズであり，しかも扶助の協調に対する鋭敏な感覚が要求されるため，たいへんお勧めなのだ．

　また，斜横歩は，経験のある騎手が若馬に実施させたり，経験のある馬で初心者が練習したりすると，教育的な効果もたいへん高い．扶助の協調に対する感覚を養うことができるからだ．しかし，少なくとも騎手か馬のどちらかがこの作業をよく知っていなければならない．そうでないと，両者とも混乱して，やがてどうしようもなくなってしまうからだ．

真直性

斜横歩では，馬の肢が交差するため，推力は全く生まれない．しかし，歩調を乱して勝手にどんどん速度を速める馬には，逆にこれがたいへん有効に働く．斜横歩により肢を交差させて推力を打ち消してやると，馬は，沈静した整正な運歩を求める扶助に再び注意を向けてくるようになるのだ．

運動課目は，どれも一定の目的をもっており，正しく実施すればその目的もうまく達成される．斜横歩も，正しく実施しないかぎり，求める結果（馬体がほぐれた状態や真直性）は得られない．

斜横歩では，馬は騎手の左右いずれかの脚に対して譲りながら[6]，まっすぐ前方に対して30～40度の角度をなすように斜め前方に向かって二蹄跡で運動する[7]．馬がどちらの脚に対して譲っているかによって，右斜横歩あるいは左斜横歩と呼ぶ[8]．

馬は，右斜横歩では左に，左斜横歩では右に運動する．馬が騎手の右脚に対して譲っている場合は右側が「内方」，左脚に対して譲っている場合は左側が「内方」になる．

馬は，リラックスし，整正で，伸びやかかつ歩幅の大きな運歩で運動していなければならない．そして，騎手の拳とのコンタクトを維持し，テンポやリズム（歩調）がいささかも束縛を受けてはならない．馬体はうなじから尾までが

---

[6] 斜横歩は，英語（leg yielding）でもドイツ語（Schenkelweichen）でも，またフランス語（cession à la jambe）でも，「騎手の脚（leg, Schenkel, jambe）に対して"譲る"こと（yielding, weichen, cession）」という意味の用語になっている．なお，一方の脚に対して「譲る」と言う場合，「緩める」という意味（40ページ注18参照）ではなく，「（脚から離れるように）馬体を転移させる」という意味になる．

[7] FEI規程では，「蹄跡上の（壁に沿って行う）斜横歩」の際に馬体が蹄跡となす角度は約35度とされている（第411条「斜横歩」第2項参照）．

[8] 斜横歩は，例えば左脚に対して譲り，頭を左に屈撓させながら右前方に進むことになり，側方屈撓の方向（左）が運動の方向（右）と反対になるので，左右の混乱が生じやすい．日本の馬術教範では，運動の方向を基準として，このような斜横歩を「右斜横歩」または「右へ斜横歩」と呼んでいる（『馬術教範』第170，荒木・槇本編『馬術教範抄』第231参照）．イギリスやアメリカでも，同様に「右への斜横歩（leg-yielding to the right）」と呼ぶことが一般的で，「左斜横歩（left leg-yielding）」と呼ぶことは少ないが，ドイツやフランスでは，ここにあるように，どちらの脚に対して譲っているか（すなわち側方屈撓の方向）を基準として「左斜横歩（独：Schenkelweichen links，仏：cession à la jambe gauche）」（いずれも，「左脚に対する譲り」の意味）」と呼ぶ．

真直性

まっすぐ（straight）になり[9]，頭は軽く内方に屈撓する．馬は手脚の間に置かれているので，前肢旋回や後肢旋回，あるいは直行進，さらには速歩や駈歩への発進がいつでもできるはずだ．

図33に，斜横歩の実施例をいくつか示す．

a) 左手前での運動中の右斜横歩．

b) 右手前での運動中の右斜横歩．

c) 中央線から蹄跡に向かって左斜横歩と直行進とを階段状に交互実施（特に教育的効果が高い）．

d) 前肢旋回をはさみ，右斜横歩で中央線上を往復．途中で馬を停止させてはならない（リズムの維持！）．

e) 斜横歩での往復手前変換．これは，左斜横歩－直行進－右斜横歩という左右対称の運動になる．

それでは，正しい斜横歩をしている馬はどのように見えるのだろ

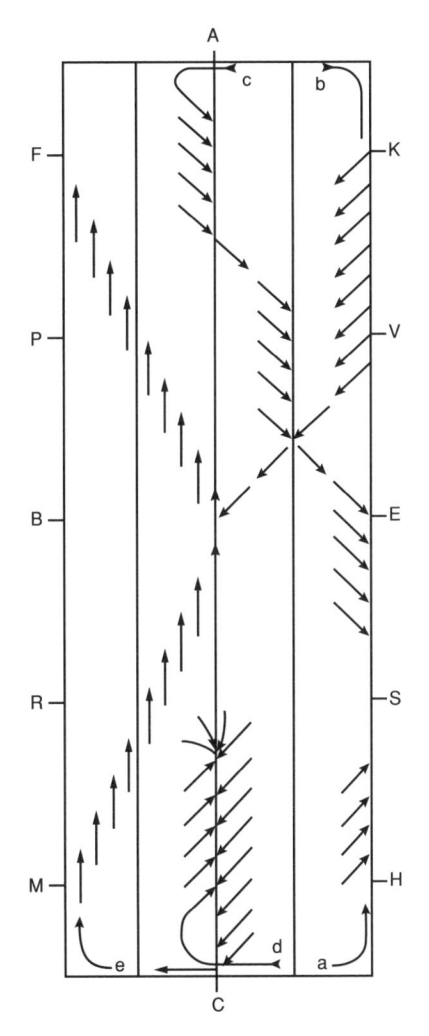

図33 様々な斜横歩の実施例．これらの運動はすべて常歩で行うが，eだけは速歩で行うこともできる点に注意．

---

[9] ここで使われている「straight」という言葉は，馬体が文字どおり「まっすぐ」，つまり「屈曲していない」という意味であり，「直線上でも曲線上でも馬体が行進線に沿う」（したがって，輪線運動の場合は馬体が屈曲していなければならない）という意味での「真直」な状態を意味するわけではない．

真直性

うか（図34）？

馬が左脚に対して譲っているので，左側が内方だ．このとき，馬はまっすぐ前方から30～40度右の方向に向かって斜め前方に運動する．

馬体はまっすぐに保つが，頭はうなじのところで左に屈撓する．

また，馬の内方の前後肢が外方の前後肢の前方でこれをまたぎ越すように踏歩し，馬の肢が交差するため，それぞれの肢が4本の線を描く．

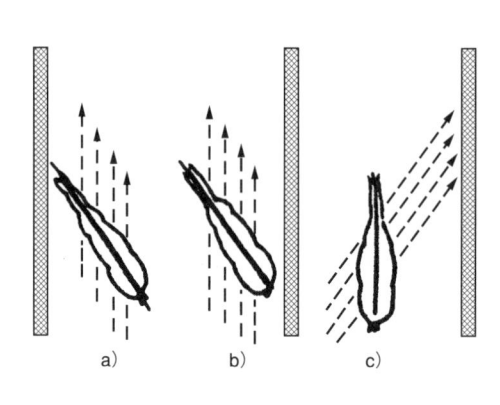

図34 斜横歩のバリエーション[10]．
(a) 右手前での運動中，(b) 左手前での運動中，
(c) 蹄跡に向かって．

蹄跡に向かう斜横歩（図34c）は，若馬に斜横歩を教えるのに最適だ．

中央線上で斜横歩をしている馬に対しては，次のような運動への移行を求めることができる．

a) 直行進
b) 前肢旋回
c) 後肢旋回

これらのうち，最も教育的効果が高いのは，図35のcに示す斜横歩だ．ここでは，馬が「騎手の前にあり（in front of the rider）」，後躯が中央線上にあるので，直行進でも後肢旋回でもすぐにできる状態になっているが，これは「後躯に合わせるように前躯を調整する」という原則に一致している．

図35のaに示すエクササイズは，馬体がまっすぐになった状態と前進動作の維持（前進気勢）が強調される点で教育的効果がたいへん高い．馬が体を屈曲させたり，肩や後躯を外側に逃がしたりして扶助から逃避しようとしたら，すぐさまこのエクササイズを実施すべきだ．

---

10) 図を見れば明らかなように，すべて左斜横歩が前提とされている．なお，「蹄跡に向かう斜横歩」は，FEI規程では「斜線上の斜横歩」と表現されている（第411条「斜横歩」第2項参照）．

真直性

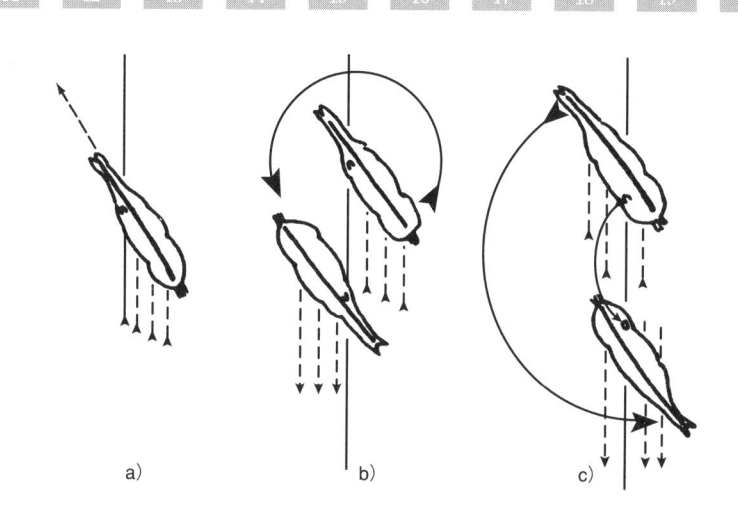

図35 中央線上での左斜横歩．(a) 斜横歩から，中央線に対して40度の角度をなす直行進に移行．(b) 前肢旋回をはさんだ斜横歩（内方前肢が中央線上）．(c) 後肢旋回をはさんだ斜横歩（内方後肢が中央線上）．

注意：斜横歩からの移行はすべて，馬体がうなじから尾までまっすぐになった状態で終わらなければならない．例えば斜横歩から輪乗りへの移行や輪乗りから斜横歩への移行は，斜横歩という運動の目的と相容れないのだ．

これを肩を内へ（shoulder-in）からの移行と混同してはならない！　肩を内へでは，馬のうなじから尾までが側方に屈曲するので，肩を内へから輪乗りへ，輪乗りから肩を内へへの移行が許されるのだ．

残念ながら，斜横歩と肩を内へとの違いについては未だに混乱がある．馬場馬術課目で，「肩を内へのような斜横歩」だとか「斜横歩のような肩を内へ」を目にすることはよくある．

トレーニング・ツリーのエレメントの順序を思い出してほしい．斜横歩では，馬をほぐし，真直性（エレメント6）を手にすることが目的であるのに対し，肩を内へでは，柔順性（エレメント8）を向上させて推進力と収縮（エレメント9，10）を手にすることが目的だ．斜横歩が確実にできないうちに肩を内へを教えるのは大きな誤りなのだ．

以上のような理由で，私は馬場馬術課目の中にある斜横歩から輪乗りへの移行という項目が大嫌いなのだ．これは，経験の浅い騎手や若馬にとって教育的

な効果は全くなく，逆に混乱を招く．こんな運動を要求すると，馬は体を屈曲させたり肩や後躯を外側に逃がしたりして逃避することになるが，これが斜横歩と肩を内へとの違いに関して広くはびこっている誤解を助長しているのだ．

斜横歩の扶助はどんなものだろうか？

手脚の間に置かれた馬は，斜横歩の準備が整っている．正しく手の内に入っていれば[11]，馬は，騎手の騎坐（体重）や脚の扶助の僅かな変化を感じ取るはずなのだ．

最初は常歩で始める．エクササイズを容易に進めるため，中央線に回転し，左脚に対する譲り（左斜横歩）を馬に要求する．馬がクォーターライン[12]上をまっすぐに歩いているところから始めるが，その手順（図36）は次のとおりだ．

- 内方（左）の坐骨に対し，外方の肩の方向に向けるような気持ちで荷重し，馬の頭を左に屈撓させる．内方脚は腹帯のすぐ後ろに置き，外方脚はさらに後ろに引いて支持の働きをする．内方手綱を僅かに短くして，馬の内方の眼の縁と鼻孔の縁が僅かに見えるようにし，外方手綱は，外方の肩が外側に逃げないように制御する．

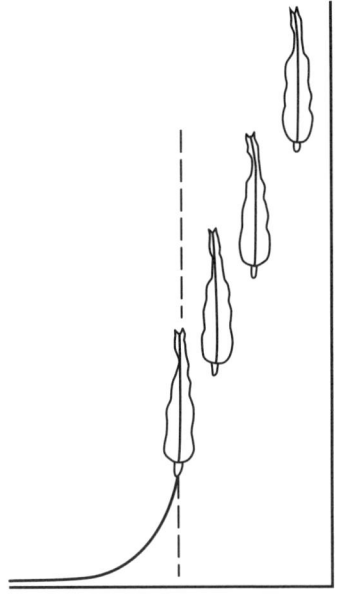

図36 「長蹄跡上に平行な斜横歩」は，斜横歩の最もシンプルな形で，速歩でも行える．

- 内方脚で馬に譲りを求め（後躯を側方に押し出し），外方脚は，十分な

11）『Elemente der Ausbildung』では「正しい依倚ができていれば」と表現されている．
12）クォーターライン（四分線）とは，長蹄跡と中央線のちょうど中間の，中央線に平行な線（図33の中央線の両側にある線）をいう．

真直性

前進動作（前進気勢）を維持すると同時に，馬の後躯が逃げないように制御する．内方手綱で必要な頭の側方屈撓を維持し，外方手綱で肩が外側に逃げるのを防ぐことにより馬体がまっすぐになるようにする．

馬場埒のところで斜横歩から停止への移行を求めるのも，たいへん教育的効果が高い．騎手が，馬の内方後肢を正しい位置にもっていく感覚を養うことができるからだが，良い停止のためにはこの感覚が重要なのだ．

斜横歩でよく見られる誤りは，次のとおりだ．

騎手の誤り：体を固くする，上半身をひねる，一方の腰が折れ曲がる（collapse in the hip）[13]，内方坐骨に正しく荷重できない，内方脚を後ろに引きすぎたり，効いていなかったり，タイミングが正確でなかったりする，外方脚の位置が正しくなかったり，前進動作（前進気勢）の維持ができていなかったりする，内方脚を補助しようとして内方手綱を引く，外方手綱とのコンタクトが全くない，など．

馬の誤り：銜に突っかかる，上顎と下顎とを交差させたり歯ぎしりをしたりする，頸をひねって頭を傾ける，運動が不整正になる，運動のテンポや速度が変わる，外方の肩を外側に逃がしたり，両後肢を交差させずに引きずったり，後躯を外側に逃がしたりして騎手の扶助から逃避する，など．

以上をまとめよう．

斜横歩は，基礎調教において，馬をほぐし，真直にするために不可欠な運動課目だが，正しく行わなければ真価を発揮しないし，それは見かけよりもずっと難しいのだ．

そこで，騎手の騎坐姿勢が安定し，馬が真直性（トレーニング・ツリーのエレメント6）の前提条件である手脚の間に置かれた状態になるまでは，斜横歩を要求してはならないと注意しておこう．

---

13) 内方坐骨への荷重（ドイツ公式教本では，「一方の側に荷重する体重の扶助」と呼ばれている）を意識しすぎるあまり，上半身が過度に内方に傾いて脇腹が折れてしまう状態で（次ページ参考図2の右側を参照），崩れたバランスを回復しようとして外方の腰がずり落ち，かえって内方坐骨から体重が抜けてしまうことが多い．

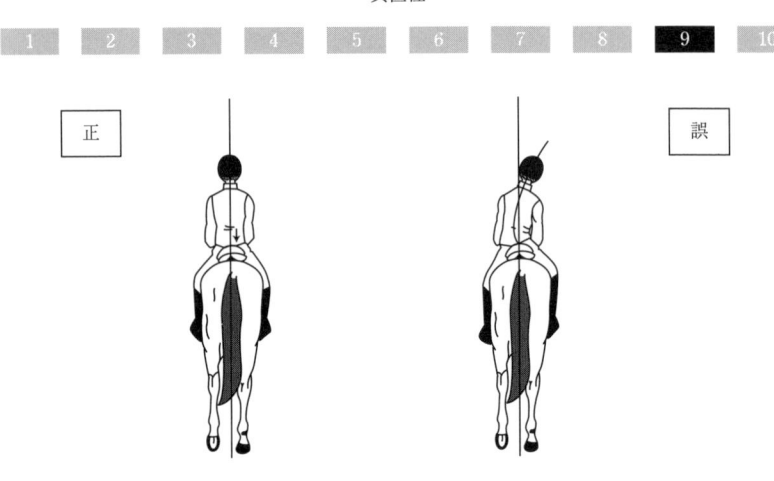

真直性

| 1 | 2 | 3 | 4 | 5 | 6 | 7 | 8 | **9** | 10 |

正　　　　　　　　　　　　　　　　　　誤

参考図2
左：一方の側に荷重する体重の扶助
右：騎手の一方の腰が折れ曲がり，体重が誤った側に落ちている．
（出典：ドイツ公式教本）

　真直性を求める作業には側方屈撓での騎乗（riding in position）[14] が含まれるが，なぜだろうか？

　まだ真直になっていない馬は，馬場埒沿いを運動する際に肩で内側や外側に逃げようとしがちだ（列車の先頭車両が脱線するところを想像してみるとよい）．その結果，「機関車」の力がブロックされ，前の方にまで流れなくなって，前進気勢が減殺されてしまう．そうすると，馬はしばしば体を歪曲させて運動し，肩で馬場埒にもたれかかってくる（図37）．そのため，馬体の前躯の幅は後躯に比べてかなり狭いにもかかわらず，馬場埒と前躯との間隔が後躯との間隔と同じになってしまう．馬を再び「2本のレールの間に」戻すには，後躯に合わせるように前躯を調整してやる必要があるが，これはドレッサージュの基本原則なのだ！　馬の内方の肩を内方の腰の前に置き，内方の前後肢が一直線上を運動するようにする．こうして，前躯に合わせるように後躯を調整するのではなく，後躯に合わせるように前躯を調整することにより，推力の源泉であ

---

[14]『獨逸馬術教範（*Reitvorschrift*）』（文献17参照）では「内方姿勢を以てする騎乗」と訳されており，「側方屈撓を保ったままでの直行進」を意味している．馬体の屈曲を伴わない点で「肩を前へ」と異なる．「側方屈撓」と「馬体の屈曲（側方屈曲）」の違いについては，「訳語解説」の「Carriage」の項を参照．

真直性

る後躯を優位に置くことができるのだ．

「側方屈撓での騎乗」では，側方屈曲は要求しない．馬体はまっすぐで，馬の頭だけがうなじのところで僅かに内方に屈撓し[15]，騎手は馬の内方の眼の縁と鼻孔の縁を僅かに見ることができる．

なお，駈歩運動では，馬の頭は常に内方に屈撓する．

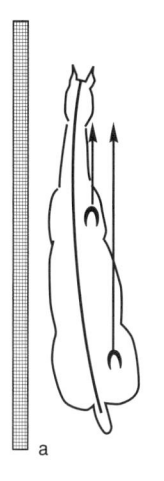

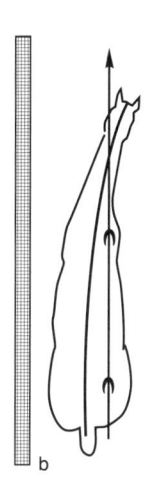

馬を真直にするための次のステップは，肩を前へ（shoulder-fore）だ．この運動課目は，「側方屈撓での騎乗」よりも難しいが，馬の体づくりの効果も高い．馬の内方の肩をさらに僅かに内側に入れ，内方前肢が別の行進線上を歩くようにしてやる．騎手が馬の頸を内方に引きつける誤りがよく見られるが，このようなことをすると，この運動課目の意味がなくなってしまうだけでなく，馬に害をもたらすことさえある．馬体はごく僅かに内方に屈曲し，頸もそれに応じた屈曲を示さなければならない．その結果，内方後肢が両前肢の間に向かって踏歩するのだ（図38）．

肩を前へは肩を内への準備作業でもある．肩を内へは，基礎調教の2年目の終わり頃，推進力と収縮（エレメント9，10）を獲得するための作業として行うものだ．

「側方屈撓での騎乗」でも「肩を前へ」でも，地上に補助者を置いておくべ

図37
a：誤り！生まれつきの馬体の歪曲が現れており，馬は肩で馬場埒にもたれかかっている！内方後肢の推力が無駄に失われている．
b：正しい．馬を真直にするための「側方屈撓での騎乗」により，後躯に合わせるように前躯が調整されている．内方の前後肢が同一行進線上にあり，推力が馬体を透過して効果的に前方へ流れている．

---

[15] 『Elemente der Ausbildung』には，「うなじ」ではなく，「下顎（Ganasche）だけが側方に屈撓し」と書かれているが，これは，うなじ（頭）の側方屈撓により下顎が収まるという意味ではないかと思われる．

真直性

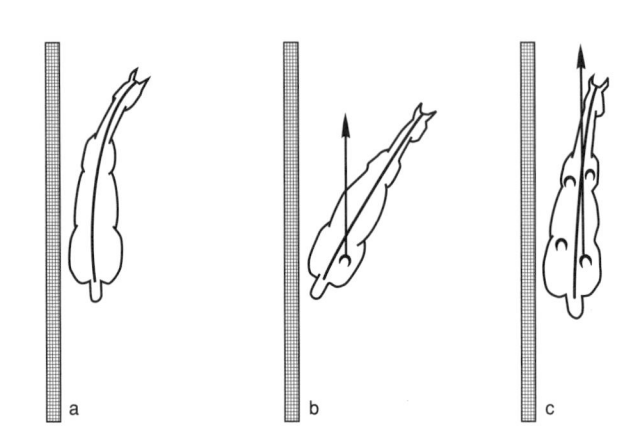

図38A　馬を真直にする運動として行う，馬場埒沿いの肩を前へ．
a：誤り　頸が肩よりも内側に引き寄せられ，馬は扶助から逃避．何の効果もなし！
b：誤り　「斜横歩のような」歩き方で，推力なし．
c：正しい　わずかな屈曲と，コントロールされた推力．尾（後躯）は馬場埒と平行．
　　内方後肢は両前肢の間に踏歩．

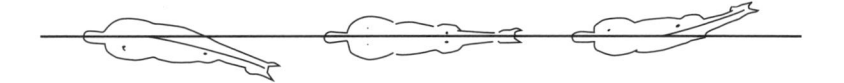

図38B　中央線上での肩を前へ．
「後躯に合わせるように前躯を調整する」という原則に従い，両後肢を行進線上に保ったまま，肩を右，左に動かす．

きだ．補助者を行進線の端に立たせて，正しくできているかどうか見てもらうのだ．馬場に鏡があるなら，それを使ってこれらの運動課題に磨きをかけるとよい．

「反対屈撓での騎乗（riding in counter-position）」[16] も，馬を真直にするために効果がある運動課目で，直線上でも直径20 mの輪乗り上でも行うことができるが，馬体の「手ごたえのない側」を伸ばし，馬がその側の手綱をうまく受けられるようにしてやる際に最大の効果を発揮する．

16）『獨逸馬術教範』では「反対姿勢を以てする騎乗」と訳されており，「通常とは反対の側への側方屈撓を保ったままでの直行進」を意味している．

真直性

騎手は，自分の馬が馬体を歪曲させたままで運動するものだと考えるべきだ．外方（左）肩で左手綱に重ってきて，内方（右）の手綱を受けず，内方（右）後肢が2本のレールの間に保たれずに内側に逸脱してしまうといったことが起こるのだ．

これを矯正するため，あたかも馬場埒が右側にあるかのように，馬を外方に側方屈撓させる（図38C）．これが反対屈撓だ．わかりやすくするため，再び「2本のレールの間で」真直になっている馬を考えよう．こういう馬は，後躯から前に向かって運動し，馬体と平行に走っている「レール」と肩との間隔は，左右とも等しい．これは，直行進でも曲線上でも変わらない（図32）．

「側方屈撓での騎乗」では，内方の眼の縁と鼻孔の縁が内方の「レール」上に導かれ，その位置に保たれるため，内方の腰，内方の肩，内方の眼の縁と鼻孔の縁が一直線上に位置する（図38D）．

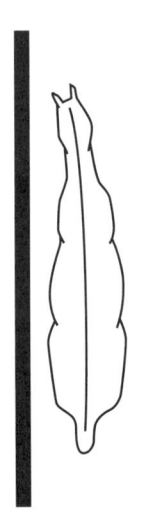

図38C　馬体の右側を伸ばすための反対屈撓．

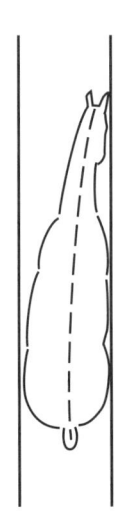

図38D　右側方屈撓での騎乗．馬の内方の腰，肩，眼の縁と鼻孔の縁が右側の「レール」の上に位置する．

バランス
トレーニング・ツリーのエレメント7

「人馬の間柄ほど親密な神秘はない」（ロバート・スミス・サーティーズ[1]）

体重の配分が左右均等になり，人馬が常に共通の重心を保てるようになれば，その人馬はバランスを身につけたということができる．バランスのとれている物体一般に見られるように，バランスを身につけた馬も，拳に対して軽快になり，扱いやすくなる．その結果，騎手は，あらゆる運動において，力に頼るのではなく，感覚と技術によってバランスを維持できるようになるのだ[2]．

運動中の馬に影響を与えるのは，左右のバランスと前後のバランスだが，左右のバランスは前後のバランスの前提条件となるので，こちらを先に論じることにしよう．

左右のバランスの前提条件となるのは，真直性（エレメント6）だ．真直になった馬は，最小限の扶助で左右どちらの側にも簡単に馬体を屈曲させ，常に

---

[1] サーティーズ（Robert Smith Surtees. 1803～1864）は，ロンドンに住む猟騎（hunting）好きな食料雑貨商人ジョロックス（Jorrocks）氏を主人公とする，猟騎をテーマにした一連の風刺小説で有名なイギリスの作家．

[2] 『遊佐馬術』によると，「平衡」という馬術用語には2つの意味があり，馬が調教初期に騎手の体重を負担することに慣れていないためにふらついたり緊張や抵抗を示したりする場合に問題になる「バランス（balance）」と，「馬が手の内に入って，馬の重心がある点にすっかり集まったような感じ」をいう「エキリーブル（équilibre）」とを分けて考えなければならないとされている（同書54ページ参照）．トレーニング・ツリーのエレメント7としての「バランス」は，本書のこのパラグラフから明らかなように，遊佐の言う「エキリーブル」を指す．一方，遊佐の言う「バランス」は，調教初期に身につけておくべき基本的な資質（いわば「初歩的バランス」）だが，トレーニング・ツリーの中では，これが欠けていると体の動きがぎこちなくなり，整正で伸びやかな運歩が阻害されるという意味で，「リラクセーション」，「運歩の整正」，「伸びやかな運歩」といった初歩のエレメントに包含されていると考えられる．しかし，「エキリーブル」は遊佐の言う「バランス」（初歩的バランス）が洗練された「高度なバランス」だと考えられることから，本書では「バランス」という訳語で統一した．

「2本のレールの間に」（右脚と右手綱が右のレール，左脚と左手綱が左のレール）保たれた状態で運動するが，こういう馬は左右のバランスがとれている．このバランスをチェックするには，両手綱を片手に保持して直線上や曲線上を運動し，コンタクトが維持されているか，また，馬が2本のレールの間に保たれ，二蹄跡運動に陥らずに一蹄跡上を運動できているか確かめてみるとよい．

ここで，「片手手綱」の話をしておこう．まだ完全に真直になっていない馬の場合，騎手が両拳の間隔をやや広くとって手綱を保持することが許される．それによって馬に一定の支持を与え，馬が自分でバランスをとりやすいようにしてやるのだ．しかし，馬がバランスを維持できるようになれば，このような支持は不要になるため，騎手は常に拳の間隔を狭めて馬の頸をはさみこむように乗らなければならない．やがては，手綱を片手で保持しても両手で保持しても，馬が何の違いも感じないようにならなければならないのだ．

馬場馬術競技を見ていると，上級レベルの競技でさえ，拳の間隔を広げて真直性の欠如を補おうとする騎手が少なくない．これを見ると私は，軽業師の綱渡りを連想してしまう．軽業師は，綱の上でバランスをとるために長い棒を持っており，その助けがなければ下に落ちてしまいかねないが，真直になっていない馬も全く同じで，騎手の拳で支持しなければバランスを崩してしまう．馬場馬術の審判員は，この基礎的な要求が満たされているかどうかに目を配ってほしいものだ．

バランスに関しては，スキーと馬術とはたいへんよく似ているが，スキーでこういう問題が生じることはない．スキーでバランスを崩せば，すぐさま頭から雪の中に突っ込むという結果になって現れるからだ．そういうときにスキー板のせいにしても無駄なので，誰もそんなことをするはずがない．

ところが，馬術の場合，馬の方は真摯に騎手の体重を負担しているというのに，乗り方がまずいために馬がバランスを崩してしまうことがよくある．そうすると馬は，程度の差はあれ，一方の手綱に重ったり，一蹄跡運動であるべきところを二蹄跡で運動したりしてバランスの欠如を補おうとする．そういう場合，これが馬の「悪癖」だなどと非難されるいわれは全くないのだ．

残念ながら，現在の馬場馬術課目の中に，片手手綱での実施を要求されている運動はない．これは間違いなく，事態が誤った方向に向かっていることを

示している．このままいけばやがて，騎手が馬を手の内に入れることができないからと言って，折り返し手綱を着けて馬場馬術課目の演技をしてもよいということになってしまいかねない．

　大勒を使う際（大勒は，基礎調教が成功裡に終わるまでは使ってはならない！）には，両拳の間隔を狭め，鬐甲に近い位置で正しく構えて手綱を保持するということがなおさら必要になってくる．銜身が折れ曲がらない大勒銜では，手綱を使う際の左右の不均等はいささかも許されない．そのため，大勒を使い始めるまでに，馬はバランスとセルフ・キャリッジをしっかりと身につけておかなければならないのだ．大勒は精巧複雑な道具であり，感覚に富んだ騎手が収縮を求めるために手綱の扶助を洗練する目的で使うものなのだ．

　もう1つ例を挙げよう（図39A）．自転車の乗り方は誰でも知っている．手放しで自転車に乗るには，メカを正しく調整しておかなければならない．そうでないと，自転車が進路から逸れていくのと反対側に上半身を曲げてバランスの不良を補正しなければならないが，それでは乗り心地が悪いので，一方のハンドルを握って自転車が逸れていかないようにするはずだ．調整不良の車を運転するときも，車が進路から逸れないようにするためにずっとハンドルを反対に切っておかなければならないだろう．

　いつも左肩に重っているバランスの悪い馬でも同じで，騎手は，左腕が痛くなるまで左手綱にしがみつくか，左の腰が折れ曲がるというよく見られる誤りに陥るかのどちらかになってしまうはずだ．

　自転車や車なら，バランスが悪ければ修理工場で修理してもらえる．しかし，バランスの悪い馬は，「修理してもらう」わけにはいかないので，日々の騎乗作業の中で，

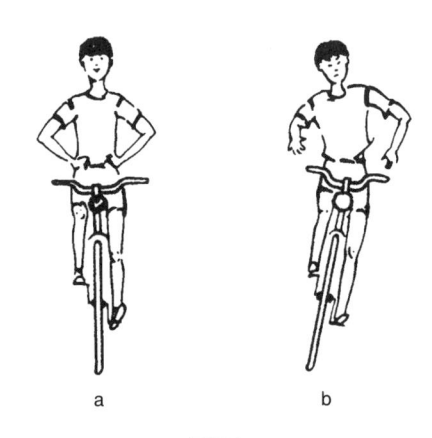

図39A
a：バランスのとれた自転車（あるいは馬）では，手（あるいは拳）で支えてやる必要はない．
b：バランスの悪い自転車（あるいは馬）では，上半身と腕で補正してやる必要がある．

図39B　バランスの良い馬は，騎手を完全に信頼し，最小限の労力で飛越する．ルーミューレン（Luhmühlen）の競技会における著者とアルペンメルヒェン（Alpenmärchen）号．

　正しい左右のバランスに必要な屈撓能力を養うためのあらゆる基本的な運動課目を何度も何度も繰り返し，馬を真直にしていかなければならないのだ．誠にお気の毒だが，そのための近道だとか「こつ」のようなものは一切ない．
　前後のバランスがとれるようになった馬は前躯が軽快になるが，それを考えるのは，馬が左右のバランスを身につけてからだ．それまでの間，馬は，程度の差はあれ前躯に重って（on the forehand）運動するものだが，それでもかまわなかった．丸みのある正良なトップラインと背中の律動をつくっていくためには，馬体の筋肉をリラックスさせ，よく伸ばしてやるための運動課目を最優先しなければならなかったからだ．そのため，馬が頸を前下方に十分伸ばすことを許したし，両前肢に余分な体重がかかっていても目をつぶってきた．また，

この段階では，両後肢は「馬の体重を負担する（carry）」というよりも，「馬体を前に押し出す（push）」（トレーニング・ツリーのフェイズBの段階：推力の養成）働きをしていた．

トレーニング・ツリーのフェイズCでは，体重負担力，セルフ・キャリッジ，軽快性の養成が求められる．この段階では，馬が左右のバランスを身につけたら，後躯を踏み込ませてやる必要がある．馬は，重心の下に向かってさらに両後肢を踏み込み，それによってより多くの体重を後肢で支え，前躯への負重を軽減することを覚えなければならないのだ[3]．これを「相対的起揚」[4]と呼ぶ．つまり，頸の起揚は，拳によってもたらされるのではなく，後躯がいっそう踏み込む結果として生まれるのだ．

このようにして，左右だけでなく前後のバランスもとれるようになってくると，馬は，騎手の体重の負担のせいで一時的に制限されていた自然な歩き方を回復する．これでようやく柔順性と推進力（エレメント8，9）を獲得するための作業の準備が整い，収縮（エレメント10）の第一歩を求めることができるようになったのだ．

人馬の完全な調和を得るためには，人馬ともにバランスがとれ，どんな運動課目を実施しているときも共通の重心を保っている必要がある．私は，馬の鼻面を自分が向いている方向とは反対の方向に向けて乗っている馬場馬術騎手を見ると，いつもいたたまれない気持ちになる．これでは人馬の調和が害されてしまうからだ．騎手の顔の向きが馬の鼻面の向きと一致していること，つまり，騎手と馬とが常に同じ方向を向いていることが原則なのだ．

すでに述べたように，馬が前後・左右にバランスがとれて柔順になり，半減却の扶助に正しく反応できるようになるまでは大勒を使うべきではない．この

---

[3] これについて，ラシネ（Jean-Claude Racinet）は，「収縮していない馬の場合，踏み込んだ後肢が地面を後方に強く蹴り，馬体を前に押し進める力が大きく働くが，馬が収縮するにつれ，骨盤が馬体の下に繰り込まれてくるため，後肢で後方に地面を蹴る動作が制限され，その分，地面を後方に蹴るのではなく，下に押しつける形になる．その反作用として，馬体は，前ではなく上に向かう力を受け，その結果，運歩が高揚してくる」と説明している（『Another Horsemanship（もう1つの馬術）』第3部「Ⅰ．軽快性と収縮」（39～42ページ）参照）．

[4] 20ページ注18参照．

段階に至らないうちに大勒を使うと，人馬の調和が害され，馬体の緊張や抵抗が生じてしまう．馬を手の内に入れるための道具として大勒を使うという誤りがよく見られるが，大勒とは，十分バランスがとれるようになった馬を収縮に導くために扶助を洗練するという目的のみに許される道具であり，しっかりした基礎調教をみっちり2年間行ってからでないと，この段階に達することなど期待できない．

残念なことに，普通の水勒で馬を正しく手の内に入れることができないままで大勒を使い，馬に「拘束衣」を着せてしまっている騎手はたくさんいる．これはトレーニング・ツリーに示された古典馬術の原則に対する侵害だが，それで馬を競技会に出してしまう者さえいる．こういう人馬をどう評価すべきか，優秀な審判員ならわかるはずだ．

セント・ジェームズ賞典馬場馬術課目（Prix St. James Test）は，基礎が十分にできていないままでFEIレベル[5]の競技会に参加してしまう騎手の数を減らそうとして考案されたものだ．この複合馬場馬術課目のパートⅡではセント・ジョージ賞典馬場馬術課目（Prix St. Georges）が課されるが，それに先立つパートⅠで，馬が普通の水勒だけで完全にバランスがとれていることを示すよう求められる（「セント・ジェームズ賞典馬場馬術課目」の章を参照）．

最近は，セント・ジェームズ賞典を課す馬場馬術競技会が増えてきて，選手も基礎事項にもっと時間を割こうしているし，資格のある審判員や調教者も，しっかりとした基礎づくりの意義に気づくようになってきた．これは，馬のためにも有益だし，ヨーロッパの競技会で成功を収めるには必要不可欠だ．

アメリカにはドイツのような資格制度がないのだから，USDFは，セント・ジェームズ賞典を正式な馬場馬術課目とするよう検討するべきだろう．

バランスのとれた馬は乗り心地が良いものだ．初心者は，この感覚を味わうために，そのように訓練された馬に乗る機会を与えてもらうべきなのだ．

バランスは，一度得られたらずっとそのまま維持されるというものではない．真直性を求めるシステマティックな作業により，何度も繰り返し立て直してや

---

5) セント・ジョージ（日本では，フランス語の発音で「サン・ジョルジュ」ともいう）賞典からインターメディエイトを経てグランプリまでの上級レベルの馬場馬術課目を指す．

らなければならないのだ．よくご存知のとおり，図形運動や運動課目はそのためにあるのだが，バランスを立て直す作業は，毎日のウォームアップにも不可欠なのだ．

　バランスを獲得するための作業をする際には，完璧を目指し，目に見えない扶助だけで済むように心がけなければならない．左右にも前後にもバランスがとれた馬は，綱渡りの芸人と同じく最小限の支持だけで運動でき

参考図3　バランスチェック・エクササイズ
（出典：ドイツ公式教本）

る．正しくバランスがとれていることを確かめるために，時折，片手手綱で運動課目を実施してみたり，「バランスチェック・エクササイズ（überstreichen）」（『USDF用語集』）[6]を行ってみたりするとよい．馬は，このエクササイズを報奨として快く受け止めるはずだ．

　膠着，急に進路を変える，立ち上がるといった重大な不従順の多くは，馬が「2本のレールの間に」保たれることを拒絶したり，「ドアに物をはさんで閉ま

---

[6]「überstreichen」（直訳すると「上をこする」）は，馬の頚の上縁を手綱でこするように見えることからこのように呼ばれるものと推測されるが，馬のバランスをチェックする手段なので，「バランスチェック・エクササイズ」と訳した（⇒USDF用語集「Überstreichen」参照）．「手綱を緩めてかけ直す操作（give and retake the rein）」などと呼ばれることもある．ドイツ公式教本では次のように説明されている．
　「バランスチェック・エクササイズは，馬のセルフ・キャリッジができているかどうかを試すもので，馬が騎手の体重と脚の扶助に対して確かに軽くなっているかどうかがわかる．
　騎手は，2，3完歩の間，両方の拳をたてがみの上縁に沿って拳の幅2つ分ほど（およそ10〜20 cm）前に送り，その後再び元の位置まで戻す．このとき，馬の鼻面は，垂直線よりもやや前に出てもよいが，セルフ・キャリッジが維持されていなければならず，速度も変わってはならない．
　一方の拳（通常は内方）だけで行うこともあり，これによって，側方屈撓や馬体の屈曲の要求が強化された後に馬が確実に外方の手綱を受けているかどうかを試すことができる」（同書98ページ［英語版82ページ］参照）．

らないように」して脚に敏感な状態から逸脱したりしてしまうことが原因だ（88ページ参照）．

正しくバランスのとれた馬は，常に「2本のレールの間に」保たれているため，騎手を信頼し，騎手の指示によく服従して運動する．人馬は常に共通の重心を保ち，その結果，フラットワークでも障害飛越でも，運動が軽快に，しかも無理なくできるようになる．

自分の馬と完全にバランスが合っている（あるいは調和がとれている）という感覚を味わえば，ポダイスキー大佐[7]の「騎手が考え，馬が実行する」という言葉を理解し，それが正しいことを確認できるはずだ．

---

[7] ポダイスキー（Alois Podhajsky）大佐（1898～1973）は，1936年のベルリン・オリンピックで馬場馬術（個人）の銅メダルを獲得した後，1939年から64年までウイーンのスペイン乗馬学校の校長を務め，ナチス・ドイツ崩壊の際に，アメリカのパットン将軍の援助を受けて学校の危機を救った．『*Die Klassiche Reitkunst—Eine Reitlehre von den Anfüngen bis zur Vollendung* （古典馬術―初歩から完成までの馬術論）』など多数の著書がある．

柔順性（扶助透過性）
トレーニング・ツリーのエレメント8

「屈服ではなく，馬の積極的な協力を求めよ」

トレーニング・ツリーを再度見てみよう．これまでに見てきた7つのエレメントの説明から，少なくとも理論上は，人馬が良好なバランスを保って運動するようになるまでの方法を理解したことになる．そして，ここに至るには1年以上の期間が必要で，忍耐と自己規律が要求されることもわかったはずだ．近道をしようとすると問題が起こる．若馬の健康を損なったり，馬が騎手を信頼し，これに協力しようとする気持ちを失わせたりして，その馬の性格にまで悪影響を与えてしまうことさえあるし，ほとんどの場合，失望しか残らない．

優秀な調教者は，馬が次第に成熟してくるのに合わせて調教をどう加減すればよいかを知っている．馬の健康ややる気は宝物であり，優勝リボンをもらうために犠牲になどしてはならないのだ．

トレーニング・ツリーの順序に従うと，次に考慮すべきエレメントは柔順性（エレメント8）だ．

柔順性は，人馬双方がバランス（エレメント7）を身につけていないかぎり，望めるはずもない．

しかし，すでにおわかりのように，バランスは真直性（エレメント6）の上に成り立つものだし，真直性も，それ以前のエレメントをすべて十分身につけていなければ手に入らない．

敢えて繰り返すが，柔順性は，ただ単に馬体がほぐれた状態（looseness）を意味するにとどまらず，遙かに深い意味をもっているのだ！「柔順性とは，馬が体を固くしたり抵抗を示したりすることなく，重心位置をスムーズに前後左右に動かすことができる肉体的能力である．柔順性は，手綱による控制扶助や側方屈撓扶助，それに脚と騎坐（体重）による推進扶助に対して馬が流れるよ

柔順性（扶助透過性）

| 1 | 2 | 3 | 4 | 5 | 6 | 7 | 8 | 9 | 10 |

うな反応を示すことによって明らかにされる．柔順性は，移行の際に最もよく審査できる」（『USEF規程集』）[1]．

これとは別の定義によると，柔順性とは，「屈撓能力，すなわち，体勢を調節したり（前後の屈撓能力），側方屈撓や馬体の屈曲の深さを調節したり（側方の屈撓能力）することが，運動の流れやバランスを害することなくスムーズに行える能力」を意味する（『USDF用語集』）．

しかし，これら2つの説明は満足がいくものではない．柔順性（suppleness）とは，ドイツ語のDurchlässigkeit（扶助透過性）の代わりとして使われている用語なのだが，このドイツの用語は，「馬の後躯と騎手の拳との間に恒常的な連携があり，その結果，エネルギーが馬体を透過して後方に，また前方に流れる」という意味をも含んでいる．このようにして，後躯から生まれる推力が馬体を透過して騎手の両拳で受け止められ，また，両拳による手綱の扶助も馬体を透過して後躯まで届き，後躯に働きかけるのだ．

このようなエネルギーの流れは，騎手の騎坐（体重）や脚の推進扶助によって生み出されるが，エネルギーの流れを妨げる障壁がなくなって初めて馬体を「透過」する．

このような障壁は，リラクセーション（最も重要なエレメント1）を求めるシステマティックな作業を無視したことによる馬体の緊張から発生する．日々の調教作業の中でも，本作業に取りかかる前にリラクセーションを達成しておかなければならないのだ．

この障壁は，馬の口，顎，うなじなど，馬の全身のあらゆる筋肉や関節に生じる可能性がある．この障壁を力で除去しようとするのは，馬術の原則から外れている．そんなことをすると，馬に苦痛や恐怖を与え，抵抗を生じさせてしまうからだ（この問題については，エレメント1のリラクセーションのところですでに論じた）．

後躯と拳との連携が得られないかぎり，柔順な馬とはいえない．馬は，手脚の間に置かれ（エレメント5），脚や騎坐（体重）の扶助にすぐさま反応すると同時に，両拳との間に安定したコンタクトを維持していなければならず，そ

---

[1] 出典について，16ページ注11参照．

の結果，エネルギーが循環できるようになるのだ．

　ここでも，エネルギーの循環を起こさせることができるかどうかの鍵を握っているのは騎手だ．つまり，まず騎手の方が馬との連携がとれて柔軟に（supple）ならなければ，馬を柔順に（supple）することなどできないのだ[2]．馬がバランスを維持できるように乗り，所望のエネルギーを生み出させてやるのが騎手なのだ．自分の両拳でこのエネルギーを受け止められるようになった騎手は，これを馬の後躯に伝達し返すことができ，それによってエネルギーの循環回路がつながるのだ．

　この過程こそが，馬場馬の反応の良さを引き出して調教を成功に導く鍵となる半減却（half-halt）の核心なのだ．

　半減却によって，運歩の整正やバランスをチェックし，馬の注意を喚起し，エネルギーの循環を維持することで，踏み込み[3]や柔順性を向上させるのだ．

　移行（馬体の屈曲・歩度・運動課目の変更）の前には必ず，スムーズな移行ができるほど馬が柔順になっているかどうかを半減却によって確かめる．半減却が思いどおりにうまくいかなければ，何度でも試みて，馬が即座に反応したのが感じられるまで繰り返す．半減却に対してはっきりした反応が返ってこないうちは，いかなる移行も試みてはならない．正しく実施できるはずがないからだ．馬は，騎手が次の運動の実施を求めるときまでに，柔順になり，その運動に対して「準備OK」になっていなければならないのだ．

　これは，電気回路のスイッチを入れる前に回路がちゃんとつながっていることを確かめなければならないのと同じようなものだ．回路が切れていて電流が流れなければ「電球はつかない」のだ．

　下位の歩度への移行[4]を正しく行うにも，これと同じような回路が必要だ．両拳で馬の動きに正確に同調させた合図を与える一方で，馬の後躯を確実に

2）『Elemente der Ausbildung』には，「騎手自身が"扶助を透過できる"ようになり，騎坐（腰）から脚を経て馬の口に至る連携を確立して初めて，扶助透過性が騎手から馬に伝えられるのだ」となっている．
3）『Elemente der Ausbildung』では，「後躯の活力」と表現されている．
4）駈歩から速歩，速歩から常歩のような下位の歩法（gait）への移行と，歩幅を伸ばした速歩から尋常速歩，伸長駈歩から収縮駈歩のような，同じ歩法の中でのより遅い歩度（pace）への移行とを総称する用語で，「下方移行（downward transition）」とも呼ばれる．

踏み込ませておくためだ．「プラグをコンセントから引き抜く」ような乗り方をする騎手は，馬が「ばらばらになって（前後に伸びて）しまう（fall apart）」ことに文句をつける資格はない．

馬体がつまった停止（closed halt）[5]，すなわち，「停止の際の馬の身の置き方が，バランス，体の構えともに安定しており，両後肢を十分に馬体の下に踏み込んで，人馬の体重を四肢でほぼ均等に負担している状態」（『USDF用語集』）を求めるのも，これと同じやり方だ．

馬が柔順になれば，より少ない回数の半減却を使うだけで馬体がつまった停止ができるようになる．「柔順性は，移行の際に最もよく審査できる」[6] とされるのはこのためだ．

正良な半減却の扶助は，ほとんど目に見えない．柔順でバランスのとれた馬は，騎手の騎坐（腰）を利かせる操作（「手脚の間に置かれた状態」の章の「騎坐（腰）の作用に軽い馬」の項を参照）と脚の推進扶助に反応する．そのため，前躯が軽快になり，うなじが柔軟になって口が鋭敏になるのだ．

初心者は，効果的な半減却を学ぶのに困難を感じるものだ．この「鍵となる扶助」を，よく調教できていない馬に乗せて教えるのはまず不可能だ．騎手は，経験豊富で自分の仕事をよく心得ている「優秀な練習馬（schoolmaster）」[7] に乗る機会をもつようにすべきだ．馬こそが最良の師なのだ．

馬が半減却に対して抵抗することなく直ちに反応するようになれば，後躯の活力が増し，その踏み込みを増すことができるようになる．こうして後躯の踏み込みと活力を増すことによって，推進力を生み出す作業に移っていくのだ．

---

[5]『Elemente der Ausbildung』では「geschlossener Halt」と表現され，『獨和馬事小辞典』では「geschlossen」を「間隔を閉縮した」と訳していることから，「前肢と後肢との間隔が狭くなった状態での停止」を意味することになるので，「馬体がつまった停止」と訳した．

[6]『Elemente der Ausbildung』では，「柔順性の最上の試金石は，完全な停止，そして後退だ」となっている．

[7] 乗馬学校で練習に使われる「練習馬（school horse）」のうち，特によく調教されていて経験に富む優秀な馬を「schoolmaster」（本来の意味は「校長」）と呼ぶ．なお，「練習馬」とは，『ボルト氏の馬術』に，「大きな競技会から早めに引退させた馬を練習馬として使うのがよい」と書かれているとおり（同書118ページ参照），競技に使うだけの能力がないから練習に使うという意味では決してなく，運動や扶助をよく知っていて，騎手の育成に適した馬という意味であることに注意する必要がある．

柔順性（扶助透過性）

| **11** | 12 | 13 | 14 | 15 | 16 | 17 | 18 | 19 | 20 |

　柔順性と推進力は，相互作用的な関係にある．柔順性を向上させるための作業により，自動的に推進力が向上し，推進力を向上させるための作業により，自動的に柔順性が向上する．エレメント8と9とは，互いに他方の前提条件となるのだ．

[訳注. 『*Elemente der Ausbildung*』，『*Elements of Dressage*』では，肩を内へは「横運動」の章で説明されているため，ここから「推進力」の章に飛んでいるが，以下，『*The Basics*』に従って訳出する]．

肩を内へ：価値の大きな運動

　柔順性と推進力を向上させるエクササイズとして最も効果的なのが肩を内へだ．昔の大馬術家は，この運動を「あらゆる横運動の母」と呼んだ．肩を内へを正しく行えば，馬は収縮に向けた準備が整った状態になる．

　肩を内へにおいては，馬は騎手の内方脚を軸として側方に屈曲し，二蹄跡で運動する．この内方脚が，馬体の屈曲の基礎になる．馬の頭は側方屈撓し，内方後肢は重心の下に向かって前方に踏み出して外方前肢に追随するので，後肢が交差することはない！　屈曲の深さは，直径6mの輪線運動（巻乗り）の場合と一致する[8]．

　肩を内へは，トレーニング・ツリーのフェイズCで導入する．この運動を最も簡単に実施するには，「輪乗りを開く運動」で行うとよい．そうすれば，若馬は，側方に屈曲しながら二蹄跡で運動する方法を覚えることができる．その後，騎手の内方脚を軸とした馬体の屈曲を保ったまま，輪乗りから馬場埒に沿った運動に移れるようになる．

---

[8] FEI規程では，かつては，直径6mの円を描く運動を「巻乗り」と呼び，直径が6mを超える場合は，「直径20mの輪乗り」というように，直径を指定して「輪乗り」と呼ぶとされていたが，現行規程では，「巻乗り」とは直径6m，8mまたは10mの円を描く運動をいい，直径が10mを超える場合は，同様に直径を指定して「輪乗り」と呼ぶと定められている（第410条「図形」第1項「巻乗り」参照）．
　なお，肩を内への屈曲の深さは，究極的には直径6mの巻乗りの屈曲と一致するべきだが，調教の途上ではもっと緩い屈曲で足りることは当然で，本書の「横運動」の章でも，直径8mの巻乗りの屈曲と同程度とされている．

柔順性（扶助透過性）

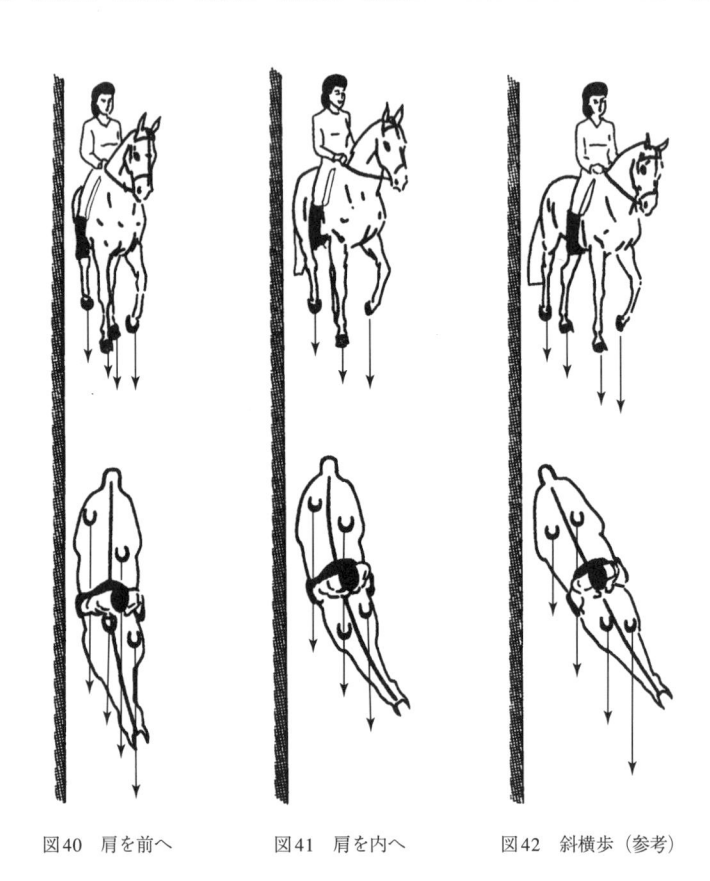

| 1 | 2 | 3 | 4 | 5 | 6 | 7 | 8 | 9 | 10 |

図40　肩を前へ　　　図41　肩を内へ　　　図42　斜横歩（参考）

　馬が応じられる以上の要求は，決してしてはならない．少しでも力を使ったが最後，伸びやかな運歩と運歩の整正が害されてしまうからだ．これらのエレメントは，どのような運動をするときでも見過ごしにしてはならないのだ．
　馬が肩を内へに向けて十分な準備が整うようにするためのエクササイズが，肩を前へだ．肩を前へでの馬体の屈曲の深さは，直径15 mの輪乗りの場合と一致する．
　そこから徐々に，完璧な肩を内へを実施できるように馬の能力を育てていくが，これはまた，腰を内へ（travers），腰を外へ（renvers），横歩（half-pass）に向けての前提条件となる．これらの運動は基礎調教のテーマではないが，正

しい肩を内へが身についていないかぎり，これらの運動を正しく行うことはできないという点を強調しておきたい．時間がかかるのだ！

　効果的な肩を内へができているかどうか判断するのは容易ではない．斜横歩のような「肩を内へ」では，上に述べた効果を期待することは全くできない．優秀な審判員ならば，このような考え違いを容赦しないはずだ．

推進力
トレーニング・ツリーのエレメント9

*「馬を"2本のレールの間に"保つことで,
後躯の推力に方向を与えてやらなければならない」*[1]

　推進力とは,ドイツ語の「Schwung（弾発力）」に相当する用語だが,このドイツ語の意味は,「後躯に源を発し,弾力的に律動する背中（「背中で歩く馬」）とリラックスした頸を透過して伝達される,馬を前に推し進める力強い推力.これはまた,馬の弾力性（elasticity）と,自らの体重を負担して地面から跳び上がるような動きをしようとする意欲を表す」ということになる（『USDF用語集』1990年版）[2].

　推進力が表れるのは,空間期,すなわち,馬がどの肢も地面に着けていない時期のある歩法に限られる.騎手がより多くの推進力を生み出せれば,空間期はより長くなり,速歩も駈歩も,軽快で弾発のある優美な運動になる.推進力は,常歩では生み出すことができない.馬が2本の肢で体を支えている時期と3本の肢で体を支えている時期が交互に現れ,空間期がないからだ.

　半減却に対する正しい反応を引き出せるかどうかが,推進力を生み出せるかどうかの鍵になる.

　半減却によって,後躯を刺激してその活力を増大させ,より多くのエネルギーを発生させるのだ.そして,体重負担力,軽快性,それに浮揚感が向上する[3]といった所望の反応が感じられたら,あとは馬が伸長運動でそのエネルギーを発現するにまかせてやればよいのだ.

---

1) 『*Elemente der Ausbildung*』では,このエピグラフは「馬が"2本のレールの間に"保たれていて初めて,後躯の力が所要の効果を発揮する」となっている.
2) 1999年10月改訂版の表現とは一致しない.
3) 『*Elemente der Ausbildung*』では,「セルフ・キャリッジが向上し,軽快性,弾発が増す」と表現されている.

推進力

| 1 | 2 | 3 | 4 | 5 | 6 | 7 | 8 | 9 | 10 |

「私の馬はどんな運動課目でも立派にこなすのに，速歩の伸長運動だけがうまくできないのですが，どうすればいいでしょうか？」という質問を受けることが時々ある．こういう騎手の作業をしばらく見てみると，運動している馬の体が歪曲していたり，運歩が均一でなかったりするのがわかる場合もあるし，馬の背中が緊張しているとか，運歩の歩幅が短いとか，柔順性や弾発力（推進力）が欠けているとかいったことに気がつく場合もある．こういう場合，答えはだいたい似たようなもので，「申し訳ありませんが，今すぐに打てる手はありません．あなたの馬には，伸長運動に必要な前提条件が全部欠けていますから，基礎事項に戻って，しっかりした土台を築くまでは伸長運動のことなど忘れてください．そのためにはトレーニング・ツリーが役に立ちますよ．ではまた来年の春に」ということになる．

これと同じような話は，「不変の原理」の章で触れたとおりだ．

残念ながら，基礎が満足にできていないのにレベルの高い運動課題の訓練をさせられている馬が，競技会では未だに少なからず目につく．馬は，一種の「拘束衣」を着せられてそういう運動を練習させられているうちに，あらゆる芸当をこなせるようになるが，その過程で生まれつきもっている伸びやかな運歩，軽快性，優美さといったものを失ってしまう．こんな不愉快な「馬場馬術」が競技場で大目に見られることがあってはならないのだ．

推進力は後躯を踏み込ませ，その活力を増して初めて生まれると考えている人が少なくない．確かにこれは誤りではないが，推進力の真髄は「背中の律動」であって，これがあるからこそ，運動の「波」に追随したり，弾発力（推進力）を生み出したり，空間期を長くして浮揚感を発揮させたりすることを騎手が楽しいと感じられるようになるのだ．「Rückengänger（背中で歩く馬）」とは，推進力が馬体を透過するのを許し，歩幅を最大限に伸展させた弾発のある伸長運動を見せたとき，それが見ている人だけでなく騎手にも馬にも楽しく感じられるような馬なのだ．

「Schenkelgänger（肢で歩く馬）」も，肢を華々しく動かして見せること[4]はできるかもしれないが，背中を使わないため，騎手が座っていられなくなってしまう．したがって騎手は，「息を呑むような伸長運動」の間，両脚で馬をはさみつけ，体を固くして何とか乗り切ろうとすることになる．優秀な審判員な

ら，こういう「曲乗り」から強い印象を受けることはないはずだ．

　推進力を養成するためには，馬が「2本のレールの間に」保たれ，後躯が重心の下に向かって踏み込まなければならないし，騎手も運歩のテンポや整正さ（すなわち「歩調」）を感じ取る良い感覚をもたなければならない．一定の歩調（正しいリズムと一定のテンポ）は，推進力の養成における最優先項目なので，決してないがしろにしてはならないのだ．

　推進力が確立されると，騎手は，運動の律動感，すなわち，「弾力性のあるリズムの中のはっきりした強弱」[5]の改善を視野に入れることができるようになる．

　柔順性と同様に，推進力も，レベル2の運動をカバーするトレーニング・ツリーのフェイズCに含まれるエレメントで，いずれも，このクラスの馬の重要な評価基準だ．レベル1からレベル2へは徐々に移行していくもので，騎手が柔順性と推進力をさらに引き出せるようになるに従い，馬もレベル2へと成長していく．

　極端に天性に恵まれた馬は別として，基礎調教の最後の半年にかかるまでは，真の柔順性や真の推進力を期待するべきでない．これら2つのエレメントが確立されると，日々の調教の中で徐々に収縮を獲得するための作業を始められるようになる．

---

4) 『*Elemente der Ausbildung*』では，「spektakulärer Stechschritt（華々しい直立歩調）」となっているが，「Stechschritt」とは，「膝を曲げず，伸ばした脚を高く上げる歩き方」という意味で，ドイツ軍の行進の際の歩調を指す．『獨和馬事小辞典』によると，「stechen」には「前肢を鋭く伸展して速歩を行う」という意味があることから，馬が前肢をぴんぴんと伸ばすような歩き方（いわゆる「前揚」）を指すものと思われる．

5) 『*Elemente der Ausbildung*』には，「運動の高揚（Erhabenheit），すなわち，バネのような弾力性によりリズムがはっきりと強調されている状態」と書かれている（⇒USDF用語集「Cadence」参照）．

収　縮
トレーニング・ツリーのエレメント10

「力ずくの始まりは，芸術の終わり」（ベングト・リュンキュイスト大佐[1]）」

　基礎調教の最初の1年が終わりに近づくと，馬は満4歳半になり，手脚の間に置かれて，騎手を信頼し，自然な馬体フレームで自信に満ちて常歩，速歩，駈歩をするほか，キャバレッティ作業になじみ，馬場の中だけでなく野外でも小さな障害を好んで飛越するようになっていることが期待できた．日々の調教の中には真直性（エレメント6）を獲得するための作業も含まれるようになっていて，その結果，馬はいっそう良好なバランス（エレメント7）を身につけ，レベル1の馬場馬術競技会に出場する準備が整っていた．

　そして，2年目に入り，満5歳になった馬は，もはや「子供」ではなく，筋肉がよく発達した健全な体をそなえ，作業に対する熱意をもっていて，今やレベル2への途上にある．

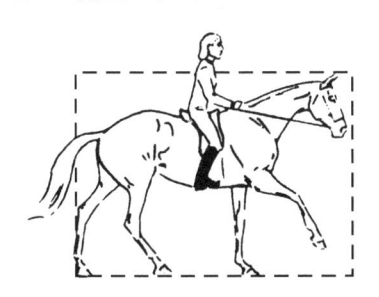

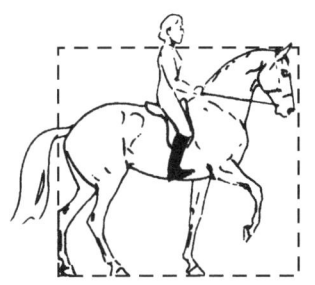

図43　駈歩での馬体フレームの違い
左－自然な姿勢での駈歩（トレーニング・レベル）．
右－収縮駈歩（上級レベル）．

---

1) リュンキュイスト（Bengt Ljungquist）大佐は，元スウェーデンの騎兵将校で，アメリカ馬場馬術チームのコーチを務めた．『Practical Dressage Manual（実践的馬場馬術の手引き）』などの著書がある．

収縮

一方，調教者は，1年目に身につけたエレメントをすべて確固たるものにし，柔順性と推進力（エレメント8，9）に力を注いでいる．これら2つのエレメントにより，収縮（エレメント10）を試みるための馬の準備が整うが，その最初の試みに馬がどういう反応を示すかは，これら先行するエレメントの質によってほぼ決まってしまう．

レベル2の馬は，いつでもレベル2にふさわしい馬体フレームをとることができる．馬体がつまってくるため，アウトラインが短く見えるのだ．馬は，体重をよりいっそう後躯で負担するようになり，前躯がさらに起揚する．前後のバランスがとれて体勢（carriage）が良くなり[2]，運動の律動感が向上し，踏み込みもますますはっきりしてくる（図43）．

ここに至るには，注意深く事を進めなければならない．馬が踏み込みを維持し，「自らの体重を負担する」のに必要な筋肉[3]をつけるには，さらに1年かかるのが普通だ．馬の両後肢は，1年目には主として馬体を前に推し進める推力を発揮することが求められたが（トレーニング・ツリーのフェイズB），今やこれを重心の下によりいっそう踏み込むことを求め，収縮に必要な体重負担力を養わなければならないのだ（フェイズC）．

これについて，私は，アメリカ馬場馬術界の第一人者であるヴァイオレット・ホプキンス女史の次のような表現が気に入っている．

「馬が騎手の拳を受け容れ，銜に向かって体を伸ばしてくるようになれば，騎手は，踏み込みを増して後躯の活力を高め，背中をアーチ状に隆起させ，前躯への負重を軽減して馬が前躯に重らないようにしてやることが次のステップだという意識をもたなければならない．後躯の踏み込みが増すと，背中がアーチ状に隆起して丸くなり，うなじが屈撓してくるのだ．

---

2) この「carriage」が「体勢（の向上）」を指すのか「体重負担力（の増大）」を指すのか判然としないが（「carriage」については，「訳語解説」の「Carriage」の項を参照），後躯の体重負担力が増すと体勢が良くなるということで，両者の意味を兼ねていると理解してもよいだろう．ちなみに，『Elemente der Ausbildung』では，この段落は，「半減却の効きが良くなるため，馬は後躯をよりいっそう重心の下に向かって踏み出すようになる．それにより，馬は鬐甲のところからの起揚を強め，その運動は，高揚するとともに軽快性と優美さを増す．その結果，馬体フレームが全体に短くなったように見える（図44）」と書かれている．

3) 『Elemente der Ausbildung』では，「後躯の屈撓と前躯の起揚に必要な筋肉」となっている．

収 縮

11　12　**13**　14　15　16　17　18　19　20

　馬が力をつけ，筋肉を制御できるようになると，平衡の中心はさらに後躯へと移動し，前躯の起揚が増して体重が四肢に均等にかかるようになる．収縮に向けての歩みはここから始まる．この段階から先の高等レベルに進めるかどうかは，ひとえに騎手の理解と騎乗能力次第なのだ」．

　停止の際，収縮した馬はいっそう馬体がつまった状態で停止できるようになり，最高段階に至れば，腰角から後肢の蹄尖に至る線が地面と垂直になる（図44）．

　収縮は，生まれつき馬に与えられた資質ではなく，経験に富んだ騎手による特別な調教の結果として得られるものなのだ．

　収縮に関する馬の能力は，その体形や気質によって，高度な才能に恵まれた馬から全く才能のない馬まで千差万別だ．どんな馬であっても，馬場馬術的な運動課目を仕込むことはできるが，どんな馬でも馬場馬になれるというわけではない！

　将来馬場馬になりそうな馬を購入する場合，「息を呑むような速歩」に目を奪われるのではなく，収縮能力にこそ特別な注意を払うべきだ．自由に放されているときに尻尾を立ててそういう速歩を見せる馬はいくらでもいるが，それは興奮や緊張によるものなので，そんなものに感銘を受けていてはいけない．馬が自由に遊び回っているときに着目すべきものは，収縮能力がどれほどあるかという点

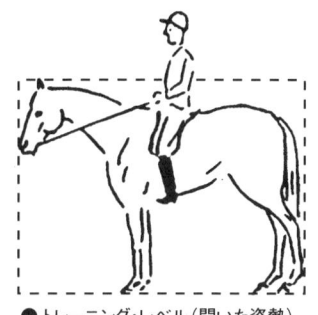

●トレーニング・レベル（開いた姿勢）

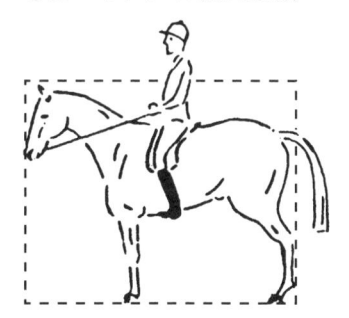

●レベル1（手脚の間に置かれた馬）

●レベル2（馬体がつまった停止）

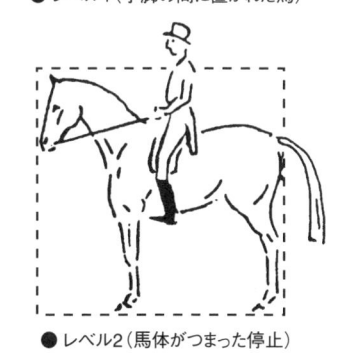

図44　停止での馬体フレームの違い

なのだ．どれだけバランスがとれた動きをしているか，方向転換や停止の際に後肢をどのように使っているかといったことに着目するのだ．なぜならば，上級レベルで重要なのは収縮であり，運動の正確さ，軽快性，優美さは収縮から生まれるからだ．

馬場馬に最適な体形だとか，前躯や後躯の理想的な角度といったことに関する研究が行われてきたが，そんな測定結果を過大に考えてはいけないというのが私の意見だ．何も公園に置く銅像を買おうというのではなく，動くことのできる馬を探しているわけだからだ．

生まれつきバランスがとれていて，最初から人間を乗せて「舞う」ことができるような高度の才能に恵まれた馬というのは例外で，天からの授かりものだと考えなければならない．こういう馬を扱う際には特別な注意が必要だ．馬が精神的・肉体的にトレーニング・ツリーの10番目のエレメントに向けた準備が整わないうちに見せる収縮に乗じてしまわないようにするには，たいへんな自己規律と理解を要するのだ．

残念なことに，理由の如何を問わず，若馬が自発的に見せる収縮に乗じようとする「自称名人」を未だに見かける．そういう馬を，基礎調教の原則を無視して上級レベルの競技会に出場させてくることさえあるが，それは馬の健康や名声を危険にさらすことに他ならない．このようにして，将来馬場馬になりそうな馬として天賦の才能をそなえていたのが，成熟しきらないうちにつぶされてしまった例は数知れない．

収縮を完成させることは，基礎調教の目的ではない．ただ単に，後躯の踏み込みの増大を求めることによって新しいエレメントを導入するというだけの話で，馬の後肢がより活発に動く結果として体重負担力が増して体勢が良くなれば，それで満足するのだ[4]．そしてその結果，エネルギーが馬体を透過して流れるのを感じ，このエネルギーを拳で受け止めることによって歩調とバランスを調節できるようにすることが目的だ．どのような形でも，過大な要求を強制するのは誤りだ．馬を混乱させ，馬体の緊張と抵抗を惹き起こすからだ．

---

[4] 『*Elemente der Ausbildung*』では，「セルフ・キャリッジと推進力が向上すれば十分なのだ」となっている．

収縮

これからは，フェイズCの収縮に向けて，後躯の推力に加え，徐々に体重負担力を発達させていかなければならない．これは簡単なことではなく，まさに騎手がその全能力を傾注することが必要とされる．しかし，自分の馬が半減却に反応しているという感覚があれば，この作業を成功裡に進めるための前提条件はすべてそなわっているのだ．

体を固くしたり抵抗を示したりせずに収縮することを教えるには，相当の騎乗経験を要する．収縮は馬が生まれつきもっている資質ではないというのは，ご承知のとおりだ．自然の中にいる馬は，興奮したときの僅かな間を除けば，収縮してではなく，頸を伸ばして運動するし，後肢で自らの体重を負担するのではなく，後躯で馬体を前に押し出すようにして運動するはずだ．

以上を事実として知ったうえで，収縮歩度というのは実は「人工的な歩き方」なので，馬に教えてやる必要があるということと，収縮のためには全く別の筋肉が必要なので，これを徐々に発達させてやる必要があるということを理解しておかなければならない[5]．

馬に後躯からの踏み込みの増大を求めるのは，レベル2に向けての通常の過程だ．先行するすべてのトレーニング・ツリーのエレメントが十分身についていれば，予期しなかった問題が発生するなどということはないはずだ．

図45Aを見ていただきたい．

この図版は，1930年代に出版され，10ヶ国語に翻訳された有名な『乗馬教本』のものだが，その中の他の図版と同様に，馬術書に繰り返し転載されてきた．これは，この問題をこの図版以上にわかりやすく説明する方法がなかったということを示している．

馬が手脚の間に置かれ（エレメント5），真直性（エレメント6），バランス（エレメント7），柔順性（エレメント8）を身につけ，推進力（エレメント9）が発達してきたら，その馬は収縮に向けての準備が整っている．前に述べたように，この順序は，2年目の基礎調教のためのガイドラインであるだけではなく，日々の調教のためのガイドラインとしても使われなければならない．

5）『*Elemente der Ausbildung*』では，「徐々に"脛肉（die Hosen）"が形成され，馬が"自らの体重を負担する"力がついてくる」と書かれているが，「脛肉」とは，後肢の下腿，すなわち飛節と後膝との間の部分の筋肉をいう．

収　縮

| 1 | 2 | 3 | 4 | 5 | 6 | 7 | 8 | 9 | 10 |

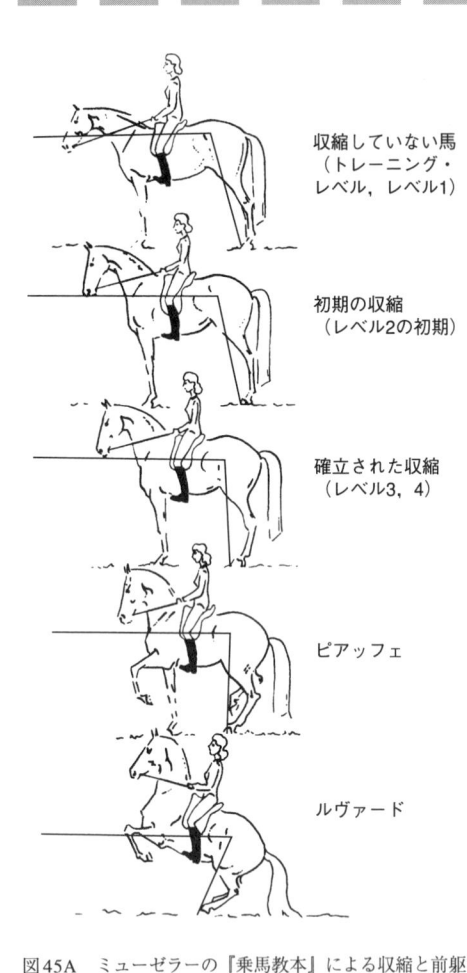

収縮していない馬
（トレーニング・レベル，レベル1）

初期の収縮
（レベル2の初期）

確立された収縮
（レベル3，4）

ピアッフェ

ルヴァード

図45A　ミューゼラーの『乗馬教本』による収縮と前躯の起揚の原理[6].
前躯の起揚と軽快性あるいは運動の高揚とは，後躯の屈撓と尻の沈下の結果としてのみ生じることに注意．

日々の調教はすべて，リラクセーション（エレメント1）を求める作業から始まり，馬がリラックスして満足した状態で終わらなければならない．作業の前後には，長めの常歩が「付き物」でなければならないのだ．

収縮の鍵は，半減却を適切に使い，しかも，この唯一無二の扶助を馬の動きに同調させる技術にある．言うまでもないことだが，馬が真直になり，その結果「2本のレールの間に」保たれた状態になって初めて半減却がうまくいくのだ．

騎坐（腰）を利かせる操作（「ドラム缶を傾ける」動作）と脚の推進扶助により馬の両後肢を活発に動かし，それによって増大した後躯の推力を，両拳による手綱の扶助で受け止めて収縮へと転化させるのだ．馬の両後肢は，これまでは馬体を前に推し進める

---

[6]　『乗馬教本』第25図参照．なお，『Elemente der Ausbildung』では，上から2番目，3番目の図にそれぞれ，「手脚の間に置かれた馬」，「収縮した馬」というキャプションが付いている．また，この図版の基になった『乗馬教本』の図版との違いについて，「訳語解説」の「On the aids」の項を参照．

働きをしてきたが,ここからはさらに重心の下へと踏み出し,より多くの体重を負担することを求められる.その結果,後躯の推力は体重負担力に転化する.このようにして,馬の前躯が軽快になり,扶助に対する反応が良くなって,騎手の扶助操作も洗練されてくるのだ.

しかし,前躯の起揚は常に後躯の屈撓・沈下[7]の結果として生じなければならないということを忘れてはいけない! そうでないと,図45Bのような姿になってしまうだろう.馬が「手綱に重る」のは,前躯に過大な負担がかかった状態で平衡を維持するために,いわば5番目の肢を求めているのだ.

図45B 誤った「前躯の起揚」.馬は全身を固くし,後躯の屈撓・沈下もなく,収縮のかけらもない.

こういう場合,拳で馬の頭を引き上げようとしても全く意味がない(沼に落ちた人が,自分の髪の毛をつかんで引っ張り上げることはできないのと同じことだ).そうではなくて,後躯を前に出させ,自分と馬が平衡を回復するため

---

7) 254ページ注55参照.

の足場をつくらなければならないのだ．

　後躯の屈撓・沈下は，馬がバランス，柔順性，推進力を身につけていなければ不可能なので，馬に収縮を要求する前に半減却によってこれらの基礎的エレメントの質を繰り返し確認するのだ．

　あらゆる形での運動の移行，輪乗りの開閉，それに，直径8mの巻乗り，肩を内へ，反対駈歩といった運動課目は，馬の柔順性を増し，収縮能力を向上させるためのエクササイズとして効果がある．レベル2の作業では，助手に地上から補助させる必要など全くない．「股の屈撓」とか「ハーフ・ステップ（half steps）」[8]などは，基礎調教のテーマではないのだ．

　収縮歩度での運動は，馬にとってきつい作業だ．そのため，最初のうちは，踏み込みの増大による体重の負担増を維持させる時間を短くして，馬をリラックスさせ，疲労した筋肉を回復させてやる．運歩の不整正や馬体の緊張が現れたら，それは，収縮作業を長時間続けすぎたか，馬の能力がまだ十分でないということを示している．

　「トップラインの伸展エクササイズ」は，収縮を求める作業の後，馬の背中がリラックスしているかどうかをチェックするために不可欠なエクササイズだ．よく調教された馬は，調教のレベルを問わず，常歩でも速歩でも駈歩でも，このエクササイズを行えるものだ．セント・ジェームズ賞典馬場馬術課目のパートIで，この基礎的なエクササイズをはっきりとした形で要求しているのは，そういう理由があってのことなのだ．ライナー・クリムケ博士のオリンピック・チャンピオン馬アーレリッヒ（Ahlerich）号は，この点でも模範的な馬だったということを覚えておくとよい．

　大勒は，収縮を強要する道具ではない．普通の水勒銜で馬を収縮させることができない騎手は，まずその方法を学ばなければならない．大勒は，馬が自らの体重を負担することを覚えた後，扶助を洗練するためにのみ使われるものだ．

---

[8] ここでいう「ハーフ・ステップ」（ドイツ語では「halbe Tritte」）は，ピアッフェやパッサージュの準備作業として行われる歩幅を極端に短くした速歩を指すが，特にアメリカでは，これができることが馬場馬のステイタスとされている感があるようなので，フォン・ジーグナー大佐は，調教者が先を急ぎ過ぎることを戒める意味でこれに言及していると思われる．「訳語解説」の「Engagement」の項を参照．

審判員は，この点によく注意し，減点する勇気をもたなければならない！ セント・ジェームズ賞典馬場馬術課目は，「総合観察」の比重が高いので，これを使えば評価が容易になるはずだ．

馬を収縮にもっていこうとして明らかにひどい苦痛を与えている「自称名人」には，馬に対してもっと公正にふるまうように警告してやらなければならないのだ．

馬に対して収縮の手ほどきをすることが，基礎調教の最後の段階になる．トレーニング・ツリーのコンセプトに従って2年間の基礎調教を終え，オールラウンドな調教過程を修了した馬は，精神的にも肉体的にも健全で，騎手に対する信頼を示し，要求されたことを自ら進んで実施しようという気持ちになっているはずだ．そして，レベル2の競技会に向けての準備が整い，馬場内だけでなく，野外で遭遇するあらゆる種類の小さな障害を飛越することにもなじんでいるはずだ．

さて，これでさらに高いレベルに向けた専門調教への道が開けた．馬場馬術，障害馬術，総合馬術のどの分野を選ぼうと，その時点での馬の能力に合わせてよく練られたプログラムに沿って，馬が健全で，自ら進んで作業しようという気持ちを保ち続けるように配慮しながら調教を進めていけばよい．これが，さらなる成功に向けての最も安全な道であり，それによって初めて，どんなときにも信頼でき，しかも大きな成果を約束してくれるパートナーをやがて手に入れることができるのだ．

図形運動に関する考察

「正確性は,強要するものではなく,努力して手に入れるものだ」

優秀な指導者は,生徒に正しい図形運動[1]を行うようにさせることにエネルギーを費やすが,これはなぜだろうか?

図形を正確に描くよう常に努力していると,馬の調教だけでなく,騎手の訓練にも非常に役に立つということがその理由だ.

図形を正確に描くためには,扶助を正しく使わなければならないし,指導者も,生徒がどれだけ進歩したのかを知ることができる.また,騎手は,感覚と正確性に集中することを覚えるし,馬は,騎手の体重を負担しながら,命じられた運動を最小の努力で実施するのに必要な筋肉を発達させ,そのこつを身につける.

図形運動は,昔の大馬術家が発明して今日まで受け継がれてきたものだ.その図形は,『The Principles of Riding』(ドイツの馬術教官の公式ハンドブック),ミューゼラーの『乗馬教本』(これらはいずれもUSDFの推薦図書になっている),あるいは『USEF規程集』に載せられている[2].

図形運動は,それ自体が目的なのではない.しかし,馬を調教する最良の手段であり,騎手教育には絶対に欠かせないものだ.馬は,騎手の扶助に注意を払い,敏感に反応するようになるし,騎手は,馬が所望の行進線からごく僅か

---

[1] ドイツ公式教本では,『Elemente der Ausbildung』と同じく「Hufschlagfiguren」(『獨和馬事小辞典』では「諸蹄跡運動」と訳されている)と呼ばれ,斜め手前変換,輪乗り,巻乗り,半巻,蛇乗り,長蹄跡上の蛇乗り,前肢旋回,斜横歩,後肢旋回などが例示されている.また,『The Basics』では「school figures(調教図形)」と表現されているが,本書では「図形運動」と訳した(⇒USDF用語集「Figure」参照).
[2] この点について,日本の馬術書では,『馬術教範』(または荒木・槇本編『馬術教範抄』)のほか,印南 清の『馬術讀本』などが充実している.

図46　長蹄跡上の正しい蛇乗り[3]（「2本のレールの間に保たれた」状態）.

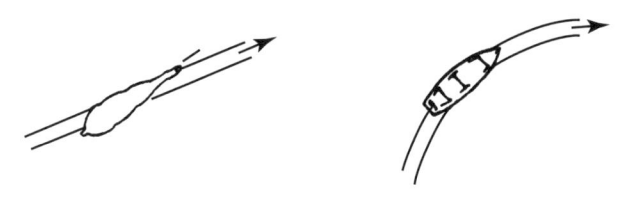

図47　左：直線上で真直でなくなった馬．右：曲線上でボートのように固い状態．

に外れただけでも直ちに感知できなければならないうえ，諸扶助を同調させ，より精密に使うようになるからだ（図46, 47）．

　正しい蹄跡運動を求めて努力することによって初めて，騎手も馬も利益を得ることができるのだ．

　初心者は，最初は覆馬場で練習した方がよい．馬の気が散らずに済むからだ．そして，見苦しくない図形を描けるだけ馬を御せるようになったら，違う状況下で自分の技術を確認しなればならない．

　真剣に馬に乗っている騎手であれば，図形運動の重要性を知っている．そして，完璧な図形を描くために，自分の姿勢を改善したり，扶助を微調整したりすることに集中するのだ．自己規律，静かな騎坐姿勢，目に見えない扶助は，馬から望みどおりの協力を得るための前提条件だ．

　覆馬場の壁に記されている地点標記はよく知られているが，これを尊重しなければ全く意味がなくなってしまう．地点標記が図形，運動課目，歩度の移行の起終点を示していることがよくあるが，地点標記を守って乗れるようになる

---

[3]　この図形運動は，ドイツ公式教本では「長蹄跡上での1湾曲の蛇乗り（einfache Schlangenlinie）」と呼ばれ，長蹄跡から出発し，蹄跡から5m内側（四分線）に達した後，再び蹄跡に戻る運動とされているが，本書では単に「長蹄跡上の蛇乗り」とした．また，図49のような図形運動は，「馬場の全部を使った蛇乗り（Schlangenlinie durch die Bahn）」と呼んで長蹄跡上の蛇乗りと区別されているが，日本では単に「蛇乗り」と呼ぶのが一般的なので，本書もそれに従った．

までにはたくさんの練習が必要だ．

ドイツでは，H, K, F, M の各地点と輪乗りのための目印となる地点[4]を合わせて「Paradepunkte（半減却ポイント）」と呼ぶが，それは，これらの地点で半減却を使ってバランス，柔順性，推進力をチェックするからだ（そのため私は，これらの地点を「チェックポイント」と呼びたいと思う）．

馬場馬術競技会を志す騎手は，地点標記を守って乗ることに慣れておかなければならない．「C で停止」というのは，騎手の体が地点 C にあるように停止するという意味であり[5]，「A から尋常駈歩」というのは，地点 A で駈歩の最初の一歩を踏み出すという意味で，2, 3 m 先から駈歩になるという意味ではない．これは簡単な宿題だが，馬場馬術課目の演技をしたときにその真価がわかるはずだ．このような正確性が騎手の第二の天性になっていなければならない．馬場馬術課目

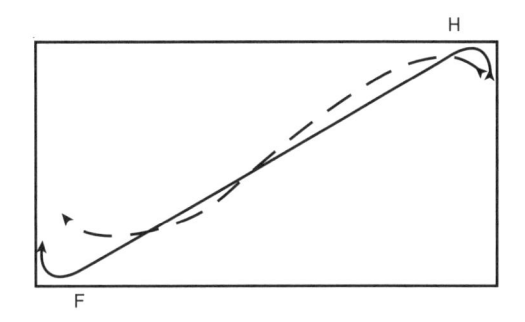

図48　正しい斜め手前変換．
斜線のところで，たどるべき直線を行き過ぎてしまう過失がよく見られる．

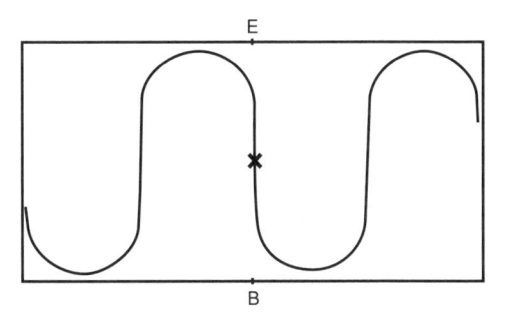

図49　正しい蛇乗り．
正しい蛇乗りは思ったより難しいということを覚えておくことだ．

---

4) ドイツ公式教本では，輪乗り上の12時，3時，6時，9時の点を「Zirkelpunkte（輪乗りポイント）」と呼んでいる．

5) FEI規程にも同様に書かれているが（第430条「馬場馬術課目の実施」第8項［第23版では第9項］「所定の地点での運動項目の実施」参照），『Elemente der Ausbildung』には，より詳細に，「騎手の膝が地点Cになければならない」と書かれている．

の演技中，騎手には，隅角を正しく通過するといったこと以外にも集中すべき事項が無数にあるからだ．

　斜線など図形をつなぐ直線はまっすぐでなければならないし，輪線は均一に円くなければならないし，蛇乗りは左右対称でなければならない．これは簡単なことに聞こえるが，決してそんなことはない！大多数の騎手は，これらの図形を手描きさせられてたいへんな思いをした経験があるはずだ．

　初心者がこれらの図形運動を練習する際には，視覚的な補助が必要だ．三角コーンや横木を地面に置いたり，レーキで地面に線を引いておいたりするのは，図形を描くための人馬の協調に必要な感覚を養うすぐれた手段だ．

　レーキをかけたばかりの馬場で図形運動を練習するのは，自分の演技をチェックする最上の機会なので，わくわくするような経験になるうえ，教育的効果も高い．

　基礎調教で用いられる図形運動は，斜横歩を除き，一蹄跡で実施する．つまり，直線上でも曲線上でも，馬は「2本のレールの間に」保たれているわけだが，すでにご承知のとおり，そのためには馬が相当高度な側方屈曲能力をそなえている必要がある（エレメント6「真直性」の章を参照）．

　馬体が歪曲した馬や体の固い馬は，一蹄跡上に馬体を沿わせることができないため，運動中に「脱線」し，肩や後躯が外側に逃げてしまうのだ[6]．

　残念なことに，馬場馬術競技会でも（上級レベルの課目でさえ）こういう運動のしかたをする馬を見かけることが未だにある．審判員は，このことに注意を払うべきだろう．

　図形運動のおかげで，フラットワークが教育的効果を増し，興味あるものになる．このことに気がつかない指導者は，真剣味が足りないのだ．そのため，こういう指導者は，システマティックな教え方ができないし，自分の生徒の進歩をチェックすることもできない．

　隅角通過も図形運動だ．正しい隅角通過は，直径6mの輪線（巻乗り）の四分円だが，馬が二蹄跡運動をせずに描ける最小の輪線がこの大きさだ．つまり，正しい隅角通過には最大限の側方屈曲が必要とされるのだ．しかし，レベル2

6）図47参照．

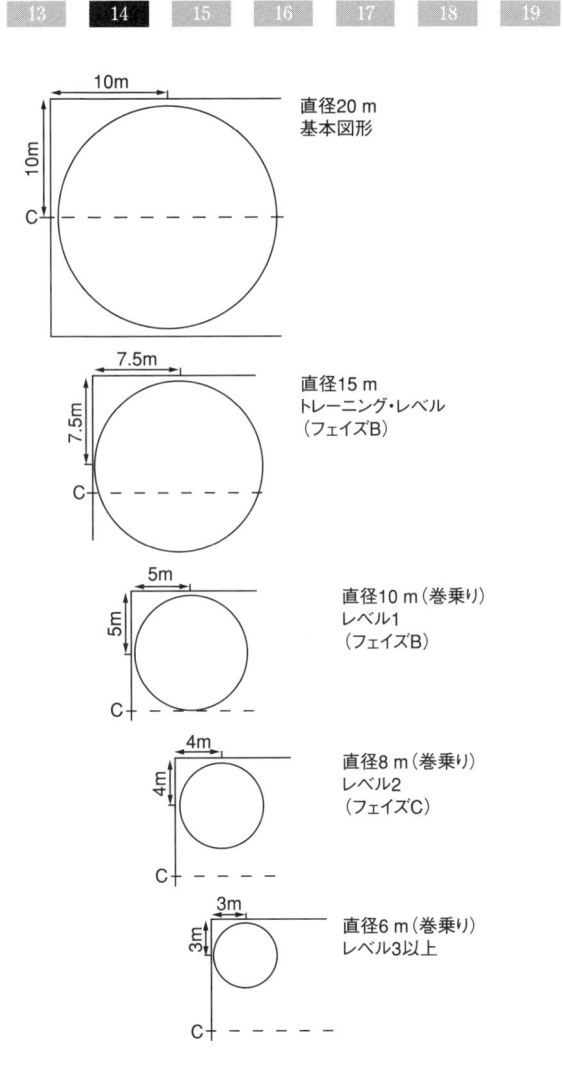

図50　各調教レベルでの輪乗り・巻乗りと隅角通過

の作業が完了するまではこれを期待してはいけない．そして，これより上のレベルでは，正しい隅角通過が必須になるのだ（図50）[7]．

　正しい隅角通過を見れば，その騎手が真剣ですぐれた技量をもっていることがわかる．「隅角通過の乗り方を知っている騎手は，馬術のほとんどすべてを

知っている」という言葉は，多くの真実を含んでいるのだ．隅角通過を正しく行うには，正しい半減却ができなければならないし，どうやって馬体を屈曲させればよいか，柔順性，一定の歩調，推進力をどうやって維持すればよいかを知っていなければならないからだ[8]．これこそ，ドレッサージュのほとんどすべてではないだろうか？

　私は，アメリカ滞在中，「ドイツ人が常に勝利を収めるのは，隅角を正しく利用しているからだ」という意見を耳にしたことがあるほどなのだ．

---

7)『Elemente der Ausbildung』には，「正しい隅角通過は，馬がその調教段階に応じて，肩や後躯を外側に逃がすことなく（2本のレールの間から逸脱せずに）描くことができる最小の輪線の四分円だ．ここからわかるとおり，調教が進むにつれ，隅角通過の曲線もきつくなる」と書かれているが，FEI規程は，隅角通過などの直角回転を「直径約6mの巻乗りの四分円」と規定している（第409条「方向変換」第2項a参照）．

8)『Elemente der Ausbildung』では，この文章は，「騎手は，目には見えないけれども効果のある半減却を使うことによって（それにはまずしっかりした騎坐姿勢が必要だ），隅角の手前から隅角通過までの間，バランス，一定の歩調，推進力を維持するだけでなく，直行進中に失われたかもしれないエネルギーを再生させてやらなければならないのだ」となっている．

運動課目に関する考察

「馬も騎手も，芸術家になる以前に，優秀な職人でなければならない」

　トレーニング・ツリーのガイドラインに従えば，未調教の若馬が騎手の体重に慣れて気持ちよく運動できるようになり，収縮の初歩を身につけるまでには約2年かかる．ドレッサージュの作業とは，つまり馬の体づくりなのだ．

　私たちはツリーの規則を尊重し，注意深く，システマティックに調教を進めていかなければならない．それによって，その先の専門調教のためのしっかりした基礎がつくられるのだ．日々の調教作業が進歩するに従い，ツリーの中でそれに応じたエレメントを養成するのに適した図形運動や運動課目[1]を行う．

　ほとんどの馬術書が，ドレッサージュで用いられる様々な運動課目について述べている．写真を見ればその運動課目がどのように見えるのかを知ることができるし，扶助をどのように使えばよいかという知識も得られる．そこでここでは，運動課目とはどういうもので，どのようにして行うかわかっているものとして，次のような問いだけを論じることにしよう．

- 調教の各段階において，どのような運動課目が適切か？
- そういう運動課目が特に有効なのはなぜか？
- そういう運動課目から得るところが多いのはどういう場合で，そうでないのはどういう場合か？

---

1)『Elemente der Ausbildung』では「Lektionen（諸レッスン）」と表現され，「馬の体づくりのために用いられるエクササイズ」と説明されているが，表1（144ページ）からもわかるとおり，前章で扱われた「図形運動」を含み，ドレッサージュのために用いられる運動全般を指していると考えられる．『The Basics』では，「馬の調教のための諸運動」という意味で「school movements」と表現されているが，その中には馬場馬術課目に取り入れられている運動も多いことから，「運動課目」と訳した（⇒USDF用語集「Movement」参照）．

運動課目に関する考察

詳しい説明に入る前に，初心者は調教のできた馬から教わるべきであり，未調教の若馬は経験に富んだ騎手から教わるのが最上だという基本原則を再度強調しておかなければならない．教える側が作業をよく知っていなければならないのだ．初心者が未調教馬に乗ってもうまくいくはずがなく，たいていは欲求不満がたまるだけになってしまう．

理解を早めるために，もう一度トレーニング・ツリーを復習してみよう．基礎調教は3つの段階（フェイズ）に分けられる．

フェイズA（トレーニング・レベルに向かう段階）：馬を騎手の体重に慣らすこと．

フェイズB（レベル1に向かう段階）：推力（Schubkraft）の養成．

フェイズC（レベル2に向かう段階）：体重負担力（Tragkraft）と運動の軽快性の養成．

各フェイズには，トレーニング・ツリーのおなじみのエレメントが含まれている．調教者は，日々の調教で適切な運動課目を利用して，各エレメントを手に入れていくのだ．

ここで，適切な運動課目とは一体どういうものか，ということが問題になる．

適切な運動課目とは，馬の精神的・肉体的発達段階に応じて，実施準備が整っているエクササイズのことだ．

本書の冒頭で，家を建てる例を挙げ，必ずしっかりした基礎づくりから始め，システマティックに建築を進めていかなければならないと述べたことを覚えているだろうか？

馬の調教も同じように進んでいく．フェイズAに適した運動課目，フェイズBやフェイズCに適した運動課目があり，フェイズAの運動課目はフェイズBでしっかりと固め，フェイズBの運動課目はフェイズCでしっかりと固めなければならない．そして，フェイズBでどれほど質の高い作業ができるかは，フェイズAの質の高さによって決まるし，フェイズCの作業の質の高さは，フェイズBの質の高さによって決まるのだ．

近道をしようとすると，必ず建物全体が危険にさらされる．フェイズAの運動課目がしっかりと固まっておらず，フェイズBの運動課目が十分身についてもいないうちからフェイズCの運動課目に向けた作業にかかるのは，建物の

1階を築く前に屋根を葺こうとするようなものなのだ．

　残念ながら，馬がまだ準備できていない運動課目に向けて「がんばる」という誤りを犯す騎手は少なくない．そういうトレーニング・ツリーの規則違反をする騎手に限って，馬が体を固くするとか抵抗するなどと言って馬のせいにすることがよくあるが，問題の真の原因は，自分の乗り方がまずいことにあるのだ．

　一例を挙げると，真直性とバランスが身についていない馬に踏歩変換（flying change）[2]を求めれば，馬は混乱して体を固くするが，馬がこれらのエレメントを確実に身につけてしまえば，踏歩変換など「熟した果物が樹から落ちてくるように」たやすく手に入れられるのだ．

　表1は，調教をシステマティックに，そして成功裡に進めるための正しいエクササイズや運動課目を選ぶのに役立つガイドラインだ．

　これらの運動課目をここに示されているように実施すれば，フェイズごとに馬の能力を発達させていくことができる．この表に示されている概略どおりのプログラムに従っていけば，重大な誤りを犯す危険が減り，健全で，しかも満ち足りた気持ちで運動する馬をつくれるチャンスが広がるはずだ！

　馬を調教する際には，決して馬をその限界まで追いつめてはならない．まさにそういうことをされたために，高度な才能に恵まれていたにもかかわらず，成熟しないうちに将来を断たれてしまった馬（特に障害馬）はたくさんいる．ゆっくりした着実な進歩で満足することで，良き愛馬精神を証明しなければならないのだ．そうすれば，馬も感謝の念を抱き，やむをえない場合には限界を超えるほどの力を発揮してくれるだろう．

　この表は，激しいトレーニングを毎日行わなければならないということを意味しているわけではない．馬に時おり1日から数日の放牧場での休養を与えてやる必要があることもあるだろうし，競技会シーズンのように激しい作業が長く続いた後には，数週間の休養を与えてやるべきだ．日々の調教の合間には放

---

[2] 日本語規程では，「単純踏歩変換」（145ページ注8参照）と区別するために「空中での踏歩変換」と表現されていたが，日本では，「踏歩変換」というとフライング・チェンジを指すことが多く，第22版で「フライング・チェンジ（踏歩変換）」と改められたので（第405条「駈歩」第4.8項参照），本書でも単に「踏歩変換」とした．

運動課目に関する考察

表1 「トレーニング・ツリー」に従った運動課目のガイドライン

時期	適切な運動課目 (必ずしもこの順序になるとは限らない)	目 的
フェイズA トレーニング・レベルに向けて	・直線上で，長手綱による自然な常歩・速歩・駈歩． ・長手綱での尋常歩度の運動．直径20〜15mの輪線で行う輪乗り・回転・8字乗り．速歩での長蹄跡上の蛇乗り，あらゆる手前変換運動．軽度の側方屈曲． ・トップラインの伸展，馬に「頭頸の前下方伸展」を促してやる[3]こと． ・速歩での地上横木通過，キャバレッティ．自由飛越，外乗． ・常歩での斜横木通過，常歩からの前肢旋回． ・常歩ー速歩ー常歩，速歩ー駈歩ー速歩の移行． ・馬が背中を譲らないかぎり，速歩では正反撞を受けない．	・騎手の体重への順応． ・背中の筋肉の強化． ・背中を譲ってリラックスさせ，背中を律動させることを覚える．「背中で歩く馬」． ・三種の歩度で，リラクセーション（エレメント1），運歩の整正（エレメント2），伸びやかな運歩（エレメント3）を育成． ・馬が推進扶助の意味を覚え，騎手の拳との最初の接触が生まれる[4]． ・馬との親和と騎手に対する信頼の確立．
フェイズB レベル1に向けて	フェイズAに加えて： ・常歩，速歩，駈歩での歩幅の伸展[5]．手の内に入ること，半減却の導入． ・直径15〜10mの輪線で行う輪乗り・回転・8字乗り・隅角通過[6]． ・側方屈撓と適切な馬体の屈曲作業，蛇乗り． ・速歩での斜線上の斜横歩（蹄跡から反対側の蹄跡まで），停止から停止への前肢旋回． ・肩を前へ[7]．速歩をはさんで行う駈歩の単純踏歩変換[8]． ・停止から停止への4分の1（90度）の後肢旋回． ・輪乗りの開閉，駈歩での長蹄跡上の蛇乗り． ・常歩から駈歩への移行．後退（1馬体長のみ[9]）． ・自由飛越と，騎手を乗せて行う最初の障害飛越．	・エレメント1〜3を完璧にするとともに，馬が後躯の推力を身につけなければならない． ・コンタクト（エレメント4）を確立しなければならない． ・馬は，いっそう従順になり，「手脚の間に置かれて」くる（エレメント5）．これが真直性（エレメント6）やバランス（エレメント7）を獲得するための作業の前提条件となる． ・馬は，徐々にレベル1の馬体フレームを身につけなければならない．
フェイズC レベル2に向けて	フェイズBに加えて： ・中間歩度と収縮歩度（ただし，収縮常歩はまだ行わない！）． ・半減却の向上．伸びやかで，四肢がそろい，馬体がつまった停止[10]． ・直径6mの輪線で行う速歩・駈歩での回転・隅角通過・巻乗り[11]． ・適切な側方屈曲．「側方屈撓での騎乗」の向上． ・反対駈歩，駈歩から常歩への移行． ・速歩での肩を内へ[12]． ・常歩からの後肢旋回（180度の半旋回）． ・常歩をはさんで行う単純踏歩変換．定められた歩数の後退． ・適切なキャバレッティ作業．高さ3フィート（90cm）の障害経路走行．	・エレメント4〜7を完璧にしなければならない．側方屈曲能力と運動の正確性を増すとともに，前躯の起揚，体重負担力に裏付けられた体勢，軽快性をいっそう向上させなければならない[13]． ・柔順性すなわち扶助透過性（エレメント8）を獲得するための作業[14]． ・推進力すなわち弾発力（エレメント9）を獲得するための作業[14]． ・収縮（エレメント10）を獲得するための作業． ・馬はレベル2の馬体フレームを身につけ，その才能に応じ，馬場馬術，障害馬術，総合馬術のための専門調教に進む準備が整う．

牧してやった方が，1日23時間馬房に閉じこめておくよりも馬の精神衛生のためにはずっと良い．

表1は，調教のためのガイドラインだ．これを利用して，基礎調教のエレメントのいずれかが必ず含まれていて，個々の馬の進歩の状況に合った，その馬固有の調教プログラムを組み立てるのだ．この表を見れば，基礎調教が様々な分野を包含するオールラウンドな調教だということを思い起こせるだろう．

---

3) 62ページ注6参照．
4) 『Elemente der Ausbildung』では，「馬が推進扶助に反応することを覚え，次第に騎手の拳に向かって出てくる」と書かれており，馬が銜に向かって前に出ることによって騎手の拳との接触が生まれることが示唆されている．なお，この段階での「接触（contact）」はまだ頼りないもので，これが恒常的に得られるようになって初めて「依倚」あるいは「コンタクト」（エレメント4）と呼べるようになると考えられる（「訳語解説」の「Contact」の項を参照）．
5) 正しい中間・伸長歩度の運動は収縮ができて初めて可能になるものなので，この段階では，「歩幅を伸ばした運動」を求めるのがせいぜいということになる．227ページ注33参照．
6) 『The Basics』では「直径15～8 m」となっているが，レベル1で直径8 mの輪線運動を求めるのは馬にとってきつすぎると考えられるので（92ページ参照），『Elemente der Ausbildung』に従って「15～10 m」とした．
7) 『Elemente der Ausbildung』では「側方屈撓での騎乗」となっている．
8) 「単純踏歩変換」（日本語規程では「シンプル・チェンジ」）は，FEI規程では「駈歩から常歩に直接移行し，3～5歩の明確な常歩の後，直ちに反対手前の駈歩に移行する運動」と定義されており（第405条「駈歩」第4.7項参照），速歩をはさんで行う単純踏歩変換は認められていない．
9) 2節の後退運動では，馬は2歩で馬体1つ分後ろに下がるので，「1馬体長」とはおよそ2歩を意味する計算になる．
10) 『The Basics』では「free halt in square」となっているが，「square」とは，停止時に四肢に均等に負重されている状態を意味し，四肢がそろっていることがその条件となる．また，「free」については，14ページ注2のとおり，「伸びやかな」とした．さらに，『Elemente der Ausbildung』では「馬体がつまった停止の向上」と書かれているので，このように訳した．
11) レベル2では，直径6 mではなく，8 mの輪線を求めるべきではないかと思われる（92ページ参照）．
12) 『Elemente der Ausbildung』では「肩を前へ（徐々に肩を内へと発展）」と書かれていることからも，側方屈曲の浅い肩を前へから始め，次第にこれを深めていくべきだと思われる．
13) 「carriage」を「体重負担力に裏付けられた体勢」と意訳した（126ページ注2参照）．なお，『Elemente der Ausbildung』では，「セルフ・キャリッジ（の向上）」という表現に置き換えられており，「前躯の起揚」に代えて「運動のいっそうの高揚」と書かれている．
14) 『Elemente der Ausbildung』では，フェイズBに「扶助透過性（柔順性）と弾発力（推進力）の育成」という項目が含まれているため，フェイズCでは，エレメント8，9については「獲得」ではなく「進歩」を求めることになっている．

運動課目に関する考察

前章で説明した図形運動と同様，運動課目もそれ自体が目的なのではない．調教者は，日々の調教で運動課目を利用して基礎的なエレメントをつくりあげ，次のレベルへと馬の能力を向上させるのだ．

的確な運動課目を適切に用いることがなぜこれほどまでに重要なのかを理解することが大切だ．馬は，問題が発生しても理学療法士のところに通って解決することはできないので，騎手に頼らざるをえない．つまり，様々な運動課目の効果に関する騎手の知識を利用して，運動課目によって体づくりをし，馬体を柔軟にしていくしかないのだ．

これまで説明した運動課目は，それぞれ一定の筋肉群に対して効果があるということを理解してほしい．それぞれの運動課目を統制のとれた使い方で用いることによって，自分の馬が健康で自ら進んで作業をするようにしておくのだ．作業は，左右両手前で行う必要があるというのが理にかなった考え方だ．まだ真直になっていない馬では，どちらかの手前が弱かったり緊張が現れたりするが，そういう場合，騎手にもそちらの手前が困難なので，ついその手前を避けてしまうという誤りがよく見られる．このような落とし穴は避けなければならない．さもなければ，問題を悪化させてしまうだろう．

一方の手前で有効な運動課目は，反対の手前でも有効だとは限らないばかりか，問題を悪化させる可能性さえあるのだ[15]．

例えば，馬体を右に屈曲させるのは問題ないのに，左に屈曲させるのはたいへんだという馬の場合，左への屈曲を要求するエクササイズに時間をかけなければならない．真直性とは，馬が両方の側に同じように屈曲できるようになった状態だということを覚えておくことだ．

運動課目を用いる際に大切なもう1つの要素として，正調な運歩を犠牲にして運動課目を実施してはならないということを理解しておく必要がある．馬が流れるように実施できない運動課目を強要すると，そのエクササイズを用いる

---

15)『*Elemente der Ausbildung*』では，この段落の前に，「驚くほど多くの人が，無意識のうちにたいてい同じ手前で乗っている．ことに野外で乗る場合は，どの肢に合わせて軽速歩をとるか気をつけていないと，まず軽速歩が一方の手前ばかりになり，やがて駈歩も得意な手前に偏ってしまう．外乗の際は，馬に対して常に左右均等に負荷をかけるように注意しなければならないのだ」という段落が挿入されている．

目的が害されてしまい，馬が自ら進んで扶助して反応するようになるまで，リラクセーションと運歩の整正の確立に戻らなければならなくなる．馬をいたわりながら所望の運動課目へと導いてやることにより，馬の騎手に対する信頼や喜んで騎手に協力しようという気持ちをくじくことなく，これらを築き上げ続けていくことができるのだ．

　馬に新しい運動を初めて要求するときは，慎重に進めなければならない．騎手が何を要求しているのか，馬に理解させなければならない．最初は，正しい方向に向かってさえいれば，ごく僅かな成果で満足し，騎手の満足感を馬に伝えて休息を与えてやらなければならない．完璧な域までもっていくのに時間をかけてやれば，馬もリラックスし，騎手に協力しようという気持ちをもち続けてくれるはずだ．

　この原則は，さらに高度なレベルの運動課目を要求する際にも心に留めておかなければならない．そうすれば，馬が体を緊張させたり，運歩が整正でなくなったり，頸をひねって頭を傾けたり，口が固くなって「悪い口向き」を示したりといった，諸々のまずい事態に陥らずに済むはずだ．

　ある運動課目の実施中，審判員は，運歩の整正，コンタクト，推進力など，そこに現れているエレメントの質の高さを評価する．そこで期待されているエレメントが欠落していたり，十分育成されていなかったりすれば，その運動課目全体が「まず可と見る（sufficient）」[16]と評価されることはありえない．

　以上をまとめると，運動課目は，騎手がそれを実施できることを証明するためのものではなく，馬の能力を育成するためにつくられたのだということを強調しておかなければならない．それぞれのレベルの運動課目は，馬が肉体的能力を高めてさらに高いレベルへと進んでいくための準備なのだ．

　本書の冒頭で，私はフランソワ・ロビション・ド・ラ・ゲリニエール（1688～1751）からの引用を紹介した．そこで今度は，「馬を前に出し，真直にせよ」という，世代を超えてよく知られている言葉を遺したグスタフ・シュタインブレヒト（1808～1885）からの引用で締めくくりたい．シュタインブレヒトは，

---

16) 馬場馬術競技の採点でいえば，5点（50％）を意味する（FEI規程第432条「採点」第3項参照）．

その有名な著書『Das Gymnasium des Pferdes』で，次のように述べている．「調教者がその使命を果たし，馬を完全に調教したといえるのは，後躯の2つの力，すなわち，推力と，弾力性をもたらす体重負担力とを完全に発達させ，かつ，意のままに，しかも正確に両者の釣り合いを取りながらこれらの力を作用させることができるようになったときである」．

我々は，上級レベルに向けての専門調教の間，この言葉を念頭に置いておかなければならない．

図51 基礎調教の終わりには，ドレッサージュの基本エレメントが確立される．馬は，リラックスし，また，整正で，伸びやかかつ歩幅の大きな運歩で運動し，真直性，セルフ・キャリッジ，エネルギッキュで弾発に富んだ動き，そして軽快性を示す．著者とトラケーネン種の牡馬ホルニスト（Hornist）号（ヘンリエット・フォン・ダルヴィッツ撮影）．

若馬の調教は，魅惑的な経験だ．それぞれの馬の性格，その考え方や感じ方を研究し，最初の人馬の関係を築き上げていくのは，やりがいのある素晴らしいことだ．若馬というのは，何かの理由で落ち着かなかったり，疑い深くなっていたり，何かを怖がっていたりすることがよくある．そういう馬には，新しい環境や新しい仕事に慣れるまで，人間の方が忍耐しながら助けてやらなければならない．人馬の良好な関係が築ければ，馬の扱いが楽になるし，馬の方も人間を信頼し，自ら進んで作業をしようという気持ちになり，最終的には人間に協力しようという気持ちを示してくれるようになるのだ．

私は，ウエスタンの馬を調教する際の「誤ったことをするのは難しく（不快に），正しいことをするのは簡単に（気持ちよく）してやれ」という格言が気に入っている．これは馬乗りの最も基本的な知恵であり，オールラウンドな基礎調教のための原則の1つだと考えてもよいだろう．まさにクセノフォン（紀元前435～355）[17]が喝破したとおり，「自ら進んで作業をしようという気持ちになっている馬は報奨によって最も速く学び，従順でない馬は懲戒によって最も速く学ぶ」のだ．

馬がレベル2に到達したら，基礎調教は終わりだと考えてよい．自分の馬の長所と短所，熱意，才能などがわかったら，専門調教のための「カスタム・メイドの戦略」を立てることを考えてもよいだろう．本書がその助けになるはずだ．トレーニング・ツリーの理にかなった過程に従うとよい．トレーニング・ツリーこそが，これから挑んでいくレベルに向けた確固たる基礎をつくるための最も安全な方法を示す信頼できるガイドラインなのだ．

この章を終える前に，自由演技課目について一言言わせていただきたい．

馬場馬がクラシック音楽に合わせて行う供覧演技は，かつては馬の品評会の出し物としてたいへん人気があったのだが，いつの間にか競技会種目になってしまった．オリンピックにおいてさえ，優勝者を決めるうえで自由演技が決定的な役割を果たす．

---

[17] 古代ギリシア（アテネ）の軍人・歴史家で，ソクラテスの弟子．その馬術関係著作については，荒木 雄豪 編『クセノポーンの馬術』（1995，恒星社厚生閣［東京］）参照．

自由演技は，馬の個性を表現し，しっかりと身についている範囲で馬の能力を供覧する方法としては非常に素晴らしい．そういうわけで，レベル3の演技であっても，すぐれた演技ならば見ていてたいへん楽しいだろうが，たとえグランプリ・レベルであっても，演技がまずければ全くばかげたものに見えてしまうだろう．

　したがって，私としては，中級レベル（レベル3，4）の競技会で自由演技種目を行うことについて警告を発しておきたい．そんなことをしても，馬場馬術全体のレベルが上がるとは限らないばかりか，「流行の音楽」を使うことで調教不足の埋め合わせができてしまうため，かえってレベルを落としかねないからだ．

　図形運動や運動課目の正確性は，自由演技においても前提条件でなければならないし，それができていて初めて，自由演技が芸術の一形態たり得るのだ．

傾斜のある馬場

「馬は正直だ．騎手の乗り方の真実を伝えてくれる．
——騎手がそれを気に入るかどうかは別問題だが」

「馬の自然な状態」，「自然な馬体フレーム」，「自然な体勢」，「自然方式[1]」といった用語を耳にすることが時々ある．しかし，調教中に遭遇する問題を解決するうえで，様々な地形などの自然を利用する方法がどれほど助けになるかが見過ごしにされていることが多い．あまりしつこく同じことを言っていると思われたくはないが，ドレッサージュの目的は芸を仕込むことではなく，馬が自然の状態で行う運動を，騎手の体重を負担した状態で維持し，洗練し，改良することなのだという点をここでもう一度繰り返しておく必要がある．

これまで述べてきたように，基礎調教というのはオールラウンドな調教だ．フラットワークは最も重要だが，それ以外にキャバレッティや小さな障害を使った作業もするし，外乗にも出かけるのだ．

もう1つ調教の助けとなるのが「Hangbahn」だ．これはドイツの新しい用語で，「傾斜のある馬場」を意味する．総合馬に対しては，「起伏のある走路」の効果が証明されているが，「傾斜のある馬場」は，システマティックな調教を継続的に行えるため，さらに調教効果が高い．

この考え方は，下り坂での駈歩の際，馬を脚に敏感にしておくことができず，馬に働きかける力を失っている騎手が多いという観察結果から生まれた．馬の

---

[1]「自然方式の馬術」すなわち「自然馬術」とは，イタリアのカプリリー（Federico Caprilli）大尉（1868～1907）が創始した野外馬術・障害馬術向きの馬術方式で，収縮を避け，頭頸を前下方に伸展・低下させた自然な体勢（自然姿勢）を徹底する点に特徴がある．『今村馬術』は，その内容を詳述するとともに，「収縮馬術の一過程の姿勢を目標として，（中略）馬自然の状態を尊重し，十分に能力を発揮」させることがその目的だと解釈している（同書［増補改訂版］70ページ参照）．

速度がどんどん速くなるため，そこに障害でも置かれていれば危険なことになる．そのため，騎手は死に物狂いになって両手綱を引きしぼり，文字どおりの「ハンドブレーキ」をかけようとするが，馬がこれに抵抗するのは誰にでもわかるとおりなので，馬が奇跡的に障害を飛越してくれるまで馬とストレスに満ちた闘争を繰り広げることになってしまう．

こんなひどい光景は，あってはならないのだ．

総合馬は言うに及ばず，どんな馬でも，上り坂だろうが下り坂だろうが，もちろん平地だろうが，騎手の手脚の間に確実に置かれて駈歩ができなければならない．これはバランスの問題，すなわち，重心位置をいつでも変化させることができるかという問題で，調教プログラムの重要な目的の1つなのだ．傾斜のある馬場での作業は，野外馬だけに効果があるのではなく，競技馬として期待されているあらゆる馬に体づくりの効果をもたらすもので，将来馬場馬になりそうな馬も例外ではないのだ．誤った理解に基づいて行われた「馬場馬術」作業の結果，轡後に来て[2] 体を固くしたままで運動することを覚えてしまった馬も，傾斜のある馬場での作業によって所望の柔順性を身につけるものだ．

それでは，「傾斜のある馬場」とはどういうものなのだろうか？

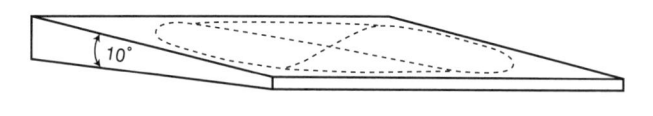

図52 傾斜のある馬場

傾斜のある馬場は，傾斜角10度以内の斜面上に設けられる（図52）．長さ60～80 mの長蹄跡を水平方向に2本とり，長さ30～40 mの短蹄跡を上りあるいは下り斜坂になるように2本とる．隅角はゆとりをもった丸さにする．手前変換用の行進線も決まる．全く平坦な土地でない限り，理想とする設計図にそこそこ近い蹄跡を描ける傾斜地が見つかるはずだ．調教上の価値という点から特に重要なのは，水平な蹄跡から上り・下りの斜坂に移っていくときの曲

---

2)『*Elemente der Ausbildung*』では「頸をひねって頭を傾け」となっているが，『*The Basics*』の「overflex」という表現を「轡後に来る」と訳した（⇒USDF用語集「Overflexed」参照）．

線部分だ．こういう馬場ならば，輪乗り，半輪乗り，巻乗り，斜め手前変換などの基本的な図形運動ができる．

　指導者に人馬を観察してもらったり，ビデオを撮ったりするために，馬場全体が見渡せる小高い場所が必要だ．この場合，ビデオ撮影はたいへん効果がある．指導者のコメント付きならなおさらだ．

　外乗は，人馬の楽しみであるだけでなく，教育的効果も高いということは誰でも知っている．しかし残念ながら，これが調教で重大な意味をもつという事実にはあまり注目されていない．野外訓練は，馬場内作業よりも時間を食うため，成果をあげている多忙な調教者は，自分にはそんな暇などないと考えてしまい，覆馬場にとどまって厩務員に次から次へと馬を連れて来させる方を好む．これは，経済的かもしれないが，たいへん悲しむべきことだ．しかし，覆馬場の近くに傾斜のある馬場があれば，事態を根本的に変えられる．調教者は，週に1，2日の「外乗日」を計画できるうえ，手助けさえあれば同時に数頭の馬を連れて行き，それぞれの馬に合わせた体づくりを行って，覆馬場での決まりきった作業から生じた固さを――精神面での緊張も合わせて――解いてやることができるのだ！

　傾斜のある馬場でも，他の調教と同じように，簡単な作業から徐々に難しい課題へという原則に従う．馬が簡単な作業を身につけて初めて，要求を高めることができるのだ．臆病な馬，バランスの問題から興奮している馬，体が十分できていない馬は，抵抗を示すものだ．しかし，馬が肉体的にも精神的にもリラックスし，学習準備が整っていなければ，作業の成果は上がらない．これこそが，馬を騎手に協力しようという気持ちにさせるための条件なのだ．

　作業は，長手綱での常歩から始め，リラックスした中間常歩で馬を歩かせる．頭を前下方に伸ばし，背中の筋肉がリラックスすることで，馬は正調な常歩で歩く．騎手は鐙を2～3穴つめ，前傾姿勢をとって，下腿と馬体との接触を保ちながら馬の動きに追随する．拳は，馬の頸の動き（点頭運動）に追随しながら，馬の口と確実だが軽いコンタクトを維持する．馬が常に地形に適応しながらバランスを保って運動することを身につけるのが大切だ．それによって馬は，上り坂でも下り坂でも，易々と重心位置を変えることを覚えるのだ．自然の力によって，馬が背中を譲り，両後肢を馬体の下に押し込んで後躯を踏み込ませ

なければならなくなるので，騎坐（腰）を強く利かせて推進したり，強い推進の脚扶助を使ったりして矯正を図るのは，よけいなことだ．騎手はただ，馬の動きに「追随する」ことによって，馬が作業しやすいようにしてやればよいのだ．

　傾斜のある馬場でシステマティックな調教を行い，上り坂で馬体が伸びて下り坂でつまることを繰り返すと，馬は重心位置を常に変化させなければならなくなり，後躯も，推力を発揮して馬体を前に押し出す働きと，馬体の下にいっそう深く踏み込んで体重負担力を発揮する働きとを交互に繰り返すことになる．このような「アコーディオン効果」のおかげで，しばらくすると背中と頸の固さがすべてほぐれ，求める柔順性が得られるのだ．

　おもしろいことに，馬は上り坂ではほぼ規則的にブルルと鼻を鳴らす．最初のうち，上り坂では頭を高くしてピョンピョン跳ねるような動きをし，下り坂では横揺れするような動きをする馬が多い．感覚に富んだ騎手は，これを防いでもっと気持ちの良い歩き方を馬に教えてやる方法を知っているはずだ．しばらくすると，馬はテンポに関係なく，同じ4節のリズムを保ち，上り坂では伸長常歩，平らなところでは中間常歩，下り坂では収縮常歩で歩くようになる（これらの歩き方は，馬場馬術の基本的な要求事項だ）．このトレーニングの目標は，下り坂にかかると，馬が自ら速度を落として踏み込むようになることだ．斜面上での作業で最も大切な指標は，下り坂で馬が騎手に頼らずに踏み込むことなのだ．速歩や駈歩の作業でも，同じようにこれが主目標になる．その際，騎手の拳は全くと言ってよいほど使われない．

　速歩での作業を始める前に，常歩を確立しておかなければならない．馬が騎手との間の確実な連携を身につけている必要があるのだ．しばしば停止をはさむとバランスが改善されるが，これを下り坂で行えばなおさらだ[3]．速歩作業も常歩作業と同じ原則に従うので，詳しく述べる必要はないだろう．正しいリズムの尋常速歩を確立し，馬体が伸びる上り坂では歩幅を伸展させてやる一方，下り坂では馬体がつまって踏み込みが増すことを期待するのだ．背中の律動と丸みのある柔らかいトップラインが重要目標となる．馬は手の内に入り，騎手

---

[3] 『*Elemente der Ausbildung*』では，「停止」ではなく「半減却」となっている．

が「トップラインの伸展エクササイズ」を指示すれば，それが上り坂ならなおさら，喜んで「銜を味わいながら手綱を拳からもっていく」はずだ．

　駈歩でも，従うべき原則は同じだ．速歩での作業が確立できたら，駈歩での作業に移る．駈歩作業はたいへん効果があるが，斜面上では最も難しい．下り坂では両後肢が馬体の下に十分踏み込まなければならないので，背中と飛節の筋肉に極端な負荷がかかるのだ．馬を不必要に興奮させないために，駈歩は短い間にとどめておくことを勧める．

　4，5日の練習で，上り坂（駈歩の歩幅の伸展）では正しいリズムの駈歩が，そして下り坂（駈歩の歩幅の短縮）では沈静し，整正な運歩の駈歩が両手前でできるようになれば，人馬ともに良い仕事をしたことになる．馬場馬は，過剰な馬場内作業のせいで不機嫌になっていることがよくあるが，これで活発さを取り戻すはずだ．そうすると，後躯の踏み込みを増し，バランスを保つことが馬にとって容易になるのだ．

　この種の作業になじんでいる総合馬の場合，このトレーニングに地上横木やキャバレッティを付け加えてやってもよい．馬は，バランスがとれた状態で運動するし，何をすべきかを熟知しているので，この作業で問題が起こることはまずない．このようにして準備を重ねた人馬は，良いコンディションを保つことができ，野外のコースを走行するのも容易になるはずだ．その結果，この章の冒頭で触れた，下り坂で「ハンドブレーキ」をかけるという醜態をさらさずに済むことになるのだ．

移　　行
扶助の微調整（タイミング）

「美学的に見て美しいものが，たいていは正しい」[1]

　移行は，馬場馬術の審査では高く評価される．移行によって，基礎調教の基本エレメントである柔順性，つまり扶助が馬体を透過しているかどうかを見ることができるからだ．だからこそ，馬場馬術課目の総合観察で，柔順性に係数2が与えられているのだ[2]．

　移行についての説明に先立って，正しい移行を行うのに必要な基礎知識に簡単に触れておこう．

　『USDF Rule Book』には，「柔順性とは，馬が体を固くしたり抵抗を示したりすることなく，重心位置をスムーズに前後左右に動かすことができる肉体的能力である．柔順性は，手綱による控制扶助や側方屈撓扶助，それに脚と騎坐（体重）による推進扶助に対して馬が流れるような反応を示すことによって明らかにされる」と書かれていること[3]を思い出してほしい．

　柔順性は，質の高い半減却の前提条件だ．馬が柔順性をそなえていれば，騎手の推進扶助により生み出されたエネルギーは，馬体を透過して鼻先まで流れる．両後肢の推力は，常に騎手の手綱の扶助によって受け止められ，再び馬体を透過して後躯に至る．こうして初めて，効果的な半減却が可能になるのだ．

---

1) 『Elements of Dressage』では，このエピグラフは，「考えるのは騎手，それを実施するのは馬（アロイス・ポダイスキー）」となっている．ポダイスキー大佐については，112ページ注7参照．
2) FEIの馬場馬術課目の総合観察は4つの項目からなり（47ページ注1参照），全項目に係数2が与えられている．総合観察の中に「柔順性（DurchlässigkeitまたはSuppleness）」という項目はないが，第3項目の「従順性（submission）」に，カッコ書きで「騎手に対する注意集中と信頼，運動の調和・軽快性・無理のなさ，銜を受けること，前躯の軽快性」という説明が加えられているので，これが「柔順性」に相当すると考えられる．
3) 出典について，16ページ注11参照．

移　行

| 1 | 2 | 3 | 4 | 5 | 6 | 7 | 8 | 9 | 10 |

半減却に対する反応により，移行の質が決まる．だからこそ，調教において推進力と収縮を向上させるうえで最も役に立つのが移行の反復なのだ．

すでに述べたとおり，柔順性は移行の際に最もよく審査できるものなので，馬場馬術課目では，たくさんの移行が要求されている．どのようなレベルのどの移行も，静かに，流れるように，また，馬体が緊張したり運動の流れやバランスが妨げられたりすることなく実施しなければならない．そして，その扶助は，明快で無理がなく，ほとんど目に見えないものでなければならない．馬が自らの意志により実施しているように見えなければならないのだ．

柔順性は，それだけ単独で得られるものではない！ トレーニング・ツリーのエレメント8として，システマティックで真摯な作業に対する報奨として得られるものなのだ．

どのようにして正しい移行を行うか

基礎調教の終わりに近づいた馬は，リラックスし，整正な運歩と大きな歩幅を示すとともに，手脚の間に置かれ，騎坐（体重），脚，手綱の扶助に自ら進んで反応する．また，十分といえる程度に真直で，前後・左右のバランスがとれた状態で運動する．このような基礎ができていれば，効果的な半減却と正しい移行のための前提条件である柔順性を身につけるのは難しくない．

移行の質に大きな違いが見られることがよくある．おそらく騎手は全く同じ扶助を使っているにもかかわらず，あるときは4点がつくかと思えば，またあるときは6点とか，場合によっては8点がつくなど，点数がばらばらになってしまうことがあるが，それはどうしてなのだろうか？

その原因は，扶助が馬の動きに同調しているかどうか，すなわち扶助のタイミングにある．扶助は馬の動きに合うように与えなければならないことは誰でも知っている．そうでないと，馬の運動を「扶助」できないのだ．扶助を馬の動きに正確に同調させれば，移行が無理なく，気持ちよくできるようになるが，それは，馬が騎手の体重を負担していても，自然の中にいるときと同じように動けるからなのだ．

騎手の中には，いわゆる「馬場馬術」に熱心に精進してはいるが，全く進歩できない乗り方をしていることに気づいていない人たちがいる．そういう人た

ちは，馬の動きに合わせて座ることも，扶助の制御もできないため，馬の邪魔をしてしまう．常に馬に逆らって乗っているため，馬の自信を失わせ，生まれつきもっていた大きな歩幅を徐々にだめにしてしまうのだ．こういう場合に必要なのは，騎坐（体重），脚，そして拳の扶助を馬の動きに同調させる感覚を騎手に伝えてくれる指導者に見てもらうことだ．馬に合わせて乗るのであって，馬に逆らって乗るのではないということを常に頭に入れておかなければならない．

　扶助を馬の動きに同調させるということを理解するには，馬がどのように運動するのか，特に，三種の歩度でそれぞれの肢をどのように，どういう順序で地面に着けるのかということを知っておくことが必要だ．また，馬の自然な歩き方感覚も身につけておかなければならない．これは，誰にでも身につけられるが，ある程度の訓練が必要だ．馬の動きを繰り返し観察し，常歩・速歩・駈歩の歩き方を分析しなければならないのだ．スローモーション撮影したビデオが最もためになるが，鏡も役に立つ．肢の動きのパターンを理論として知っておくと，これを馬上から感覚する助けになるはずだ．

　移行には，同じ歩法の中での移行（歩幅のつめ伸ばし）と，別の歩法への移行とがある．後退や停止も別の歩法への移行の一種．正しい移行には，馬が半減却に反応することが必要になる．つまり，脚に敏感で，バランスがとれていなければならないのだ．移行の質は，扶助が馬の動きと一致しているかどうか，つまり扶助のタイミングで決まってしまう．

　同じ歩法の中での移行は，簡単そうに見えるが，実際そのとおりだ！ 馬が手脚の間に置かれ，バランスがとれて，扶助が透過する状態になっていれば，背中を正しく使えているはずで，そうすれば，何の問題もなく一定の歩調で（整正かつテンポが一定な運歩を保って）運動できる．

　しかし，ご承知のように，歩幅のつめ伸ばしの移行の得点は，半減却による両後肢の踏み込みの増加と後躯の活発な動きで決まり，踏み込みが増すかどうかはまた，扶助のタイミングを正確に微調整する感覚の有無にかかっている．歩幅をつめる場合には，踏み込みを増すことが特に重要で，ただ「プラグを引き抜く」だけでよいというものではない．

　そして，これもご承知のとおり，馬の後躯は騎手の下腿によって活発に動か

されるが，それぞれの側の下腿は同じ側の後肢に，つまり，右脚は右後肢に，左脚は左後肢に対して効果を及ぼす．

　騎手の脚は馬の後肢の動きと一致していなければならない．後肢が地面を離れようとする瞬間（挙揚期）に同じ側の脚を使わなければ，効果的にその後肢を活発に動かすことはできない[4]．後肢が再び地面に着いてしまったら（着地期），馬は扶助に反応できなくなってしまうのだ．脚の扶助のタイミングに問題のある騎手は，馬を混乱させるだけになってしまう．

　扶助を馬の動きに同調させることは，誰でも身につけられるが，歩調（正しいリズムと一定のテンポ）に対する感覚が要求されるので，音楽的素養のある騎手の方が，そうでない騎手よりも楽だろう．他の騎手が乗っているところを観察しながら，運歩の拍子を数えてみるとよいが，このときは，内方後肢が地面を離れるときから拍子を教え始める．こうすることで，馬にまたがるまでに，タイミングの感覚を得ておくことができる．また，馬に乗っているときは，鏡を助けにしたり，地上にいる人の援助を求めたりすればよい．最もお勧めできるのは，常歩での斜横歩だ．内方脚と内方後肢とが作用し合うことがはっきりわかるからだ．正確なタイミングで扶助を使うと，馬は一定の歩調とバランスを維持しやすくなる．

　柔順性があり，バランスの良い馬は，手綱の扶助を後躯へと透過させる．柔らかい拳により馬の口との間の柔らかく恒常的な連携（コンタクト）を保つとともに，拳を馬の動きに追随させ，馬が窮屈な感じなしに自由に運動できるようにしてやる．そうすれば，後躯の推力をチェックし，これに働きかけることができるようになるのだ．

　手綱を馬の動きに一致させて歩調に追随したり，逆に追随しないようにしたりすることで（すなわち，「拳の呼吸」），馬が歩幅を伸ばしたりつめたりする

---

[4] フォン・ブリクセン-フィネッケ（Hans von Blixen Finecke）男爵（210ページ注1参照）は，『The Art of Training（調教の技芸）』の中で，馬の肩の位置を目で確認し，前肢の動きに合わせてタイミングをつかむのが簡単だと述べ，「一般論として，脚の扶助は同じ側の肩が後方に動く（同じ側の前肢が地面を離れる）瞬間に，拳の扶助は同じ側の肩が前に出る（同じ側の前肢が地面に着く）瞬間に使う．Leg / Leave; Hand / Hit と覚えておけばよい」とアドバイスしている（同書37ページ参照）．

ようにさせてやるのだ[5]．

　手綱の扶助を馬の動きに正しく同調させることは，一見簡単そうだが，実は難しい．しかし，扶助の微調整の鍵はまさにタイミングにあるのだ．そのためには，拳が柔らかく，しかも着実なコンタクトを保っていなければならない．騎手は，拳の独立を確保し，「拳が馬の口の一部をなす」ようにするため，よくバランスのとれた騎坐姿勢を身につけるように努力しなければならない．騎手は，そのイメージを目の前に想い浮かべられるようにすることにより，さらに運動に追随できるようにするとともに，扶助が馬の動きに同調している感覚を拳で感じられるようにする必要がある．この原則を侵害すると，馬が混乱し，運歩が整正でなくなったり緊張を招いたりして，ついには反抗に至る場合さえある．

　タイミングの良い扶助を使えば，半減却も洗練されるため，移行の質も向上する．

　それでは，別の歩法への移行に話を進めよう．

　一般に，別の歩法への移行には，1つの歩法の中での移行よりも高度な人馬の能力が必要とされる．その理由は明らかで，速度とリズムが両方とも変わるからだ．

　これは，例えば常歩から速歩への移行でも同じだ．この移行は，別の歩法への移行の中では易しい部類だが，それでも，扶助を馬の動きに正確に同調させるという点は難関だ．馬は，速歩の1歩目になる斜対肢を直ちにエネルギッシュに前方に踏み出して，ためらうことなく速歩に移行しなければならない．半減却によって騎手に対する注意力を喚起された馬は，脚に敏感で，手脚の間に置かれているので，ちょうど地面に着いている斜対肢を使っていつでも発進できる状態になっている．騎手は，馬の動きを感覚することにより，馬が直ちにエネルギッシュに発進するよう要求しなければならないのだ．

　速歩から常歩への移行でも，半減却により十分に準備して，両後肢が馬体の下に向かって十分踏み込んで「ブレーキ」として働くようにしてやらなけれ

---

5)『Elements of Dressage』には，「半減却の際は，タイミングを誤って馬をイライラさせないように気をつけながら，拳を握りしめたり緩めたりする」と書かれている．

移 行

ばならない．そうでないと，馬が前躯に重り，旺盛な運歩を生み出すエネルギーが失われてしまう．常歩への移行では，馬は直ちに明瞭な4節で運動しなければならない．

　常歩から速歩へ，そして速歩から常歩への移行の反復は，扶助の微調整にもバランスの向上にも非常に効果がある．

　駈歩は3節の運動だ．常歩から駈歩への移行では，馬が十分脚に敏感になっている必要がある．さらに，4節の歩法（常歩）から3節の歩法（駈歩）に移行するには，馬が駈歩に発進できる状態にある瞬間（タイミング）を騎手が感覚できなければならない．

　右駈歩発進の場合を考えよう．馬が正しく駈歩に発進できる唯一の瞬間は，内方（右）後肢が後躯の体重を負担し，外方（左）後肢が最初の駈歩の運歩を始めるときだ．この瞬間を逃すと，馬は直ちに駈歩に発進することができなくなってしまい，ほとんどの場合，まずバタバタと小歩で歩き（anzackeln）[6]，それからようやく駈歩を出すことになるが，これではもはや常歩から駈歩への移行とは呼べない．1歩でも中間歩度が入ってしまったら，それは，タイミングが正確でなかったということを示している．そのような移行では，「満足すべき演技」という得点［訳注．6点］はつかない．

　よくわかっている騎手ならば，扶助を強めて，馬が遅れることなく駈歩に発進するようあくまでも要求するのが賢明だろう．しかし，それには完璧なタイミングの感覚が必要だ．その感覚がなければ，馬が混乱し，反対駈歩に発進してしまいかねないからだ．

　このプロセスは，一見するといささか複雑そうだが，それは錯覚だ．うまく座れている騎手は，常に真摯に練習を重ねていけば，駈歩の扶助のタイミングを身につけることができる．よく調教された馬に乗れば，話はいっそう簡単だ．さらに言えば，タイミングの感覚は，踏歩変換には絶対必要だ．

　駈歩から常歩への正しい移行には，高い評価が与えられる．トレーニング・

---

[6]　「anzackeln」は，「"zackeln"に発進する」という意味で，「zackeln」は，『国際馬事辞典』19-35では「驟歩（しゅうほ；急燥な不正常歩，小速歩）で歩く」，『獨和馬事小辞典』では「急燥に小歩を刻む」と訳されており，常歩で歩幅の伸展を要求された馬が速歩に逃げようとするときに見せるような「常歩とも速歩ともつかないバタバタとした歩き方」を指すと考えられる．

移　行

| 11 | 12 | 13 | 14 | 15 | 16 | **17** | 18 | 19 | 20 |

　ツリーに従ってシステマティックな基礎調教を終えた馬は，前後のバランスがよくとれており，柔順性を身につけ，すでに軽い収縮ができるようになっているので，両後肢をさらに馬体の下に向かって押し出すことによって「ブレーキ効果」を生み出すことができる．

　常歩から駈歩への移行の場合と同じように，駈歩から常歩への移行にも，馬が速歩をはさまずに容易に常歩に減却できる特別な瞬間がある．

　外方斜対肢（内方後肢と外方前肢）の着地（駈歩の3つの節のうち第2節）の直後，ほんの少しの間だけ，馬の3本の肢が地面に着いている瞬間があるが，これこそ，駈歩の中で最も安定している瞬間だ．馬が容易に駈歩から常歩へと直接移行できるのは，まさにこの瞬間なのだ[7]．

　当然のことだが，馬は，正しくバランスがとれ，駈歩中に半減却によって収縮できなければならない．馬が半減却に正しく反応しないならば，数歩の速歩をはさまずに常歩に減却することもできない．馬は，前躯に重り，レベル2の調教水準に到達するまでにしなければならない事項がまだたくさんあるということが露呈してしまう．

　単純踏歩変換では，常歩をはさんで，右駈歩から左駈歩へ，あるいはその逆の移行が行われる．馬が常歩から駈歩に発進し，速歩をはさまずに再び常歩に減却できるようになっていれば，単純踏歩変換には何の問題もないはずだ．この運動にある程度の収縮が必要になることは明らかだろう．常歩をはさんで行う単純踏歩変換を直線上で正しく実施することは，後に踏歩変換を教えるうえで不可欠だ．

　私の知る限りでは，単純踏歩変換の正確なやり方に関する出版物は，今日に至るまで存在しない．この移行の間に常歩が何歩必要になるのかを分析したり説明したりするのは非常に難しいが，左駈歩から右駈歩への変換を例にとって，敢えてやってみよう．

　駈歩から常歩への移行が上に述べたようにうまくできたとすると，内方（左）

---

[7] 『*Elements of Dressage*』には，「駈歩から常歩への移行でも，半減却を使って十分な準備をしなければならないが，外方斜対肢が地面に着こうとする駈歩の第2節に半減却を使うと，これらの2本の肢が同時にブレーキの働きをすることができるため，最も効きが良い．駈歩から速歩への移行でも同じことだ」と書かれている．

後肢が馬体の下に深く入っている．ここから注意深く馬の頭を右に屈撓させていく間に，後肢の運歩を3歩数えることができる．1歩目が右後肢，2歩目が左後肢，3歩目がまた右後肢だ．そして，通常の常歩から駈歩への移行と同様に，右後肢が体重を負担する直前に右駈歩の扶助を与えると，外方（左）後肢から右駈歩に発進するのだ．

この瞬間を逃してしまったら，馬が正しく駈歩に発進できる状態になるまでに，また4歩（常歩の1完歩）待たなければならない．これはしかし，馬場馬術競技会では，タイミングを誤ったために馬がバタバタと小歩で歩いてしまったり，反対駈歩が出たりするのに比べれば小さな過失だ．

単純踏歩変換を生徒や馬に教えようとするときは，馬が新たな駈歩に発進する前に，明瞭かつ一定の歩調で常歩をしているかどうかに気を配らなければならない．正しいタイミングというものは，強制できるものではなく，感覚を通しておのずから養成されてこなければならないのだ．

単純踏歩変換は，真直性と柔順性，それに騎手の感覚を審査する運動課目として非常にすぐれている．

そういう理由から，セント・ジェームズ賞典のパートⅠ（基礎編）では，直線上での単純踏歩変換が両手前とも要求されているのだ．

単純踏歩変換で重要なのは何かを知っていて，良い変換には「9点」を，悪い変換には「2点」をつける勇気をもっている審判員を私は高く評価する．

速歩から駈歩あるいは駈歩から速歩への移行でも，調和と，力みがなく簡単そうな様子が表れていなければならない．ここでもまた，扶助を馬の動きに正しく同調させること，つまり正確なタイミングが鍵になるのだ．

速歩をしている馬は，まず一方の斜対肢を，続いてもう一方の斜対肢を前に踏み出すが，駈歩でも，斜対肢が地面に着いている時期[8]がある．そして，駈歩の1歩目を要求するのに最も安定がよいのがこの時期なのだ．

速歩から左駈歩に発進する場合を考えてみよう．この場合，外方（右）後肢から駈歩の運歩が始まらなければならないということはご承知のとおりだ．

---

[8] 駈歩の第2節で，このときには外方斜対肢（左駈歩であれば，右前肢と左後肢）が地面に着いている．

最も簡単で，馬にとって最も自然な駈歩発進の時期は，外方斜対肢（内方後肢と外方前肢）が地面に着いて体重を負担しているときだ．ちょうどこの瞬間，右（外方）後肢には負重されていないため，駈歩の1歩目を踏み出すことができるからだ．バランス（遠心力）の関係で，速歩から駈歩への移行は，直線上よりも輪線上で行う方が簡単だ．

　正しい駈歩発進の自信がないという騎手には，その感覚を会得させるために，非常に浅い長蹄跡上の蛇乗りをさせてやるとよい．もちろん，馬場馬術競技会ではやめておいた方がよいが，誤った駈歩発進をするよりはずっとましだ．しっかりした基礎調教を受けた馬は，中央線上で，そこから逸脱せずに駈歩に移行できることが期待されているのだ．

　速歩から駈歩への移行でよく起こる誤りは，馬が運歩を速めてしまうことだ．馬が走り出して，運歩がばらばらになってしまうのだ．駈歩の扶助はもはや通用しなくなるため，正確な「タイミング」など望むべくもなくなる．

　駈歩から速歩への移行の質も，扶助が馬の動きに同調しているかどうか（すなわち扶助のタイミング）で決まる．駈歩での各肢運歩順序を思い出してみよう（53ページ参照）．

　　1）外方後肢
　　2）内方後肢と外方前肢（外方斜対肢）
　　3）内方前肢，空間期
　　4）外方後肢，以下続く

流れるような移行がうまくでき，したがって馬にも容易なことがあるかと思うと，また今度は唐突になったりぎこちなくなったりしてしまうことがあるが，その理由は，斜対肢の運歩順序を見ればわかるはずで，次のとおり説明できる．

　つまり，馬が地面に着いている斜対肢（第2節）をを支持基盤として速歩の1歩目を踏み出すことができれば，調和がとれ，自然な移行が結果として生じるのだ．

　この瞬間を逃すと，馬は余分な労力を使って，何とかしてこれを埋め合わせなければならなくなってしまう．

　下位の歩法への移行を行うには，半減却を何回か使って準備しておく必要がある．これがうまくいかないときは，馬の準備が整っていないので，移行も

失敗する．正しい移行を練習する際も，初心者はよく調教された馬から学び，若馬は経験に富んだ騎手から学ぶのだ．

単純踏歩変換は，間に速歩をはさんで行うこともできるが，この運動は，ドイツのLPO[9]に基づいた馬場馬術課目には含まれていない．しかし，ドイツ以外の国での初級課目では要求されているので，簡単に取り上げておこう[10]．

うまく速歩に移行したら，再度駈歩に発進する前に，速歩で斜対肢が着地するのを3歩数える．馬は，新しい側に側方屈撓し，新たな手前の正しい駈歩に発進できるようになるのに，最低限これだけの歩数を必要とするのだ．扶助がうまくいかずにこの瞬間を逃してしまうと，駈歩への流れるような移行を確実に行うには，さらに2歩か4歩，あるいはそれ以上の歩数（常に偶数でなければならない）が必要となる．これを奇数の歩数にしてしまうと，反対駈歩が出かねない．停止への移行では，半減却を繰り返して柔順性を求めることに加え，馬を「2本のレールの間に」置いたままで停止させることが特に重要だ．馬は，基礎調教期間の終わり頃には，「馬体がつまった」停止をし，新たな運動の開始を忍耐強く待っていることを身につけていなければならない．開始する運動が常歩ならば，できるだけどちらかの後肢から発進させなければならない．そうすれば，馬がきちんとした馬体フレームを維持しやすくなるからだ．この場合，鏡がたいへん役に立つ．

停止から速歩に発進する場合には，斜対肢が同時に1歩目を踏み出さなければならない．馬が最初に1歩以上の常歩をしてから速歩が出ても，満足すべき移行とはいえない．

肩を内への移行とか，その後の横歩への移行など，他の運動課目への移行の際にも，「タイミング」を合わせることが必要だ．それによって初めて，「流れるような」移行が可能になるのだ．

結びに当たって，「タイミング」とは，「馬に何かを要求する」ことではなく，

---

[9] LPO（Leistungs-Prüfungs-Ordnung. 能力検定規程）は，競技会や能力検定の実施のためにドイツ馬術連盟が定めた規則で，乗馬・馬車・軽乗スポーツおよび馬の繁殖・飼育の振興に資することを目的とし，馬場馬術，障害馬術などの種目別に詳細な規定が置かれている．

[10]『*Elements of Dressage*』には，「速歩あるいは常歩をはさんで行う単純踏歩変換は，レベル1，レベル2の運動だ」と書かれている．

むしろ「馬の邪魔をしない」ことだという点を付け加えておきたい．馬が自然の中にいるときと同じように体を使えるように助けてやるのだ．もちろん，そのためには，馬が脚に敏感で，「前に出ようという気持ちになっている」ことが前提条件となる．

「タイミング」を身につけるには，まずしっかりした騎坐姿勢が必要だ．騎手が関心をもてば，馬の動きに関する理論的知識など短期間で身につけられる．そうすれば，あとはその感覚を養うだけなのだが，これに時間がかかるのだ．

優秀な指導者というものは，この感覚を伝えてくれる点がすぐれているのだ．

セント・ジェームズ賞典馬場馬術課目
（複合馬場馬術課目）

「しっかりした基礎ができていない馬は，
生涯にわたってハンディキャップを背負ってしまう」

　古典馬術の芸術は，歴史的文化遺産だ．これをいつくしみ，維持していくことは，馬術の世界に責任をもつあらゆる者が魅力を感じる仕事だ．

　競技会役員も，審判員も，指導者も，ドレッサージュの古典的な基本原則から少しでも逸脱すれば，この時を超えた文化遺産を破壊してしまいかねないということを理解しておかなければならない．

　馬場馬術競技は，新しい支持者をたくさん獲得してきた．高等レベルまで精進する人の数も目覚ましく増えてきている．しかし，才能のある馬を育て上げ，生まれつき与えられた能力を騎手の下で完全に発揮できるところまでもっていくという過程にどれほど時間がかかり，どれほどの忍耐力を必要とするかということは見過ごされがちだ．

　今日では，「科学技術」に頼れば不可能などないという風潮がある．人は，最終結果に容易に，しかも早くたどりつこうとして科学技術を利用する．しかし馬術は，依然として，未だ科学技術の入る余地がなく，また，科学技術など入り込ませてはならない最後のオアシスの1つなのだ．

　馬は常に馬でしかなく，長所も短所もそなえているので，馬の調教は，馬の精神的・肉体的能力に合わせてやらなければならない．力で無理強いすれば，しばしば見られる悲しい結末が待っている．馬は運動課目を「覚える」かもしれないが，その過程で，運動の輝きや魅力をすべて失ってしまうのだ．こんな状態を調教の目的にするようなことは，決してあってはならない．

　セント・ジェームズ賞典馬場馬術課目が設定している調教の目的に従うべきなのだ．この課目は，FEIレベルの競技会を目指す野心的な騎手に対し，その前にしっかりとした基礎づくりに十分時間をかけるよう動機付けるものだ．

アメリカには馬場馬術競技会のための資格制度がないため（馬に関しても騎手に関しても），この課目が特別な意味をもつ．

この「複合馬場馬術課目」は，2つのパートで構成される．パートⅠでは，レベル2の運動課目の中で，上級レベルの馬に必須の前提条件となる基礎が審査される．

審判員は，総合観察で，トレーニング・ツリーで示したドレッサージュの10個の基礎エレメントを評価する．これらのエレメントが特に重視されている結果，テクニカル・パートに対する比重も3：2と相当高くなっている．

このようなことから，セント・ジェームズ賞典は，FEIレベルに向けての重要な一里塚となる卒業試験のようなものだということができる．

私の意見では，パートⅠで少なくとも60％の得点を取れなかった馬は，セント・ジョージ賞典に必要な基礎ができていない[1]．

パートⅡでは，セント・ジョージ賞典馬場馬術課目が課される．

順位は，パートⅠとパートⅡとの総合得点で決定される．

セント・ジェームズ賞典 2000
複合馬場馬術課目

パートⅠ： 基礎課目（最高得点480点），パートⅡ：セント・ジョージ賞典（最高得点380点），合計最高得点860点[2]

目　　的： FEIレベルの競技に参加する馬は，しっかりした基礎をそなえていなければならない．この課目は，基礎的なエレメント（総合観察参照）の良否を審査するものである．

実施条件： 馬場：標準馬場[3]

規定時間：7分00秒

馬装：普通の水勒

騎手の服装：短い上衣（short coat）[4]

別段の指示がある場合を除き，速歩運動はすべて正坐速歩[5]．

セント・ジェームズ賞典　パートⅠ（基礎課目）[6]

		運動項目	着眼点	係数
1	A X C	尋常速歩で入場 停止，敬礼，尋常速歩に発進 右手前蹄跡に入る	中央線上での真直性 停止の良否 速歩への移行	
2	MFK	尋常速歩	速歩の良否	
3	KXM M	斜め手前変換，中間速歩（軽速歩） 尋常速歩	移行の際の速歩の良否	
4	H E	中間速歩 左に直径20 m の輪乗り（1回）	速歩の良否 馬体の屈曲，バランス	
5	K A	尋常速歩 停止，不動5秒 4歩後退，尋常速歩に発進	停止の良否，後退前後の移行	
6	FXH H	中間速歩 尋常速歩	推進力，弾力性 移行時のバランス	
7	B	右に直径20 m の輪乗り（1回） トップラインの伸展エクササイズ	速歩および馬体の屈曲の良否 騎手の拳との軽いコンタクトを保持しつつ前下方に馬体を伸展	2
8	BF	手綱を執りなおす	銜を受けること	(2)
9	F A D-X間	収縮速歩 中央線に回転 右に肩を内へ	肩を内へへの移行 肩を内への良否	
10	X-G間 C	左に肩を内へ 左手前蹄跡に入る	移行，両後肢を中央線上に保持 肩を内への良否	
11	S E	尋常駈歩に発進 左に直径20 m の輪乗り（1回） 中央線通過の際に「バランスチェック・エクササイズ」[7]	駈歩の良否 「バランスチェック・エクササイズ」の良否	
12	A X C	中央線に回転 単純踏歩変換 右手前蹄跡に入る	真直性，単純踏歩変換の軽快性 （2～3歩の正しい運歩の常歩が入る）	2
13	B	右に直径20 m の輪乗り（1回） 中央線通過の際に，「バランスチェック・エクササイズ」	「バランスチェック・エクササイズ」の良否	
14	KXM	中間駈歩	推進力，真直性	
15	M MS	収縮駈歩 収縮駈歩での反対駈歩	移行時のバランス 真直性[8]，運歩の整正	

セント・ジェームズ賞典馬場馬術課目

		運動項目	着眼点	係数
16	S	単純踏歩変換 収縮駈歩に発進	運動課目の良否 （2〜3歩の正しい運歩の常歩が入る）	
17	FXH	中間駈歩	推進力，真直性	
18	H HR	収縮駈歩 収縮駈歩での反対駈歩	移行時のバランス 真直性，運歩の整正	
19	RA	尋常速歩	スムーズな移行	
20	A KXM	中間常歩 放棄手綱で自由常歩	常歩の良否	2
21	M C	手綱を執りなおす 収縮速歩に発進	銜を受けること 運歩の整正	2
22	HK K	中間速歩 収縮速歩	速歩の良否 移行時のバランス	
23	A X	中央線に回転 中間常歩	真直性	
24	G	停止，敬礼	停止の良否	(2)
		長手綱の自由常歩でAから退場		

テクニカル・パートの小計

ドレッサージュの基礎エレメント（トレーニング・ツリー）に由来する総合観察[9]

		運動項目	着眼点	係数
1		リラクセーション	緊張がない状態，騎手に対する信頼	2
2		運歩の整正	正しいリズムと一定のテンポ	2
3		伸びやかな運歩	前進気勢，自然な無理のなさ，歩幅の大きな運歩	2
4		コンタクト	騎手の拳の操作に着実に従うこと， 馬口の感覚（Maultätigkeit）	2
5		真直性	一蹄跡上を正しく運動し，片利きでないこと[10]，左右均等な屈曲能力	2
6		バランス	左右および前後の平衡，前駆の軽快性（相対的起揚）	2
7		柔順性（扶助透過性）	従順性，騎手に対する服従，扶助に対する注意集中	2
8		推進力	活力，運動の弾力性，律動感，エネルギー，背中の律動	2
9		収縮	後駆の踏み込み，前駆の起揚	2
10		騎手の姿勢と技量（扶助操作）， 騎手に対する馬の信頼と注意集中		2

合計得点

1)『*Elemente der Ausbildung*』には,「そのような騎手は,それ以降の審査から除外されるべきだ」と書かれている.
2) 現行のセント・ジョージ賞典馬場馬術課目（2000年版）では最高得点が400点に改められている．そのためか,『*Elemente der Ausbildung*』では,パートⅠのうち係数が2の運動項目が2つ増え（カッコ書きで表示した第8項目と第24項目），その最高得点が500点,合計最高得点が900点と書かれている．
3) 20 m×60 mの標準サイズの馬場をいう．
4) この場合,燕尾服（いわゆるドレッサージュ・コート）を着用するのはマナー違反となる．
5) 軽速歩をとらず,正反撞を受けた速歩を意味するので,軽速歩をとれば減点の対象となる（FEI規程第430条「馬場馬術課目の実施」第4項「運動項目の誤り」参照）．
6) 運動項目に尋常歩度と収縮歩度とが混在しているが,『*Elemente der Ausbildung*』では,第6項目から第7項目が尋常速歩となっている以外,すべて収縮歩度に統一されている．このことから,この課目で要求されている収縮は,ごく軽度なものであることがわかる．
7)『*The Basics*』には,「Eで左に直径20 mの輪乗り（1回）,"バランスチェック・エクササイズ",中央線通過時に尋常駈歩に発進」,『*Elements of Dressage*』には,「Eで左に直径20 mの輪乗り（1回），中央線通過時に手前を換えて尋常駈歩に発進」と書かれているが,いずれも意味をなさないため,『*Elemente der Ausbildung*』に従ってこのように訳した．Eから輪乗りに入り,最初に中央線を横切る地点から,両拳を2,3完歩の間だけ前に送り,また元の位置に戻す「バランスチェック・エクササイズ」を行うという意味だと思われる（第13項目も同様）．
8) この場合,「反対駈歩の正しい屈曲」と同じ意味になる．
9) 総合観察の着眼点は,『*The Basics*』には書かれていないため,『*Elemente der Ausbildung*』および『*Elements of Dressage*』によった．
10)「片利きでない（ambidextrous）」とは,人間でいう「両手利き」の意味で,両手前均等に運動できる能力をいう．

横運動
その時期，方法，目的

「横運動は，正しく実施して初めて目的を達成する」

　基礎調教の過程で，若馬は，騎手の扶助に反応することを身につけた．今や馬は，腹帯のところに置かれて前方に推進する働きをする脚の他，腹帯のすぐ後ろに置かれて側前方に推進する働きをする脚や，腹帯から拳の幅1つ分だけ後ろに置かれて支持の働きをする脚[1]の意味を知っている．馬は，しっかりしたコンタクトを保ち，真直で，バランスがとれ，柔順性のある状態になっている．今や，横運動を始める時が来たのだ．

　横運動は，乗用馬の調教に重要な役割を果たす．トレーニング・レベルからレベル4までの馬場馬術課目でおなじみの運動課目がそれ自体目的ではないのと同じく，横運動も，目的のための手段に過ぎない．横運動は，調教者の役にも立つもので，扶助操作を洗練し，馬の乗りやすさを向上させるすぐれた手段でもある．

　横運動には，肩を内へ，腰を内へ，腰を外へ，それに横歩[2]がある．これらの運動は，常歩で導入するが，速歩や駈歩でも行う．

　横運動——二蹄跡運動とも呼ばれる[3]——は，柔順性，推進力，収縮を促

1）80ページ注17参照．
2）日本語規程では「ハーフパス」と呼ばれており，かつてはフランス語の「アピュイエ（appuyer）」が使われていたが，本書では慣用に従って「横歩」とした．
3）FEI規程では，従来，「二蹄跡運動（work on two tracks）」と「横運動（lateral movements）」とが第411条と第412条とに分けて規定されており（さらに以前には，「横運動（二蹄跡運動）」の標題でまとめて1ヶ条とされていたこともある），「二蹄跡運動」は斜横歩，肩を内へ，腰を内へ，腰を外へ，横歩からなるとされていたのに対し，「横運動」には斜横歩が含まれていなかったが（本書の179ページにも，「斜横歩は，古典馬術の教義によれば，横運動には含まれない」と書かれている），これは，斜横歩だけが側方屈曲を伴わない運動であることと関係があると考

すのに特に有益だ．体づくりの効果が高いので，馬がいっそう柔軟に，また，騎手の指示にさらによく服従するようになるのだ．

　しかし，どれほど心をそそられようと，横運動の作業は，馬がトレーニング・ツリーに示された健全なドレッサージュの基礎を身につけるまで始めてはならない．ご承知のように，トレーニング・ツリーには10個のエレメントがある．すなわち，1：リラクセーション，2：運歩の整正，3：伸びやかな運歩，4：コンタクト，5：手脚の間に置かれた状態，6：真直性，7：バランス，8：柔順性，9：推進力，10：収縮（の初歩）だ．

　横運動ができるくらいの成熟度に達するまでの時間は，当然，様々な要素に左右される．しかし，普通の素質をそなえた若馬は，的確で理解にあふれた調教により肉体的・精神的な発達を求めてやれば，1年半から2年で問題なく横運動に到達できる．これを大きく左右するのは，馬が自発的に騎手に協力しようという気持ちを日々の作業の中で騎手が繰り返し引き出せるかどうかで，これこそが「馬術感覚」なのだ．経験に富んだ調教者は，馬に故障を発生させずに横運動を始められる時期を知っている．退歩というものはあっという間に起こり，これを埋め合わせるには余分な時間と多大な忍耐が必要になるのだ．

　すなわち，トレーニング・ツリーの各エレメントが正しく身についておらず，後躯で体重を十分に負担できない馬は，まだバランスを体得できないため，リラクセーション，運歩の整正，あるいはコンタクトに関する問題が発生するはずだ．その結果，残念ながらしばしば見受けられる馬体の緊張が生じ，ひいては若馬が生まれつきもっていた魅力に早すぎる終止符が打たれてしまうことになる．審判員は，そのような「演技」に対して慈悲をかけてはならない．馬術の真正な教義を守る高度な責任を負っているからだ．

　横運動の評価は，先行するトレーニング・ツリーのエレメントのうち最も出来の悪いものの評価と一致する．例えば肩を内へで，馬が整正な運歩を保って二蹄跡で運動してはいるものの，馬体の屈曲が十分でないため，後躯が外側に逃げていることがある．

えられる．ところが，第22版改訂版では，第411条は「斜横歩」と改題され，肩を内へ以下の運動はすべて第412条「横運動」に集約された．なお，「lateral movements」は，日本語規程では「側方運動」と訳されているが，本書では慣用に従って「横運動」とした．

側方屈曲の不足は，真直性（エレメント6）が不十分であるせいなので，肩を内へに与えられる得点も「不十分」を意味する4点になってしまう．あるいは，「正しい」横歩の最中に，馬が絶えず尾を振り回したり歯ぎしりをしたりしながら，蹴るような動作を見せたとすれば，それはリラクセーション（エレメント1）に何か問題があるからなので，やはり「良好」を意味する8点を与えることはできない．厳しく聞こえるかもしれないが，そうあるべきなのだ！ドレッサージュの前提条件が整ってもいないのに，馬に色々な運動課目をつめ込み，見た目の成功を追い求めるようなことを防ぐには，これが唯一の方法だからだ．そうすれば馬は，揺るぎない信頼と自発的に騎手に協力しようという気持ちを見せることで感謝の念を示すだろう．

肩を内へ：すべての横運動の母

若馬がエレメント1から7までを確実に身につけたならば，つまり，先行するエレメントが確立されたうえで，馬が十分な真直性とバランス（エレメント6と7）を獲得したのであれば，それが二蹄跡運動に着手するべき時期だ．この場合は，これ以上着手を引き延ばしてはならない．よく知られているとおり，年齢が上がるにつれ，学習能力が落ちるからだ．

真直性を身につけた馬は，左右均等に屈曲できる．直線上でも輪線上でもバランスを保って運動できる．また，整正な運歩で運動し，確実に手の内に入る．さらに，隅角（直径8mの巻乗りの四分円）[4]の通過も心配ない．ここまで準備ができていれば，横運動を導入しても何も問題は起こらないはずだ．馬はまさに手脚の間に置かれており（エレメント5），これまでなじみのなかった操作に対して反応することをすぐに覚えてしまうだろう．短く何度も繰り返し，たくさん褒めてやることは適切なやり方だ．

馬が初めて学ぶ横運動は，肩を内へにすべきだ．すでに身につけた斜横歩とよく似ているため，馬が理解しやすいからだ．

---

[4] FEI規程が定める正しい隅角通過は，直径6mの巻乗りの四分円だが，これには最大限の側方屈曲が必要とされるため（138ページ参照），横運動に着手しようとするこの段階では，「直径8mの四分円」程度の側方屈曲で足りるという趣旨だと考えられる．

横運動

| 1 | 2 | 3 | 4 | 5 | 6 | 7 | 8 | 9 | 10 |

　そうは言っても，肩を内へが斜横歩と似ているのは，側方屈撓の向きと反対の方向に馬が運動するという点だけだ．その他の点では，肩を内へを斜横歩になぞらえることはできない！目的や狙いが全く違っているからだ．両者を比較してみよう．
　まず，斜横歩（図53a）は，馬が（そして騎手も）内方扶助の効果を学ぶための基礎的なエクササイズだ．斜横歩では，よく知られているとおり，馬の頭

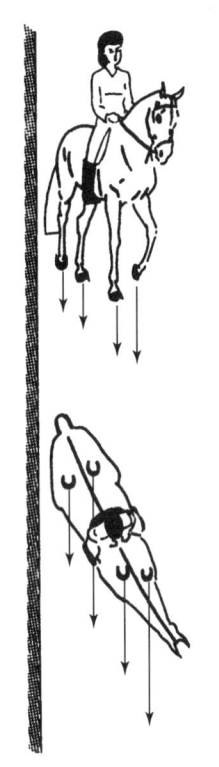

図53a　斜横歩
馬体をほぐし，扶助を馬の運動に同調させるためのエクササイズ．側方屈曲はなく，頭の側方屈撓のみ．4蹄跡行進．肢が交差．

図53b　肩を内へ
柔順性と推進力の向上のためのエクササイズ．側方屈曲を伴う3蹄跡行進．内方の蹄は重心下に踏み出す．肢の交差なし．

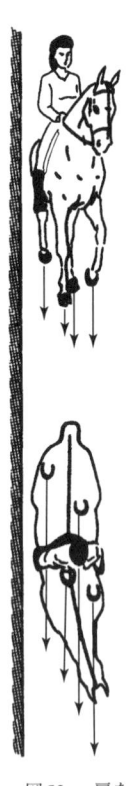

図53c　肩を前へ
肩を内への導入作業として有益なエクササイズ．僅かに側方屈曲を伴う4蹄跡行進．

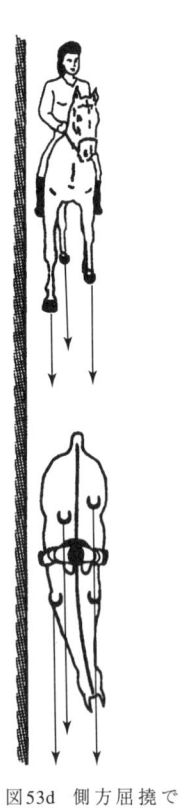

図53d　側方屈撓での騎乗
馬体を真直にする効果のあるエクササイズ．内方前肢が内方後肢と同一線上に来るように修正された結果としての3蹄跡行進．

が僅かに内方に屈撓するだけで，馬体はまっすぐなままだ．馬の内方の前後肢は，外方の前後肢の前方でこれをまたぎ越して踏歩する．騎手は，馬が左の(あるいは右の) 脚に対して譲るようにしてやるのだ[5]．

このエクササイズは，中間常歩と尋常速歩で行うが，正良なコンタクトを保って整正な運歩で実施しなければならない．斜横歩は，非常に大切な脚扶助のタイミングを騎手に理解させてやるための手段としてもすぐれている．

それに加えて，斜横歩は，馬の体づくりや馬体をほぐすこと（エレメント1）のためにも，また，扶助を馬の動きに同調させるためにも，すぐれたエクササイズだ．しかし，人馬が常歩・速歩でこのエクササイズをマスターしたら，斜横歩はもうやめて，横運動を始めてかまわない（斜横歩は，古典馬術の教義によれば，横運動には含まれないのだ）．

これに対して，肩を内へ（図53b）は，柔順性，推進力，収縮（エレメント8, 9, 10）の向上に役立つ運動だ．肩を内へでは，斜横歩と違って馬体はまっすぐではなく，調教段階に応じた側方屈曲を示し，これをしっかりと維持する．馬の体づくりの効果が高いのは，何よりもまず，馬が斜横歩のように騎手の内方脚に対して内方後肢を譲る（内方後肢が外方後肢をまたぎ越して踏歩する結果，これと交差する）のではなく，側方屈曲のおかげで，内方後肢を重心の下に向かって前方に踏み出さなければならなくなるからだが，その結果，内方後肢は，その斜対肢である外方前肢とともに馬場埒に平行な直線の上に着地する（図53b）．この力線[6]が，運動と推力の方向を決め，所望の収縮の基礎となる．肩を内へだけでなくあらゆる横運動で，力線が重要な役割を果たすのだ．

---

5) 94ページ注6参照．
6) 『*Elements of Dressage*』では「line of energy（エネルギー線）」となっているが，『*Elemente der Ausbildung*』の「Kraftlinie」を直訳した．「力線」とは，本来は物理学用語で，磁場・電場などの「力の場」において，「場」が及ぼす力の方向を表す仮想の線（磁力線・電気力線など）をいう．馬術用語としては異質だが，著者は「馬体に働く力の方向」という意味でこの用語を使ったものと思われる．本書では，力線を構成する斜対肢が同一蹄跡上にあり，行進線方向に踏歩しているときに力線が最も効果的に機能するという考え方が説かれているが，騎手としては，正しく横運動を行えば（特に，斜対肢が一対で動く速歩の場合），力線を形成する斜対肢が一体となって行進線方向へと踏歩する感覚が得られるはずで，その結果，後肢の「推力」がその斜対前肢にフルに伝わり，扶助が馬体を透過して収縮の向上につながるのではないかと思われる．

横運動

新しい運動を行うときは，いきなり「正しく」実施しようとしてはならないというのが原則だ．正しい方向に向かって少しずつ進むことで満足し，作業のできを振り返るのに十分な小休止をとる必要があるのだ．これこそが，馬術感覚というものだ．ほとんどの場合，遠回りの道ほど成功につながっているもので，近道をすると，しばしば袋小路にはまり込む．側方屈曲の深さに関しては，このことが特に当てはまるので，側方屈曲を深くするときは，細心のうえにも細心の注意を払わなければならない．その際，決して内方手綱が主動的な役割を果たしてはいけない．リラクセーション，運歩の整正，コンタクト，後にはこれに加えて推進力といったエレメントが影響を受けるようなことは，絶対に許されないのだ．

斜横歩のような肩を内へは，肩を内へのような斜横歩と同様に，誤った運動だ．

肩を内への予行演習としてすぐれているのが，肩を前へ（図53c）だ．この運動は，真直性を獲得するための作業のところで身につけた側方屈撓での騎乗（図53d）の発展形だ．肩を前へは，最初は長蹄跡上で行うが，なるべく直径20mの輪乗りから導入するべきだ．輪乗り上でつくり上げた均一な側方屈曲を直線上でも維持しながら，内方後肢が両前肢の間に向かって踏歩するように馬の肩を「前に」（内方に）もっていく．このとき，後躯が外側に逃げてはならず，尾のつけ根が馬場埒とほぼ平行な状態を保たなければならない．

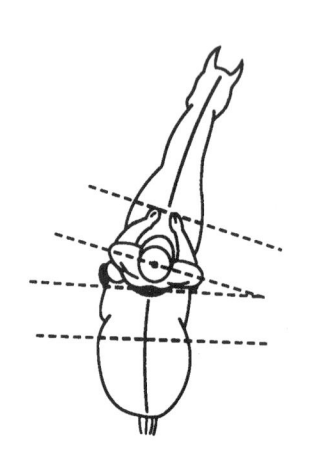

どの横運動の作業も，騎手が必要な感覚を身につけて初めて価値がある．つまり，騎手は，輪乗り上でつくり上げた側方屈曲を，自分の体を固くすることなく，直線上でも維持できなければならないのだ．騎手が体を固くすれば，必ず馬に問題が発生するからだ．

ここで，このときに必要となる屈曲騎坐姿勢（bending seat）について説明して

図54 「屈曲騎坐姿勢」．騎手の腰と馬の腰，騎手の肩と馬の肩の平行線．

おくことが必要だろう．屈曲騎坐姿勢の基本的な特徴は，内方坐骨への荷重を僅かに増しながらやや前に出すこと，それにより，内方の腰を軽く前に出し，内方脚は腹帯のところに（推進の脚），外方脚は腹帯から拳の幅1つ分だけ後ろに置いて（支持の脚），外方の肩を軽く前に出すこと，そしてその結果，馬体が屈曲しているときも，騎手の両肩の線は馬の両肩の線に一致し，騎手の両腰の線は馬の両腰の線に一致するという2本の平行線の原則（図54）が守られるということだ．同時に，騎手の頭は，馬の頭が向いているのと同じ方向を向かなければならないが，これは，すべての横運動に通用する原則だ．外方手綱は運動の方向と姿勢を与え，内方手綱は馬の口との連携の柔らかさと側方屈撓を保つ．

屈曲騎坐姿勢に困難を感じる騎手が多いが，それは単に，騎手が上半身を軽く捻転させなければならないからだ．したがって，屈曲騎坐姿勢を練磨するのは，馬場馬術姿勢が確実に身につき，諸扶助を独立して使えるようになってからにしなければならない．そうでないと，一方の腰が折れ曲がったり，膝が上がったり，上半身が固くなったり，手綱につかまったりといった結果が生じてしまう．こういった悪い習慣は，後になって矯正するのがたいへんなのだ．

横運動の扶助については，十分解説されている乗馬用の教本がたくさんあるので，ここではこれ以上立ち入らない．しかし，ここで1つだけ強調しておきたいのは，「馬体の屈曲を促す脚」となる外方脚，そして「屈曲の軸」となる内方脚がともに重要だということだ．馬が自ら進んで騎手に協力しているならば，正しい方向に進んでいると言える．しかし，日々の調教ごとに，まずトレーニング・ツリーのエレメントを繰り返し育成し，確立するべきで，その後にようやく肩を内へを始めたり，必要に応じて要求の程度を高めたりできるのだ．

ここでの問題は，肩をさらに内側に入れることだが，このとき後駆が外側に逃げたり推進力が阻害されたりしてはならない！馬のあばらの屈曲を増す必要があるが，そのためには，最初のうち，馬場埒の支持が有効な助けになる．後駆が外側に逃げてしまうと，馬はもはや尾を馬場埒と平行に保つことができなくなり，内方後肢を重心の下に向かって前へと踏み出さずに外方後肢をまたぎ越して（斜横歩のように肢を交差させて）しまうが，そうすると，収縮を促す効果は帳消しになり，このエクササイズの価値が疑わしくなるばかりか，逆

横運動

効果にさえなりかねない．こうなると，せいぜい，肩を内への意味を全く理解せず，「肢の交差」（図55b）を高度な芸術だと思って感心してしまうような素人に見せびらかすだけの意味しかなくなってしまう．このよくある誤解については，腰を内へ，腰を外へ，横歩に関して述べる際にも取り上げる．

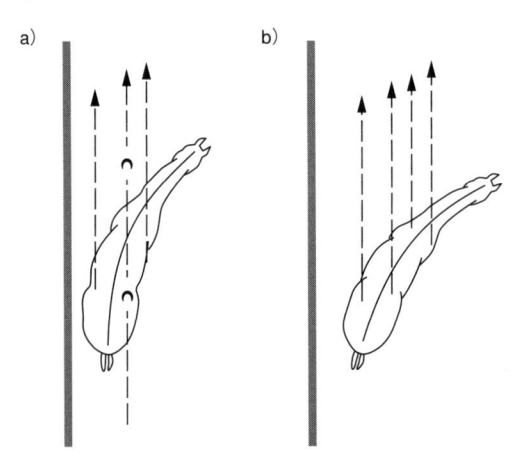

図55　右肩を内へ
a) 正しい－3蹄跡行進：内方後肢と外方前肢（右斜対肢）[7] が力線を形成する．
b) 誤り－4蹄跡行進：斜横歩のような肩を内へ．

昔の大馬術家は，肩を内へを「あらゆる横運動の母」と呼んだ．そうだとすると——実際，そのとおりであることに疑問の余地はないのだが——巻乗りは「祖母」で，輪乗りは「曾祖母」だ．肩を内へに必要となる側方屈曲は，正確な巻乗りの結果であり，正確な巻乗りは，システマティックな輪乗りの作業によって可能になるからだ．

したがって，肩を内へも含めて，横運動は最初は輪線運動から導入し，輪線上でつくり上げた馬体の屈曲を，その後の直線上あるいは輪線上での運動まで維持し続けるようにするとよい．さらに，馬が実施しやすいようにしてやるために（これが「馬術感覚」というものだ），最初に直径10〜20 mの輪乗りを

---

[7] 日本では，このような組み合わせは，前肢を基準にして「外方斜対肢」と呼ばれるが，ドイツでは，後肢を基準にして，右後肢とその斜対肢である左前肢との組み合わせを「右斜対肢」と呼ぶものと推測される．

行い，肩や後躯で外側に逃げることなく，馬体がうなじから尾まで輪線に沿っていることを確認するとよい．

　生まれつきの馬体の歪曲により，一方の手前では苦もなく馬体を輪線に沿わせることができるが，もう一方の手前では抵抗が生じることがある．これは明らかに真直性（エレメント6）の欠如によるものなので，本格的に肩を内への作業に着手する前に取り除いておかなければならない．問題というものは，いつの間にかまぎれ込んでいるものなのだ．

　基本的に，横運動では，したがって肩を内へでも，馬体の屈曲，前躯あるいは後躯の馬場埒からの離隔[8]それにコンタクトが，両手前で鏡像のように完全な対称をなしているだけでなく，両手前とも同じように，運歩の整正，伸びやかな運歩，推進力を示さなければならない．そこに異変があれば，基礎調教に欠陥があるということなので，最優先課題だと考えなければならない．一方の手前（得意な手前）が7点なのに，反対の手前が4点だったなら，よく気をつけることだ！

　こういう場合に非常に有益なエクササイズが，中央線上での左右交互の肩を内へだ．これは，後躯が中央線上から外れないようにしながら前躯を右へ左へと導くエクササイズで，馬の尾は中央線上に保たれる（図56）．セント・ジェームズ賞典のパートⅠでこれが要求されているの

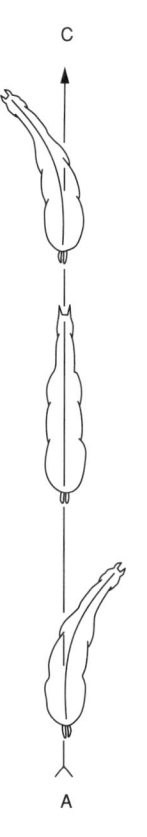

図56　中央線上の肩を内へ　後躯は中央線上に保たれ，「外側に逃げ」てはならない（外方脚！）．

---

[8] 『*Elemente der Ausbildung*』では「Abstellung」と表現されているが，この言葉には「離して置くこと」という意味もあるので，「（前躯あるいは後躯が）馬場埒から離れていること」を意味する訳語とした．『獨和馬事小辞典』には，「斜向して位置せしむること」という訳語が与えられているが，これは，前躯あるいは後躯を馬場埒から離した結果，馬体が馬場埒に対して斜めに位置した状態を指していると思われる．

は，馬が片利きでないかどうかを審査するためだ．このエクササイズは，巻乗りを1回入れてから行うと楽にできる．

このように，両手前で均等に肩を内へができるようになって初めて，要求の程度を徐々に上げ，例えば輪線上の肩を内へや反対姿勢の肩を内へ（counter shoulder-in）［訳注．199ページ追記参照］を行ったり，側方屈曲の深さや前躯の起揚の強さを増したりすることができる．しかし，基礎調教のエレメント（トレーニング・ツリー）のどれか1つにでも悪影響が現れたら，要求の程度を下げなければならない．そうしなければ新たな問題が起こるからだ．

腰を内へ

腰を内へを導入するときは，肩を内へと同じ方法をとるのが原則だ．適切な側方屈曲により行う輪線運動（例えば直径10 mの輪乗り）からこのエクササイズを導入し，馬体の屈曲を維持したまま馬場埒沿いの直行進へと馬を導くのだ．肩を内へで前躯が内側に保たれるように，腰を内へでは後躯が内側に保たれる．これはまず第一に外方脚の役割で，外方脚によって，後躯が蹄跡のやや内側に入った状態を保つのだ．

肩を内へでは，主として内方後肢の踏み込みの増大が促されたのに対し，腰を内へでは外方後肢の踏み込みの増大が求められる．基礎調教のエレメント（トレーニング・ツリー）を損なわないようにするため，最初のうちは馬体の屈曲（すなわち，馬場埒からの後躯の離隔）もごく僅かな程度で満足しておく．腰を内へで馬の抵抗なしに両手前とも側方屈曲を直径8 mの輪線と同じ程度まで強化できるようになるには，肩を内への場合と同じように確実に何週間かかかる．

腰を内への際，馬は外方後肢を重心の下に向かって前方に踏み出し，その斜対肢である内方前肢とともに，馬場埒と平行に走る「力線」上

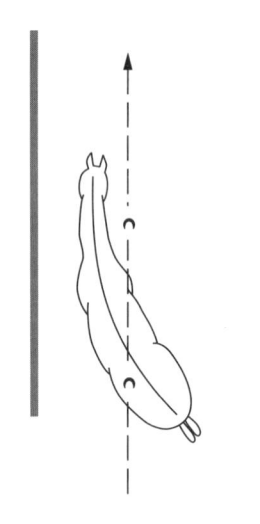

図57 右腰を内へでは，左後肢と右前肢（左斜対肢）が「力線」を形成する．

に着地させるので，肢が交差することはない（図57）．肢が交差すると，収縮や推進力を促すこのエクササイズの効果が打ち消されてしまうからだ[9]．このことを肩を内への基準と比較してみるとよい．

馬体の屈曲の深さ（すなわち，後躯の馬場埒からの離隔の大きさ）は，常に馬が運動方向を容易に見ることができる程度にしておかなければならない（図57）．この原則は，残念ながらしばしば破られており，上級レベルでも例外ではないが，これについては横歩のところで詳しく論じよう．

腰を内へは，常に隅角通過あるいは巻乗りから導入する．直線上を運動しながら後躯を急に押し込むようなことをすると，後躯を2本のレールの間に保って前躯を誘導することにより後躯の力を常にすべて発揮させなければならないという原則と矛盾してしまうのだ．この原則は，後肢旋回とピルエット［訳注．200ページ追記参照］を含めたすべての二蹄跡運動に当てはまる．

腰を内へ－肩を内へ－巻乗り－腰を内への移行は，人馬にこれらの運動課目の相互関係を理解させてくれるすぐれたエクササイズだ（図58）．腰を内へから反対姿勢の肩を内へを経て再び腰を内へに戻る移行も，やはり馬の体づくりの効果が高いうえ（図59），側方屈曲が切り替わっても力線（図では左後肢と右前肢上）は変わらないので，馬の高度なバランスが要求され，したがって収縮を強化する効果もある．

腰を内へは，肩を内へと同じく，直線上でも曲線上でも（馬場埒による支持なしに）行うことができる．例えば，輪乗りの開閉[10]は，バランスと後躯の

---

[9]　『Elemente der Ausbildung』では，このように肢の交差が明確に否定されているのに対し，『Elements of Dressage』では，「肢が交差することはない」以下の文章に代えて，「肢を交差させれば，馬は4蹄跡行進を始めるが，そうすれば，このエクササイズの馬体をほぐす効果も増すだろう．しかし，馬場馬の後膝の故障の多くは，この種の作業を要求し過ぎたのが原因であることを注意しておこう」という文章が置かれ，肢の交差を認める余地もあることが示唆されている．以下，『Elements of Dressage』には上級レベルの横運動での肢の交差や4蹄跡行進を容認する記述が見られるが（187ページ注11，191ページ注14，196ページ注18，197ページ注20参照），『Elemente der Ausbildung』にはそのような記述は一切ない．なお，198ページ訳注参照．

[10]　ここは，文脈から，「腰を内への姿勢で行う輪乗りの開閉」のことをいっているものと思われるが，輪乗りを開く運動は肩を内へとなじみやすく（117ページ参照），輪乗りを閉じる運動は腰を内へとなじみやすいので，腰を内への姿勢で輪乗りを閉じていく運動が特に念頭に置かれ，輪線が小さくなるにつれて運動が難しくなることに関する注意が書かれていると考えてよかろう．

横運動

| 1 | 2 | 3 | 4 | 5 | 6 | 7 | 8 | 9 | 10 |

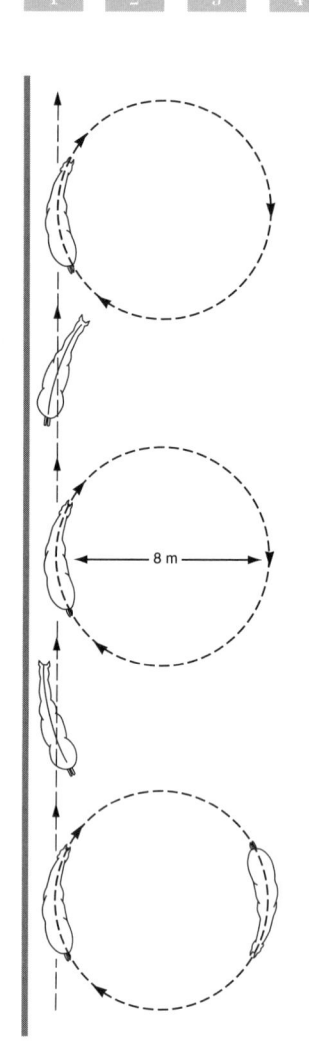

図58 肩を内へ−腰を内への移行の際は，直径8 mの輪線と同じ側方屈曲が保たれる．「力線」は，左斜対肢（腰を内へ）から右斜対肢（肩を内へ）へ，さらに再び左斜対肢へと切り替わる．

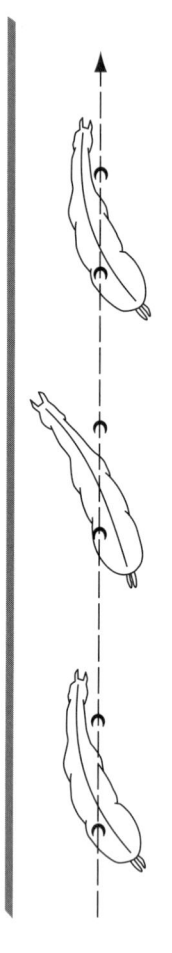

図59 腰を内へと反対姿勢の肩を内へとの間の移行では，力線は左斜対肢のまま変わらない．

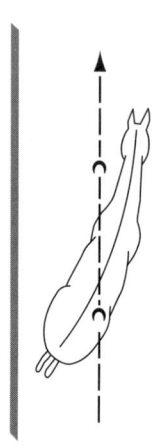

図60 左腰を外へ（右腰を内への反対の運動）では，「力線」も右腰を内へとは反対になる．

踏み込みを教えるのに非常に適している．この場合，運動の難度が増していくので，馬が困難を示し始めるところでやめておかなければならない．馬の健康，馬が生まれつきもっている魅力の保持，それに馬が自らやり遂げようとする意志が常に何よりも重要なのだ．

腰を外へ

　腰を内へと反対の運動課目が腰を外へだ．腰を外へと腰を内へとの関係は，肩を内へと反対姿勢の肩を内へとの関係と同じだ．

　左腰を外へを例にとると，馬は馬体を左に屈曲させて右手前で運動するが，このとき，後躯が蹄跡上（馬場埒沿い）に置かれ，前躯が馬場の内側に入る．腰を外へでも，腰を内への場合と同じように，馬は外方（右）後肢を重心の下に向かって前方に踏み出し，その斜対肢である内方前肢とともに，馬場埒と平行に走る「力線」上に着地させるので，肢が交差することはない（図60）．肢が交差すると，腰を内へ（図57）の場合と同様，収縮や推進力が損なわれるからだ[11]．

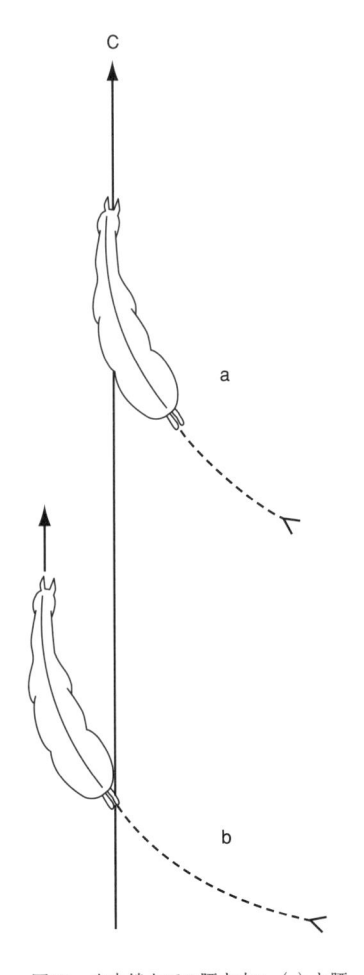

図61　中央線上での腰を内へ（a）と腰を外へ（b）の導入．

　このように，腰を外へは腰を内へと同じエクササイズだが，輪線（例えば輪乗り）上で行う場合だけは，肩を内へに比べて反対姿勢の肩を内へがそうであ

---

[11]　『*Elements of Dressage*』には，「肢が交差することはない」以下の文章に代えて，「もっと後になって，側方屈曲を深めてこの作業を行えば，馬は4蹄跡で行進し，必然的に肢を交差させる」という文章が置かれている（198ページ訳注参照）．

るように，馬にとってより高度な要求になる．したがって，腰を外へや反対姿勢の肩を内へのように反対姿勢で行う運動課目は，腰を内へや肩を内へのようにそれぞれの基本となる運動課目が両手前で確実にできるようになってからでなければ着手してはならないということが理解できるだろう．

　横運動の手ほどきを受けた騎手の中には，腰を内へと腰を外へとは実は同じエクササイズだということを理解できない者がいる．これがよくわかるのは，馬場埒の支持がない中央線上のような場所で（中央線を仮想の馬場埒として）これらの運動課目を行う場合だ．ここで問題になるのは，前躯（腰を内へ）と後躯（腰を外へ）のどちらが中央線上をたどるように馬を誘導するかという点だけで，運動の方向，側方屈撓，馬体の屈曲は全く同じなのだ（図61）．

　このことは，輪線上でこれらの運動を行う場合でも同じで，すでに述べたとおり，人馬にとってより高度な要求になるというだけだ．図61からはまた，中央線上での腰を内へや腰を内へをどのように導入すればよいかもわかる．

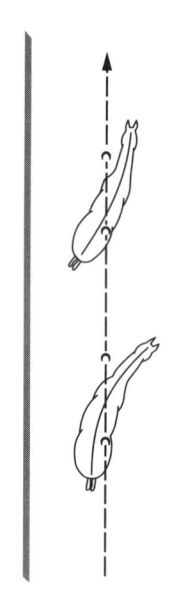

図62　肩を内へ－腰を外へ－肩を内へへの移行でも「力線」は変わらない．

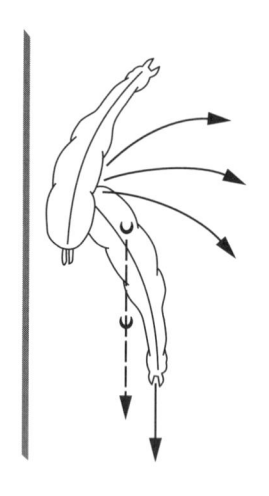

図63　肩を内へから常歩で行う「腰を外へへの半旋回」．いっそう明瞭で変わることのない4節の運歩．高度な柔順性．

横運動

| 11 | 12 | 13 | 14 | 15 | 16 | 17 | 18 | **19** | 20 |

　馬は，腰を内へでは，中央線（仮想の馬場埒）の手前側を，馬体が屈曲している方向に向かって進んでいくのに対し，腰を外へでは，中央線を通過し，その向こう側を同じように進んでいく．これらの運動課目の区別は，馬には何の造作もないことなのに，難しく考えてしまう騎手が少なくないのだ．

　腰を外へは，肩を内へから導入することもできる（図62）．肩を内へ－腰を外へ－肩を内へ－腰を外への移行は，馬の体づくりの効果が高い．このとき，後躯は常に蹄跡上に保たれたままで，側方屈曲は切り替わるが，力線は変わらない（例えば右後肢と左前肢上）．右後肢は，肩を内への際は内方後肢として，また腰を外への際は外方後肢として機能する．

　肩を内へから開始する「腰を内へへの半旋回」では，馬が後躯を軸にして旋回するが，これも教育的効果の高いエクササイズだ（図63）[12]．

横歩

　肩を内へと腰を内へとが馬場埒の支持の有無にかかわらず問題なくできるようになった馬は，横歩の準備が整っている．横歩がうまくできるということは，見た目に美しいというだけでなく，トレーニング・ツリーのバランス，柔順性，推進力，収縮，すなわち，エレメント7, 8, 9, 10の質の証明でもある．トレーニング・ツリーのコンセプトになじんでいる者なら，エレメント1から6までのしっかりした基礎があって初めてこれが可能になるということがわかるはずだ．ご承知のとおり，トレーニ

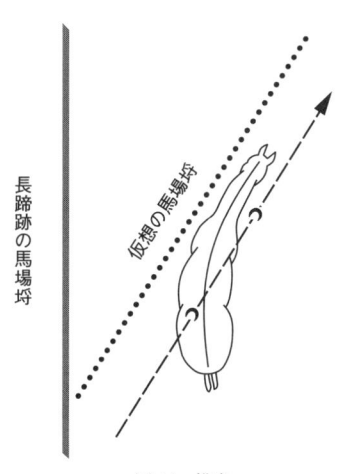

図64　横歩
馬の頭が運動方向に側方屈撓し，尾が馬場埒と平行になるので，適切な側方屈曲が必要となる．それにより「力線」が作用するようになる．

---

12)　『*Elements of Dressage*』には，この次に「この旋回運動は収縮常歩で行うべきで，外方後肢が常に重心の下に向かって前へと踏み出す」という記述がある．

横運動

図65 グランプリでの右横歩．馬は，最適な側方屈曲を示し，頭が側方屈撓している方向に向かって「前進」しており，力線がフルに作用している．イザベル・ベルトとアントニーFRH（Antony FRH）号（M. シュライナー撮影）．

ング・ツリーのコンセプトを侵害すると，馬の関節，背中，うなじ，口などに必ずその痕跡が残るのだ．

腰を内へが身についていれば，横歩もできる．これらの運動課目は，その本質，目的が同じだからだ．

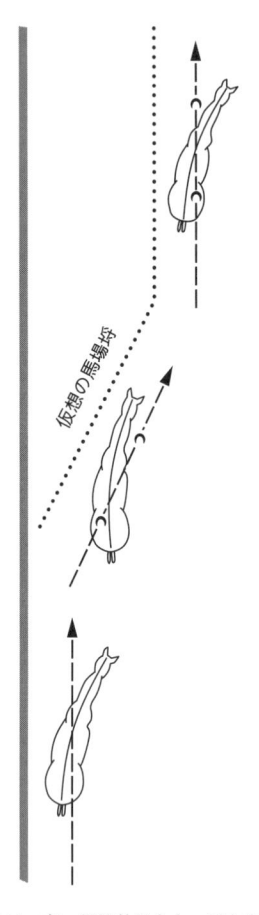

図66 高い調教効果をもつ肩を内へ－横歩－肩を内への移行．
「力線」は変化するが，馬体の側方屈曲と頭の側方屈撓[13]は変わらない．

---

13)『Elements of Dressage』では「頭の屈曲（bend of the neck）」，『Elemente der Ausbildung』では「Kopfstellung」（直訳すると「頭の姿勢」）と表現されているが，要するに「頭の向き」のことなので，「Stellung」には「側方屈撓」の意味もあることを考慮して「頭の側方屈撓」とした．

しかし，これがなかなか直感的に理解できない騎手がいる．その救済策として，ひとまず横歩のことは一切忘れ，斜線を行進線とする正しい腰を内へを思い描いてみるとよい．そうすれば，実はそれがもう横歩なのだ（図64）．斜線がいわば仮想の馬場埒として機能するのだが，馬場埒に沿った腰を内へがどうすればできるかはご承知のとおりだ．つまり，馬は屈曲している方向に向かって側前方に進み，力線は「仮想の馬場埒」と平行に走り，馬の頭は運動方向に向く．その結果，尾は長蹄跡とほぼ平行に保たれる[14]．もっと後になると，肩を内へ－横歩－肩を内への移行（図66）も，教育的効果が非常に高い．これを行うときは，好きなところで巻乗りをはさんでもかまわない．これによって騎手は，あらゆる横運動が，正しい巻乗りができるかどうかで決まり，両者は緊密な相互依存関係にあるという感覚を磨くことができる．このことを理解して初めて，横運動の作業で所望の成果を上げることができるのだ．

おわかりのように，騎手としての技量があれば，馬の乗りやすさを向上させるために横運動を利用する方法はたくさんある．ただしこのとき，次のような点だけははっきりさせておかなければならない．

- この運動課目は本当に役に立つのか？
- 馬が基礎調教（トレーニング・ツリー）を十分身につけているか？
- 今何を改善しようとしているのか（バランスか，柔順性か，推進力か）？
- 様々な横運動のうち，どれが一番目的に適っているか？
- 例えば生まれつきの馬体の歪曲に対して，この問題を悪化させることなく軽減させるには，どちらの手前に重点を置かなければならないか？
- 三種の歩度のどれで行うのが一番目的に適っているか？

つまり，常にエクササイズの目的をよく考えなければならないのだが，それというのも，努力をしても全く改善が見られないばかりか，むしろ新たな問題が発生するようなことがあれば，その作業を中止し，はつらつとして気持ちのよい直行進で前進を求めた方がよいからだ．そういうときは，専門家のアドバ

---

14) 『*Elements of Dressage*』には，この次に「馬は3蹄跡で行進するが，もっとレベルの高い作業になって行進角度が増すと，さらに深い側方屈曲が要求されるので，4蹄跡行進を始める」という文章が追加されている（198ページ訳注参照）．

横運動

| 1 | 2 | 3 | 4 | 5 | 6 | 7 | 8 | 9 | 10 |

イスが役に立つかもしれない．ついでながら，馬というものは，前に進むようにできているし，冒頭で述べたように，横運動はそれ自体が目的ではなく，目的を達するための手段であるに過ぎない．すなわち，乗りやすさと運動を改善する手段なのであり，このような改善が見られないとすれば，作業が誤っていたのだ．

どんな新しい運動課目を導入するときでも同じだが，易しいものから始めて徐々に難しいものへと進んでいく．このときに大切なのは，馬が無理強いされることなく，自ら進んで騎手に協力しているということだ．

しかし，容易だとか困難だとか，無理な要求だとかいうのは，そもそもどういうことなのだろうか？

これを判断するために，縦60 m，横20 mの標準サイズの馬場を考えてみよう（図67a）．ここには，馬場を横切って一方の蹄跡と反対側の蹄跡とを結ぶ考え得る行進線がすべて引かれている．仮に半減却ポイントである地点Kを出発点としよう．ここを出発する右横歩の行進線として，K‐G，K‐M，K‐R，K‐B，（K‐P）が考えられる．横歩の難度は，馬場埒に対する行進線の角度（行進角度）で決まる．この角度が大きくなるほど難度が増すのだ．

馬が困難を示し始めたら，つまり，リラクセーションや運歩の正整，あるいはコンタクトや推進力が失われたら，要求をやめなければならない．

横歩の際には，その行進線に関する2つの基準が満たされていなければな

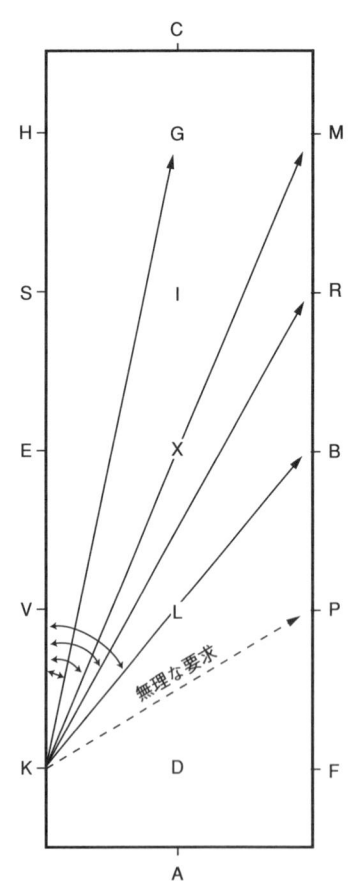

図67a 目標地点の異なる（G, M, R, B）様々な横歩の行進角度と行進線．

横運動

らない.

その1つは，馬が容易に運動方向を見ることができなければならないということ，もう1つは，肩を内への場合と同じように（図66参照），馬の尾が馬場埒とほぼ平行に保たれていなければならないということだ．しかし，これら2つの基準を同時に満たすというのは，運動方向に応じたきちんとした側方屈曲があって初めてできることだ．頸がグニャグニャ動いていたりしたら，このエクササイズはただの茶番になってしまうからだ．

逆に，これら2つの基準が満たされていれば，力線が行進線と同じ方向に走るので，馬は後躯からの推力を最大限に推進力に転化できる．このことから，行進線が力線から少しでも逸脱すると，その結果として推力と推進力が減殺されるということが推測できる．

したがって，物理的に可能な行進角度は，横歩の間，馬が維持していられる側方屈曲の深さで決まる．この深さは，調教レベルによって異なる．側方屈曲の能力は，輪乗りや巻乗りで養われるので，これを基準として側方屈曲の深さを決めることができる．例えば，10 mの屈曲とは直径10 mの輪乗り[15]に対応する側方屈曲，8 mの屈曲とは直径8 mの巻乗りに対応する側方屈曲という具合だ．

図67bを見てみよう．この図から，行進角度が大きくなると，2つの基準を満

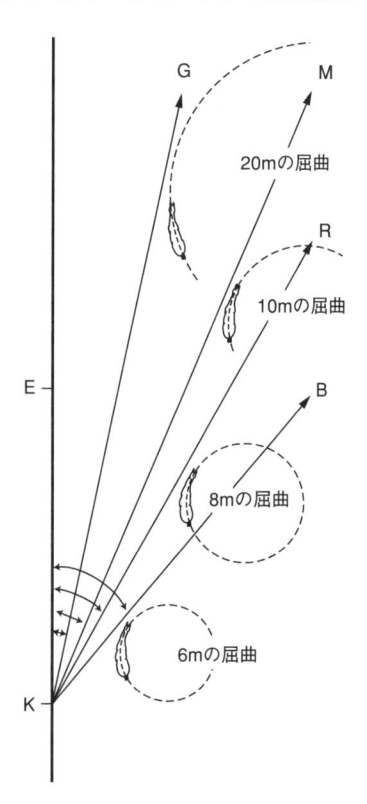

図67b 横歩の難度は行進線の角度で決まる．角度が大きくなると，それだけ大きな側方屈曲が必要になる．一定の歩調と推進力は決して阻害されてはならない．

---

15) 現行のFEI規程に従えば，「直径10 mの巻乗り」とするのが正しい（117ページ注8参照）．

たすためにより深い側方屈曲を要求しなければならないということがわかる．入門用の最も簡単な横歩は，K‑Gを行進線とするもので，おおよそ20 mの屈曲が要求される．行進線K‑Mでは10 m，行進線K‑Rでは8 m，K‑Bでは6 mの屈曲が要求される．

ご承知のように，中級馬場馬術課目の横歩で要求される行進角度は約30度で，これには8 mの屈曲が必要となる．上級馬場馬術課目ではこれが40度になり，6 mの屈曲が必要となるが，これは，完全に調教された馬場馬に求め得る最大限の屈曲だ[16]．つまり，上記の2つの基準を考慮すると，20 m×60 mの馬場を横歩で横切る場合，行進線K‑Bが最短の斜線になるのだ．この場合の行進角度は約40度になり，最高の馬場馬でも，ここが肉体的な限界なのだ（図65）．

K‑Pのように，これよりも大きな行進角度になると，もはや無理というものだ．自然は，馬に体操競技のスプリット[17]をさせることなど予定していなかったのだ．自由演技の騎手の中には，まずこのことをじっくり考えるべき者がいる．

次のような議論は，古くからよく知られている．
- 横運動の際，馬は3蹄跡で運動しなければならないか，それとも4蹄跡か．
- 行進線に対する馬体の角度はどのくらいにするべきか．
- 前躯が後躯よりも先行しなければならないのか，そうでなくてもよいのか．
- 横歩では肢が交差するのか，しないのか．

しかし，こういった議論は，問題の核心から外れている．

そればかりか，馬のバイオメカニクス的な能力についてあやふやな知識が広

16）『*Elements of Dressage*』には，「レベル3の横歩の行進角度が約30度，レベル4が40度」と書かれているが，実際には，レベル3で要求される横歩の行進角度は20度強，レベル4で30度弱で，レベル5で初めて約40度が要求されており，xiiiページ注5のとおり，「中級」（ドイツのMクラス）がレベル3およびレベル4，「上級」（Sクラス）がレベル5に当たると考える方が妥当だと思われる．なお，最高難度のグランプリ馬場馬術課目の横（行進線F-E，E-M）の行進角度が約40度となっていることからも，これが馬の肉体的な限界であることがわかる．
17）両脚を一直線に広げて座る演技．

横運動

まっていることがこの議論からわかる．つまり，横歩の際，馬が堅持しなければならないのは，行進線に対する馬体の角度（これもいずれにせよ判定が難しいのだが）などではなく，正しい側方屈曲であり，しかもその際に，頭が運動方向に向かって側方屈撓し，尾が長蹄跡とほぼ平行になるという横歩の2つの基準を侵害しないようにすることなのだ．

これら2つの基準からなる基本原理が均一な側方屈曲によって守られているかぎり，力線の長所も保証される．つまり，推進力，収縮，前駆の起揚の前提条件を手にすることができるのだ．

横歩の難度は，すでに説明したとおり，馬場埒と行進線とで形成される行進角度のみによって決まる（図67a, b）．この角度が約30度ならば（行進線K-R），横歩は「中程度の難度」になり，中級レベル（レベル4）での要求に相当する．角度がさらに小さければ（行進線K-G），横歩の入門用のエクササイズになり，角度が大きくなって約40度に達すれば（行進線K-B），最大限（直径6mの巻乗り）の屈曲が求められる上級レベルでの要求に相当する．

図67aと図68との比較から明らかなように，20 m×40 mの小さな馬場では，20 m×60 mの馬場に比べて行進角度が相対的に大きくなるため，側方屈曲の点から見た横歩の難度は増す（K-X-Mの斜線の行進角度を比べてみていただきたい）．

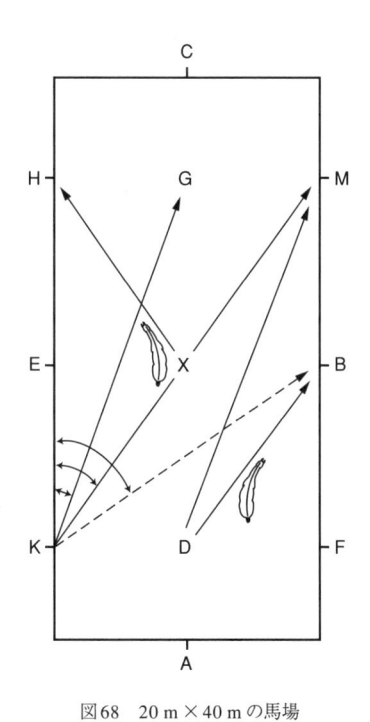

図68　20 m×40 mの馬場
20m×60mの馬場に比べ，行進角度が大きくなるため，横歩の難度は増す．
例えば，20m×60mの馬場での行進線K-Mは「中程度の難度」だが，20m×40mの馬場での行進線K-Mは「高い難度」となり，20m×40mの馬場での行進線K-Bは「無理な要求」となる．

横歩では，上記の2つの基準と，行進線と同じ方向に走る力線とが事の本質なのだ．ここから，よくある質問に対する答えが導かれる．

3蹄跡か4蹄跡か？

横歩の基本原理が守られているならば，力線が行進線と同じ方向に走り，その結果，馬がどのような行進線上を運動していても，3蹄跡行進になる．4蹄跡行進になるのは，馬体の屈曲が十分でないか，後躯が「先行している」場合だけだ．いずれの場合も，力線が正しくなくなるので，このエクササイズは目的を達成できないことになる[18]．

行進線に対する馬体の角度はどのくらいか？

上記の横歩の基本原理が守られてさえいれば，馬体の角度はその結果として生じるに過ぎない．

前躯が先行しなければならないのか？

肩を内への姿勢があらゆる横運動の基本姿勢だということを想起すれば，この質問にはおのずから答えが出るはずだ[19]．

肢は交差するのか，しないのか？

肢の交差は，目の錯覚に過ぎない．馬が肢を交差させているかどうかは，行進線の端からでなければ判定できないが，そんなところに座っている審判員などいないのだ！ C点の審判員からは，馬が3蹄跡行進をしていても，必ず肢が交差しているように見えてしまうだろうが，とにかく実際にはそうではないのだ．正しい横歩をしている馬は，力線をまたぎ越さないように運歩するからだ．

---

[18] 『*Elemente der Ausbildung*』には，このように，正しい横歩では行進線と力線の方向が一致し，3蹄跡行進になると明記されている．これに対して，『*Elements of Dressage*』には，「力線が行進線と平行に走り，その結果，馬が3蹄跡行進をしているとき，横歩が推力，推進力，収縮にもたらす効果は最大になる．しかし，レベル3を超えると，極端な側方屈曲が要求されるため，力線が行進線と平行でなくなり，その結果，馬は肢を交差させて4蹄跡行進を始める．一方，側方屈曲が足りず，後躯が外側に逃げたり先行したりする結果として4蹄跡行進になっていると，このエクササイズの目的は無効になってしまう」と書かれており，上級レベルの横歩では，深い側方屈曲のため行進線と力線の方向が一致しなくなり，4蹄跡行進になることが示唆されている（198ページ訳注参照）．

[19] FEI規程にも，横歩では「前躯が後躯よりも僅かに先行する」（第412条「横運動」第8項「横歩」参照）と明記されている．

言い換えれば，力線をまたぎ越すと，このエクササイズの効果に疑問符が付いてしまうので，そうならないように運歩しなければならないのだ．肢の交差が起こるのは，後躯が「先行」している場合か，側方屈曲をしている馬が横歩の基本原理を満たしていない場合だけだが，どちらの場合も誤りなのだ[20]．

　これについて一度考えてみると，誤ったイメージを除去するのに役立つ．

　ところが，横歩などの横運動が4蹄跡行進になっているのをしばしば目にする．側方屈曲の不足のため，馬体の一部が力線から大きく逸脱し，肢が交差してしまうのだ．このような運動は，見た感じがたいへん良いので自由演技でも好んで披露されるが，力線からの逸脱により，後躯からの推力は減殺されてしまう．横運動の本質は，柔順性，推進力，それに収縮を向上させることなのだ．重心の下に向かって正しく踏み出す馬は，セルフ・キャリッジと律動感が向上するだけでなく，鬐甲が発達し，より軽快になり，優美さを増すのだ．

　経験に富んだ審判員は，これを正当に評価すべきだということを心得ている．

　最後にもう一度，若干の点を特に指摘しておこう．

　横運動は，それ自体が目的なのではない．しかし，目的を達成するためのすぐれた手段なので，調教作業の中で，必ず目的を定め，しかし時間を限って実施しなければならない．

　横運動を正しく行えば，三種の歩度での歩き方が良くなるだけでなく，馬体全体に優美さと光輝が与えられる．基礎調教のエレメント（トレーニング・ツリー）が損なわれず，しかも力線の長所をフルに活用することができて初めて，横運動は所望の成功に至るのだ．

　目的探求の努力の間，決して忘れてはならないのは，横運動では，何よりもまず馬を前に出してやらなければならず，横への動きは，適切な側方屈曲の結果としてのみ可能になるということだ．結局のところ，馬というものは，カニの親類ではないので，前に進むようにできているのだ．

---

20)『*Elemente der Ausbildung*』には，このように，肢の交差は誤りだと明記されているが，『*Elements of Dressage*』には，「馬が4蹄跡行進をしていれば必ず肢が交差するが，これは，側方屈曲が深くなった結果として肢の交差が生じており，しかも横歩の2つの基準が満たされているかぎり，正しいと言える」と書かれ，深い側方屈曲を伴う上級レベルの横歩では，馬が4蹄跡行進を余儀なくされ，肢が交差することが示唆されている（198ページ訳注参照）．

横運動

[訳注]

横運動に関する『Elemente der Ausbildung』と『Elements of Dressage』の説明は，肩を内へについては，内方前肢，外方前肢と内方後肢，外方後肢の3本の蹄跡を描く3蹄跡行進になり（図53b参照），斜横歩のように内方後肢が外方後肢と交差することはないという点で一致しているが，腰を内へ，腰を外へ，横歩については，腰を内へに関する185ページ注9，腰を外へに関する187ページ注11，横歩に関する191ページ注14，196ページ注18，197ページ注20にあるとおり，3蹄跡行進か4蹄跡行進か，また，肢の交差の有無という点で両者に大きな違いが見られる．

『Elemente der Ausbildung』には，横運動では力線と行進線の方向を一致させなければならないので，常に3蹄跡行進になり，肢が交差することはないと説明されている．一方，『Elements of Dressage』には，肢の交差のない3蹄跡行進が原則だとしても，要求の程度が上がって側方屈曲が深くなると，力線と行進線の方向が一致しなくなる結果，必然的に肢の交差が生じ，4蹄跡行進になると説明されている．

この点につき，FEI規程（以下，第412条「横運動」第5項「肩を内へ」，第6項「腰を内へ」，第7項「腰を外へ」，第8項「横歩」を参照）では，規程に付けられた図（参考図4参照）のとおり，肩を内へについては，図53bと同じように3本の行進線が描かれているほか，「内方後肢は外方前肢と同じ蹄跡をたどる」という説明が第22版で加えられ，3蹄跡行進であることが明記されている一方，腰を内へと腰を外へについては，いずれも4本の行進線が図に描かれ，4蹄跡行進が想定されているように読める．横歩についても，「斜線上での腰を内へ」と定義されている以上，腰を内へと同じく4蹄跡行進が想定されていると考えるべきだろう．さらに，腰を内へについて，「前または後ろから見たときに4本の蹄跡が観察できる」，「肩を内へよりも側方屈曲が深い」という説明が第22版で新たに加えられ，その反対の運動である腰を外へについても，「腰を内へと同じ原則と条件が適用される」と規定されていることから，いずれの場合も，側方屈曲が深くなる結果，4蹄跡行進になるという論理が採用されたことが読み取れる．

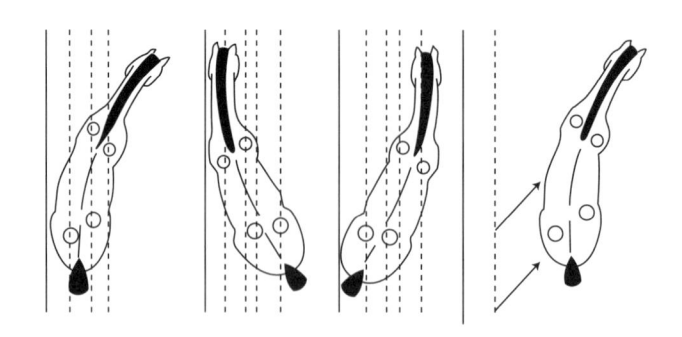

参考図4　FEI規程による横運動の図
左から，肩を内へ，腰を内へ，腰を外へ，横歩．

横運動

　肢の交差に関しては，FEI 規程には，腰を内へ，腰を外へについて，「外方前後肢は，内方前後肢の前方でこれをまたぎ越して交差する」と規定され，肢の交差が明記されている．一方，横歩については，収縮速歩か収縮駈歩で実施する運動だという前提を置いたうえで，「速歩では，外方前後肢は，内方前後肢の前方でこれをまたぎ越して交差する．駈歩では，この運動は，側前方に向かう一連の運歩により実施される」と規定されており，速歩での肢の交差のみが明記され，駈歩での肢の交差の有無には言及されていない（第21版では，速歩・駈歩を区別せずに肢の交差が明記されていた）．

　なお，肩を内へについては，「内方前肢は，外方前肢の前方でこれをまたぎ越して交差する」と規定されているが，これは，「内方後肢が外方後肢と交差することはない」という本書の説明とは矛盾しない．

　以上のように，FEI 規程と整合しているのは『Elements of Dressage』の説明だが，力線と行進線の方向の一致を常に厳格に要求し，それによって初めて推進力と収縮の向上という横運動の本来の目的が達成されると説く『Elemente der Ausbildung』の説明の方が首尾一貫しているように思われる（力線と行進線の方向の一致により横運動の効果が最大になることは，『Elements of Dressage』も全面的に認めている）．フォン・ジーグナー大佐がどちらを支持しているのか明らかでないが，少なくとも英訳の際に文章が改変されたことはほぼ間違いないし，そうだとすると，著者である大佐の了承を得ていたはずなので，本来は『Elemente der Ausbildung』の説明を是とする立場ではあるものの，FEI 規程との整合を図るために改変を認めたのではないかとも想像される．

　参考までに，行進線に対する馬体の角度は，1983年5月1日施行のFEI 規程第16版では，肩を内へ，腰を内へが（したがって，腰を内への反対の運動である腰を外へも）いずれも約30度と明記されていたが，この規定はその後削除され，第22版になって，肩を内へでは第16版と同じ約30度，腰を内へでは（したがって，腰を外へでも）約35度と改めて規定された（これは，上記のように，肩を内へよりも側方屈曲が深いと定められたことと関係があると思われる）．横歩については，明確な角度は定められていない代わりに「馬体は長蹄跡とほぼ平行で，前駆が後駆よりも僅かに先行する」と書かれている．

【第2版での追記】
1 「反対姿勢の肩を内へ」（184ページ）について

　この運動は，例えば右手前での蹄跡行進中に左姿勢の肩を内へを行うもので，前駆が蹄跡上（馬場埒沿い）に置かれ，後駆が馬場の内側に入る（腰を外へではこの逆になることにつき，187ページ参照）．そこで，馬場埒がじゃまにならないようにするため，あらかじめ通常の蹄跡よりも内側に入ってから実施する．

2 後肢旋回とピルエットについて

　FEI規程での「後肢旋回」の取扱いには，若干の混乱が見られる．第22版までの経緯については224ページ注28のとおりだが，第22版の第413条では「停止から停止への後肢旋回」，「常歩からの後肢旋回」，「ピルエットおよび半ピルエット」の順で説明されていたものが，第23版では，説明の順番が逆転するとともに「常歩ピルエット」の項が追加されたことに伴い，標題も「ピルエットおよび半ピルエットと後肢旋回」に改められた．

　「停止から停止への後肢旋回」と「常歩からの後肢旋回」との違いは，旋回前後の停止の有無だけだが，ドイツ公式教本では，前者を「後肢旋回（Hinterhandwendung）」，中間常歩から（あるいは速歩から，常歩への移行を経て）停止をはさまずに旋回する場合を「急速旋回（Kurzkehrtwendung）」と呼んで区別している．FEI規程は，ピルエットを「馬体の長さを半径とする旋回運動」と定義する一方，後肢旋回については，第22版では，224ページ注28にあるように「内方後肢付近のある一点を中心とする旋回運動」というドイツ公式教本とほぼ同じ定義を置いていたが，第23版では，「中間常歩から行う」，「常歩ピルエットよりも約50 cm大きな半径で行ってもよい」（第9項）という定義に改められ，旋回前後の歩度と旋回半径の基準が明確化された．

　なお，ドイツ公式教本上級編では，「常歩ピルエット」を「収縮常歩から行う後肢旋回」と定義しているが，「常歩半ピルエット」と「常歩からの後肢旋回」とでは，旋回前後の常歩歩度が異なるほか，最後の1歩で後肢の交差を認めるかどうかという違いがあるように見受けられる．ドイツ公式教本は，旋回中の後肢の交差は許されないとする一方，蹄跡上にいる馬が内方後肢付近を中心に180度旋回すれば，馬体の幅の分だけ蹄跡から外れてしまうので，蹄跡に戻るために最後に1歩だけ側前方に進む必要があることを理由に，「この最後の1歩だけは，外方後肢が内方後肢と交差してよい」と明記している（「常歩ピルエット」での「最後の1歩」には言及がない）．ここでFEI規程を見ると，第22版では「後肢旋回」の項に置かれていた「馬は両後肢を交差させずに蹄跡に戻る」という記述が，第23版では新設された「常歩半ピルエット」の項（第8項）に移されているが，ここから，後肢旋回についてはドイツ公式教本に従って「最後の1歩」での後肢の交差を認め，常歩ピルエットについてはこれを認めないという考え方を採用したことがうかがえる．

　最後に，ピルエットでの内方後肢の動きについて，「（離地したのと）同じ地点またはそのわずかに前方に着地する」という第22版の記述が，第23版では「できるだけ小さな円弧を描く」と修正されたが（第3項），ドイツ公式教本上級編では，駈歩ピルエットについては第23版と，常歩ピルエットについては第22版と，それぞれ同じ表現が採られていることを考えると，必ずしもその場（信地）での踏歩を要求しないという今回の修正は，もっぱら駈歩ピルエットを念頭に置いたものと考えてよいように思われる．

踏歩変換

「馬術の修練に終わりはない」

　野心的な騎手は，馬を調教して初めて踏歩変換ができたとき，特別な幸福感を抱く．ここで言っているのは「空中での」踏歩変換[1]であって，駈歩でバランスがおかしくなったときに，馬が何となくやってしまう手前の変換ではない．
　こういう場合，踏歩の変換が「空中で」行われることはなく，まず前肢が変わり，次にようやく後肢が変わることになる．このような変換方法は，障害馬にしばしば見られるが，これに異議を唱える必要はない．しかし，馬が不正駈歩を多少とも続けてしまうようでは話が違い，重大な過失として評点に大きく影響する[2]．馬がひとたびこのような誤ったやり方で駈歩の手前を変えることを覚えてしまうと，「空中での」踏歩変換をする気にさせるのは難しい．昔からの調教者の格言に言うとおり，「馬の頭に正しいことを植えつける方が，植えつけられたことを取り除くよりも易しい」のだ．
　「空中での」踏歩変換では，馬はある特定の期，すなわち自由な空間期に踏歩を変換する．ご承知のとおり，空間期は，内方前肢（左駈歩であれば左前肢）が地面を離れるのに続いて起こる（53ページおよび図69a〜d参照）．空間期が長くなるほど（駈歩の運歩が高揚するほど），弾発のある踏歩変換に

---

1) 143ページ注2参照．
2) 『Elements of Dressage』には，「不正駈歩が2, 3完歩以内にとどまっているならば，過失だと批判するまでのことはないが，これは決して空中での踏歩変換ではなく，馬場馬術競技でこんな"踏歩変換"をすれば，"満足すべき演技（satisfactory）"という得点［訳注. 6点］がつくことはない．斜め手前変換の斜線の終点に置いたキャバレッティや地上横木を利用して踏歩変換の作業を始める調教者がいるが，これでは馬に後肢が遅れた誤った踏歩変換を教えるに等しい」と書かれている．

踏歩変換

なる．馬は，自由な空間期に左駈歩から右駈歩へと四肢とも踏歩を変換することにより，新たに外方となる左の後肢が体重を負担して右駈歩を始められるようになるのだ．

これは込み入ったことのように聞こえるかもしれないが，実は全くそんなことはない！前提となる条件は，正しい駈歩をするということだけだ．トレーニング・ツリーの各エレメントが満たされ，丸みを帯びて旺盛で活発な運歩の駈歩になっていなければならないのだ．それによって初めて，ほとんど目に見えない扶助に馬が反応できるのだ．

それでは，どうすれば踏歩変換に到達できるのだろうか？

生まれついてのダンサーといった馬もいるのは確かだ．そういう馬は，生まれつき真直でバランスがとれており，感覚に富んだ騎手に対して抵抗を示すことはほとんどないのだが，きわめて稀な存在だ[3]．しかし，せり市でトップクラスの値段をつけた馬の多くが，予定よりもずっと早いうちに消耗してしまい，トップクラスの競技会で再びその姿を目にすることができるのはごく少数だという事実も，残念ながらあるのだ．

しかし，ここで関心があるのは，むしろ基礎調教を完了して徐々にレベル3へと導いてやらなければならない普通の乗用馬だ．古くからよく知られているとおり，「果実は熟せば膝の上に落ちてくる」ものだが，踏歩変換にはこの法則がひときわよく当てはまるのだ．

そこで，もう一度トレーニング・ツリーを見てみよう．

基礎調教の10個のエレメントをすべて本当に身につけるとともに，すでに二蹄跡運動の手ほどきを受けた馬に経験に富んだ騎手が乗れば，すぐさま踏歩変換に成功するだろう．

問題が起こるということは，エレメントのどれかが正しくないということでしかない．例えば，バランス（エレメント7）がおかしかったり，推進力（エレメント9）が足りなかったり，柔順性（エレメント8）が身についていなかったりしているのだ．

---

[3] フランスのデカルパントリー（Decarpentry）将軍は，その著書『エキタシオン・アカデミック（*Equitation Académique*）』の中で「完全に真直な馬というのは1000頭に3頭しかいない」と述べている．

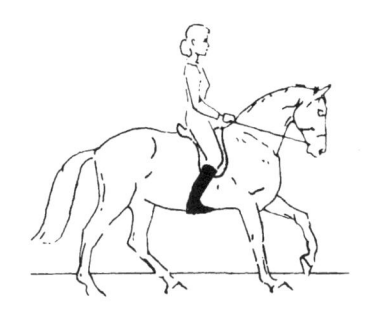

図69a) 左駈歩の「3肢による支持期」．外方（右）後肢が最初に地面を離れ，「2肢による支持期」に至る．

図69b) 左前肢の「1肢による支持期」で駈歩の運歩が終わる．騎手が脚の位置を切り替える．

図69c) 馬は，「自由な空間期」に，騎坐（体重）の扶助によって四肢とも右駈歩へと変換する．

図69d) 右駈歩の新外方（左）後肢が最初に地面に着き，「3肢による支持期」に至る．

　踏歩変換がたやすくできるようになりたいのなら，必ずその前にまずこれらのエレメントを身につけておかなければならない．推進力（エレメント9）が不足しているなら，エレメント6（真直性），7（バランス），8（柔順性）を確実に改善しなければならないのだ．

　あまり早いうちから踏歩変換を要求しても，馬を混乱させ，果てはおびえさせてしまい，不快な光景が繰り広げられるばかりで，「馬術」とは全く相容れない．ここでもまた，初めての踏歩変換を経験の浅い調教者に任せないようにはっきり警告しておかなければならない．初めての踏歩変換は，できるだけ経験に富んだ調教者に委ねるべきなのだ．

踏歩変換

| 1 | 2 | 3 | 4 | 5 | 6 | 7 | 8 | 9 | 10 |

　踏歩交換には，しっかりした騎坐姿勢と正しい扶助，それに正確なタイミングが不可欠だ．不安や緊張はあっという間に生じるもので，そうすると，踏歩変換が馬にとって恐怖の対象になってしまう．

　そういうわけで，若い騎手にすぐにでもお勧めしたいのは，まず最初に優秀な練習馬に乗って，踏歩変換の扶助の感覚を覚えこむことだ．これは，若い馬は老練な騎手から，若い騎手は老練な馬から学ぶという十分に検証された原則とも一致している．そして，やるべきことを完全に理解して初めて，不安を覚えている馬のことも納得させることができるのだ．経験に富んだ調教者は，踏歩変換に向けて馬の準備が整う時期を知っている．レベル2に長くとどまりすぎると，反対駈歩が習慣になってしまうため，踏歩変換にはむしろ害があるのだ．

　踏歩変換の扶助は，馬の準備がきちんと整っていれば，半減却によりそれとなく指示を与え，すぐに続けて新しい駈歩の手前への騎坐姿勢の変換[4]を行うだけで十分だ．これは，馬が旧内方前肢上に身を乗り出すようにして自由な空間期へと移行しようとする瞬間に行われる．騎坐姿勢の変換は，単純踏歩変換で身につけているはずだ．つまり，内方の腰を前方に押し出す騎坐（体重）の扶助，腹帯のところに置かれて馬を前方に推進する内方脚，腹帯の後ろに置かれて支持の働きをする外方脚，馬の頭の内方屈撓，内方手綱を譲る操作からなる．

　旧手前の駈歩の運歩は内方前肢の着地で終わるため（図69b），脚の位置をこの直前に入れ替えておく．馬は，バランスを崩さないように側方屈撓を変換し，次に来る自由な空間期に駈歩の踏歩を変換する準備を整える．そして，騎坐（体重）の扶助により踏歩変換が惹き起こされるのだ[5]．

　駈歩が真直性，柔順性，推進力に富んでいるほど，踏歩変換もそれだけたやすくできる．

　つまり，駈歩の質の高さは，踏歩変換の基礎であり，また，ほとんど目に見えない扶助でこれを行うための前提条件なのだ．

　残念なことに，扶助操作が力ずくだったり，騎手の一方の腰が折れ曲がったり，脚がぶらぶら揺れたり，手綱を引っ張ったりといった不快な光景を見ることがあまりにも多い．

踏歩変換のための事前エクササイズとして不可欠なのが，単純踏歩変換を正しく行うことだ．このとき馬は，「2本のレールの間で」真直な状態を保ち，速歩をはさまずに常歩に移行して，2ないし3完歩の明瞭な常歩の後，またもや速歩をはさむことなく新しい手前の駈歩に発進しなければならない．実際，このエクササイズを行うには，馬が後躯をよく踏み込ませ，バランスをよく保って，騎手の扶助に十分同調していることが必要だ．単純踏歩変換を軽率に実施すると，踏歩変換の準備になるどころか，逆効果なのだ．

初めての踏歩変換を要求しようと考えているまさにその地点で，まず単純踏歩変換を数回実施しておくと，「空中での」踏歩変換を馬が理解しやすくなる．騎手は常に，馬ができるだけ簡単に学習できるようにしてやらなければならないが，どのような行進線のどの地点で踏歩変換させるかを決めるのもその一環だ．バリエーションはたくさんあるが，ここでそのいくつかを示そう．

正駈歩からの踏歩変換

● 馬場の全部あるいは半分を使う斜め手前変換[6]の斜線上で，新蹄跡に

---

4) 『*Elemente der Ausbildung*』では「Umsitzen」と表現されており，この用語は『獨和馬事小辞典』では「騎坐の転位」と直訳されているが，『*Elements of Dressage*』では「騎手の姿勢 (position) を新しい手前へと僅かに変える」と表現されていることも考慮し，「騎坐姿勢の変換」とした．

5) 『*Elements of Dressage*』には以上2つのパラグラフに代え，次のような説明が置かれている．
「踏歩変換の扶助は，常歩や速歩からの駈歩発進を要求する際になじんできた扶助と同じで，半減却に続き，騎坐と両脚を駈歩発進の位置に置く（つまり，内方坐骨に前下方への圧迫を加え，内方脚は腹帯のところに置いて前進を要求し，外方脚は腹帯から拳1つ分だけ後ろに置いて後躯を制御するとともに，馬の頭を内方に屈撓させて内方手綱が緩むようにする）のだ．
旧手前の駈歩の運歩は，内方前肢が体重を負担するときで終わるため（図69b），騎手はまさにこの瞬間に脚の位置を入れ替えて，次に行う手前の変換をそれとなく指示する．これにより，馬は踏歩変換の準備を整える．そして，空間期に向けて内方前肢が地面を離れようとする瞬間，騎手が新しい手前へと体重を移せば，馬は踏歩を変換するはずだ（図69c）．これはいかにも机上論のように聞こえるかもしれないが，知識があれば理解が助けられるし，理解があれば感覚の養成が助けられるのだ」．

6) 標旗のついた馬場でいえば，「馬場の全部を使う斜め手前変換」とは「H－X－F」，「K－X－M」などの運動をいい，「馬場の半分を使う斜め手前変換」とは「H－B」，「E－M」などの運動をいう．

7) ドイツ公式教本では，20 m×40 mの馬場のH，K，F，Mの4点が「変換ポイント（Wechselpunkte）」と呼ばれているが，これは，斜め手前変換をする馬がこの地点で手前を切り替えるからだと推測される．

達する瞬間の「変換ポイント」[7]で実施.
- 輪乗りを換える運動あるいは輪乗りの手前を換える運動の変換ポイント[8]で実施.
- 蛇乗りで，中央線を通過する瞬間に実施.
- 隅角からの半巻[9]で，蹄跡に戻る瞬間に実施.
- 隅角に向かう半巻[10]で，隅角での回転に入る直前の直線上で実施.

反対駈歩からの踏歩変換
- 長蹄跡上の蛇乗りの終点で実施.
- 地点A，CあるいはB，Eその他の長蹄跡上の半減却ポイント[11]で実施.
- 直径20 mの輪乗り上のいずれかの半減却ポイント[12]で実施.

横歩からの踏歩変換
- バリエーションはたくさんあるが，注意しなければならないのは，踏歩を変換する前に馬をまっすぐにしてやらなければならないということだ．運歩の拍子を数えるのだ[13]！（……右－右－右－右－まっすぐ－左－左……）

どの手順が適しているかは，馬によって判断しなければならない．正駈歩からの踏歩変換の方がたやすくできる馬もいれば，反対駈歩からの踏歩変換の方が容易な馬もいる．また，横歩からの踏歩変換には，騎手の訓練と馬の調教とがより高度なレベルに達していることが必要とされる．

---

8) 注7から明らかなとおり，これらの運動で手前が変わる地点，すなわち，それぞれ輪乗りの接点あるいは輪乗りの中心をいう．
9) 隅角で描く四分円から，そのまま続けて半巻を行う運動．
10) 隅角の直前で蹄跡に戻るように行う半巻．
11) 具体的には，20 m×40 mの馬場で言えば，地点H，K，F，Mを指す．137ページ参照．
12) ドイツ公式教本にいう「輪乗りポイント」（137ページ注4参照）を指す．
13) 『Elements of Dressage』では，「踏歩を変換する直前の1完歩は馬をまっすぐにしなければならない．リズム！推進力！そして，駈歩の第3節を数えるのだ！」となっている．

著者紹介

　K．アルブレヒト・フォン・ジーグナー大佐[1]は，アメリカでは主として優秀な指導者として，また，現在アメリカ全土で使われているセント・ジェームズ賞典課目の考案者として知られている．フォン・ジーグナー大佐の職業馬術家としての経歴は，1939年にドイツ騎兵士官に任官したときから始まっている．捕虜としての抑留後，1946年にドイツの国家資格をもつ馬術教官となり，チュービンゲンの乗馬大学校の主任教官となっ

著者

た．その間，チュービンゲンの同僚とともに，Sクラス（ドイツの分類で，グランプリ・レベルに相当）までの馬場馬術，障害馬術の国内・国際競技会において，南ドイツのほか，スイス，ベルリン，アーヘンなどで数々の成功を収め，1954年にはドイツ騎士章の金章を授与された．また，ドイツの乗馬関係誌に多数寄稿しているほか，『*Deutsche Reitlehre*（ドイツ馬術教範)』[2]の編纂に参画し，ミューゼラーの『乗馬教本』の数次の改訂にも携わった[3]．

1）ドイツ馬術連盟公式サイトに2016年10月7日付けで掲載されたニュースによると，1918年3月にシュチェチン（現在はポーランド領）で生まれ，2016年10月に98歳で亡くなっている．
2）1ページ注2参照．
3）ドイツ国立図書館のウェブサイトで確認したところでは，1957年出版の第34版から改訂者として明記されており，特に1981年の第44版は，「フォン・ジーグナーによる全面改訂版」となっている．さらに，最新版である2005年の第47版は，「フォン・ジーグナーによる新訂版」と銘打たれ，ドイツを中心とした有名選手のカラー写真が多数追加された他，ミューゼラー自身の序文に加えてフォン・ジーグナーによる前書きが付けられている．英語版の『*Riding Logic*』も，1983年の第5版で全面改訂されているが，日本語版『乗馬教本』は，その「訳者の言葉」にあるとおり，原書第9版（出版年不詳）を底本とし，第32版（1950年）と英語版の1953年版を参照したものなので，原書の全面改訂は反映されていない．

1956年，西ドイツ国防軍の現役に復帰し，ドイツNATO軍機甲部隊の指揮官を務めた．その後，トルコ騎兵学校の主任教官として4年間イスタンブールに派遣され，かつてハノーヴァーにあったドイツ騎兵学校の方法に沿って再編を行った．

　1971年，馬場馬術選手である妻のエリザベート（Elisabeth）と，総合馬術選手である息子のボト（Botho）とともに，ハンブルク近郊のメッヒェテルゼン（Mechtersen）に乗馬学校を開設した．この学校では，Sクラスまでの人馬を訓練しているほか，グランプリ・レベルまであらゆるレベルの練習馬がそろっている．フォン・ジーグナー大佐は，1976年以来，ほぼ全面的に馬術に専心しており，1984年から10年間，ドイツ馬術・馬車選手協会（Deutschen Reiter- und Fahrverband）総合馬術部門の座長を務めたが，上記の乗馬学校は，同部門のトレーニング・センターも兼ねている．このトレーニング・センターは，若い総合馬術選手の訓練に特に適しており，各種の野外障害物を60個もそなえた訓練用の野外騎乗コースを有している．

　フォン・ジーグナー大佐は，毎年2回，数週間にわたってアメリカに滞在し，馬場馬術部門の指導者として精力的に活動しており，近年は，アメリカ全土でグランプリ・レベルまでの騎手を対象にクリニックやセミナーを開催している．

付録：USDF馬場馬術審査用語集
(Glossary of Dressage Judging Terms)

はじめに

この用語集は，USDF審判員委員会（USDF Judges' Committee）が，永年の求めに応じてプロジェクトとして編纂したものである．

英語圏の馬場馬術の騎手も，指導者も，審判員も，標準的な用語集がなかったため，言語による意思疎通を図ろうとしても話し手の意図が受け手にうまく伝わらないという問題にしばしば直面してきた．文献（多くは翻訳だが，正確な訳でないことも多い）から収集した語彙や専門用語の概念を利用したり，解釈したりして何とか済ませてはきたものの，著者によって違う用語を使っていたり，言語によって意味やニュアンスが違っていたりといった問題に悩まされてきた．

この用語集の主目的は，馬場馬術の審査で使われる専門用語の理解の向上と，各用語の用法の標準化にある．馬場馬術の用語全般についての包括的な辞書とするつもりはない．

この用語集により，審判員，選手，指導者相互の意思疎通が向上することを望みたい．この目的が達せられれば，審査自体の質も向上し，競技会の経験から学ぶことも多くなるだろう．

用語の定義と用法を定めるにあたり，このプロジェクトを支配していたテーマは，用法の一致であった．工学や音楽などからの「借り物」の用語は，元のまま採用したし，辞書の定義で十分意味がわかるものは，可能な限りそれを使った．提案された用法や，一般的な（しかし，多くの場合，変化に富んだ！）用法の中から，委員会の多数意見に基づいてかなり独断的に定義を選択した場合もあったが，どのような場合も，少なくとも出発点としては辞書の定義を採用した．個々人の解釈や用法に，学理的な違いや形而上的な違いがあることもあるだろうが，それでもなお，標準化された用法が受け容れられ，使われるようになれば，それはすべての関係者にとってたいへん好都合だろう．

この用語集の編纂期間中，アメリカのトップクラスの審判員の監修と意見を

しばしばお願いしたほか，馬の生理学およびバイオメカニクスの分野での用語の明瞭性と正確性を高めるため，FEI の獣医師デボラ・P・ハリソン（Deborah P. Harrison）博士に監修をいただいた．オリンピックの金メダリストであり，著名な指導者でもあるハンス・フォン・ブリクセン‐フィネッケ（Hans von Blixen-Finecke）男爵[1] と，オリンピック審判員であるジャープ・ポット（Jaap Pot）氏には，用語集の文章の監修，寄稿，確認をお願いした．また，ナンシー・サッチャー（Nancy Thatcher）には，専門的な助言について感謝の意を表したい．

USDF 審判員委員会教育分科会
座長 J. アシュトン・ムーア
（J. Ashton Moore）

---

[1] スウェーデンの騎兵将校出身で，陸軍乗馬学校の校長を務めた．1952 年のヘルシンキ・オリンピックでは，馬場馬術競技の優勝馬の調教に携わったほか，総合馬術競技で個人・団体の金メダルを獲得している．その後，1963 年にイギリスに移住して馬術指導に当たっている（『The Art of Training』による）．

USDF審査用語集
(*USDF Glossary of Judging Terms*)

[訳注．この用語集の中で下線を付した用語および頭に「⇒」を
付した用語は，それぞれの項目を参照すべきことを示す．]

Above the Bit：頭を上げた[1]
　　馬が鼻先を前上方にもっていくことによってコンタクトの受容
（acceptance of contact）を避けているときの頭の姿勢．

Acceptance：受容，（扶助操作に）従うこと
　　扶助に対する忌避（evasion）・抵抗（resistance）・不満の表出[2] がな
く，これを甘受すること．着実なコンタクトの維持，扶助操作，騎手
の負重を，馬が抵抗なく自ら進んで許容する状態を指す．

Activity：活力，（後肢・後躯の）活発な動き（[後肢・後躯を]活発に使うこと）．
　　エネルギー，力強さ，活発さ（liveliness）．特に，馬の後肢に関する
表現として用いられる．

Against the Bit：銜に突っかかる[3]
　　頭，うなじ，顎を固くしたり譲らなかったりすることにより，馬が口
を銜に対して押しつけること．

---

1) 64ページ注7および248ページ参考図5e参照．これがひどくなったものを，「天井を向いた馬」
（英語では「star gazer」[直訳すると「星を見上げる者」]）と呼ぶ．
2) FEI規程でも，舌を出す，歯ぎしりをする，尾を振り回すといった行為は，抵抗の表れとして
減点対象となるが（第416条「推進力／従順性」第2.1項参照），このほか，頻繁に鼻を鳴らす，
立ち止まって前掻きをする，尻っ跳ねをする，暴走するといった形で不快感を表明する馬もいる．
3) ドイツ公式教本では，「gegen den Zügel」（英語版では「against the hand」で，「銜に突っかか
る」の意味）と「über dem Zügel」（英語版では「above the bit」で，「頭を上げる」の意味）と
を区別しておらず，頭を上げた馬の図が付されている（248ページ参考図5e参照）．これは，「銜
に突っかかる」と同時に「頭を上げる」馬が多いからだと思われるが，『国際馬事辞典』19-23,
19-24では，それぞれを「銜にかかる，突っかかる」，「頭を上げる」と訳し分け，前者には頭頸
を前方に突き出して銜を強く引いている馬の図を，後者には頭を上げて鼻先を前上方に突き出し
ている馬の図を付している．実際に両方のタイプの馬が存在する以上，両者を区別しておく方が
合理的だろう．

USDF審査用語集

Alignment：(馬体の) 整置
　　尾からうなじまで，馬体の各部が1列に並ぶこと．
Amble：側対歩
　　側対肢が同時に動く歩き方．完全な側対常歩（lateral walk ⇒ Pace）．
Balance：バランス
　　馬と騎手の体重の相対的な配分状態をいい，両前肢と両後肢への配分状態（前後のバランス）と，左の前後肢と右の前後肢への配分状態（左右のバランス）とがある．バランスの良い馬とは，体重が左右均等に配分され，両後肢に十分負重しているため，目下の作業を容易にこなせる馬であり，バランスの失墜とは，前躯への負重や左右どちらかの側への負重が不意に増加する状態をいう．
Basics：基礎事項
　　基礎事項は，どの馬場馬術課目を実施する場合でも，馬の漸進的な調教の正しい土台となる．
　　基礎事項とは，リラクセーション（<u>relaxation</u>），一定のテンポ（<u>tempo</u>）を保った正しいリズム（<u>rhythm</u>），柔順性（suppleness）／透過性（<u>throughness</u>），銜を受けること（<u>acceptance of the bit</u>），バランス／体勢（<u>carriage</u>），推進力（<u>impulsion</u>），真直性（<u>straightness</u>）である[4]．
　　基礎事項が正しく身についているかどうかは，(1) 各歩法（<u>gait</u>）および歩度（<u>pace</u>）での運歩の質（<u>quality</u>）の向上，(2) 馬の身体能力および馬格の向上，(3) 馬の体の構え（attitude）および乗りやすさ（rideability）の向上によって示される．
Beat：1. 節，着地期；2. 拍子
　1. ある歩法において肢が着地する蹄音（footfall）．1本の蹄が（あるいは2本の蹄がほとんど同時に）地面を打つこと．この定義によると，常歩は4節，速歩は2節，駈歩は3節となる．
　2. 音楽の場合と同じく，強調された拍子．この定義によると，常歩は2拍子，速歩も2拍子，駈歩は1拍子となる．

---

4) これらの項目も，トレーニング・ツリーと同様にドイツの「調教進度基準」を参考にしたものと思われる．

Behind the Bit, Behind the Aids, Behind the Leg：巻き込んだ；扶助に鈍感な；脚に鈍感な

　　扶助の忌避の一形態で，馬がコンタクト（contact）を求めて前に踏み出すことを避け，銜あるいはコンタクトに対して立ちすくんで尻込みをすること．このとき，馬の頭が，轡後に来ている（behind the vertical）場合も，そうでない場合もある [5]．

Behind the Vertical：轡後^{きょうご}に来た

　　馬の鼻孔が，馬の眼から下ろした仮想の垂線よりも後方に（すなわち，胸の方に）来ているときの頭の姿勢．このとき，馬が巻き込んでいる（behind the bit）場合も，そうでない場合もある．

Bend：（馬体の）屈曲

　　馬体が側方にアーチを描き，うなじから尾までが均一に湾曲しているように見える姿勢 [6]．誤った屈曲の例として，頸だけ，あるいは頸のつけ根だけの屈曲，誤った方向への屈曲などがある．

Biomechanics：1, 2．バイオメカニクス（生体力学）

　1．生命体の構造，機能，能力に，力学（物理学の一部門で，物体の運動と，物体に対して力が働く際の現象を扱う）の理論と技術を応用すること（ウェブスター辞書）．

　2．「様々な動作——馬に関しては主として体の動き，騎手に関しては主として姿勢と扶助の付与——を生み出したり保持したりする際に，筋肉が骨格をどのように動かすか，ということ」（H. フォン・ブリクセン-フィネッケ男爵）[7]．

5）この説明では，「behind the aids」も「behind the leg」も馬が巻き込んだ状態を意味する同義語になってしまうが，「behind the legs」は，「in front of the legs（脚に敏感な）」（77ページ注15参照）の反意語なので，「脚に鈍感な」とし，これに合わせて「behind the aids」にも「扶助に鈍感な」という訳語を当てた．「behind the bit」については，「訳語解説」の「Contact」の項を参照．

6）解剖学的には，馬の脊椎は全体を一様に湾曲させることはできないが，馬術では，歴史的に脊椎の「均一な」湾曲を求めるという約束になっているため，このように表現される．

7）『The Art of Training』第1部第2章「バイオメカニクス」（同書15ページ）参照．

Blocked：阻害された

筋収縮の持続が原因で，人馬の連携（connection）が害された状態で，固さを招く．

Boxing：前揚[8]

前肢の過剰な動作や人為的な動作をいう．通常，速歩について用いられる（⇒Punching）．

Broken Neckline：頸が折れ曲がった姿勢[9]

頸の，上からおよそ3分の1のところに過剰な前後の屈撓（longitudinal flexion）が生じているときの頸の姿勢で，その結果，うなじが骨格上の最高点には位置しなくなり，頸のトップラインが描く均一で滑らかなアーチが失われてしまう．

Cadence：律動感[10]

明瞭な強弱のあるリズム（rhythm），あるいは（音楽的意味での）拍子（beat）．弾力性に富んだ推進力と調和した，安定した適切なテンポ（tempo）の結果として生じる．

Camped：（停止で両後肢が）踏み込んでいない

8）ボクシング（boxing）でパンチを繰り出す（punching）ような前肢の動きからこのように呼ばれると推測される．

9）日本では「第三頸椎が屈撓した姿勢」などと呼ばれる．ドイツ公式教本では，「騎手が両拳を後方に操作して依倚（コンタクト）を強制しようとした結果として生じ，うなじが最高点に位置しなくなり，多くの場合，頸の上部の第三頸椎あるいは第四頸椎が最高点になる」と説明され，うなじの後ろが折れ曲がった図（248ページ参考図5b参照）が付されている（同書177ページ［英語版143ページ］参照）．

10）ドイツ公式教本では，「馬が空間期をいっそう明瞭に維持している状態」と定義され（同書184ページ［英語版148ページ］参照），FEI規程には，「律動感は，速歩および駈歩において現れるものであり，馬が明瞭な運歩の整正，推進力，バランスを示しながら運動する際に見られる人馬の適切な調和の結果である」という説明が置かれているが（第401条「目的と一般原則」第7項［第23版では第6項］参照），「運歩の整正」は「正しいリズム」を要件とするので，「運歩の中に一定のリズムが明瞭に見てとれること」が重要な要素だということになる．
　日本語規程では，従来の「躍動感」いう訳語が第22版で「カダンス」に改められたが，「一定のリズムを維持した弾発力で強調すること」という日本語規程独自の注釈でも「一定のリズム」が重視されていることから，「リズム（律動）」と関係が深い用語であることを示すために，「律動感」とした．

両後肢が馬体の後方に置かれている状態で，「Parked」と同義．停止に関して使われる．

Carriage：（馬の）体勢[11]

馬の身の置き方（posture）で，馬を横から見てアウトライン（outline）を観察するのが最もわかりやすい．

Chewing the Bit：銜を味わう動作

馬がそっとおだやかに銜を味わう（mouth the bit）ような口の動きで，このとき馬は，顎を動かして緊張を緩和する動作（mobility and relaxation of the jaw）を見せ，それにより唾液の分泌が促されて「口が湿った状態」が得られる[12]．銜をがちがち噛むとか歯ぎしりをするといった動作と混同してはならない．

Clarity：（運歩の）明瞭さ

ある歩法において，それぞれの肢が着地がする蹄音が明瞭に区別できる状態．

Closed Halt：馬体がつまった停止

停止の際の馬の身の置き方（posture）が，バランス，体の構え（attitude）ともに安定しており，両後肢を十分に馬体の下に踏み込んで，人馬の体重を四肢でほぼ均等に負担している状態．

Collected（walk, trot, or canter）：収縮（常歩，速歩，駈歩）

速歩および駈歩においては，馬が尋常歩度に比べていっそう前高の（uphill）バランスと，より大きな推進力を示しながら，それ以外の歩度よりも歩幅が短縮した歩度（pace）．

11）この説明では「体勢」という意味にしかならないが，本書では「体重負担力」という訳語も用いている（「訳語解説」の「Carriage」の項を参照）．

12）デカルパントリー（Decarpentry）将軍は，馬の口が緊張緩和する際には，物を飲み込むときと同じような舌の動きが生じ，唾液の軽い分泌が促されると述べており，馬は，舌を動かせる程度に上顎と下顎を離し，銜を舌で持ち上げて口腔の奥の方に巻き上げるようにした後，舌を伸ばして元の位置に戻すが，これによって銜が元の位置に落ちるときに銜がぶつかり合ってかちゃりという独特の音を響かせると説明している（『エキタシオン・アカデミック』42ページ参照）．

このとき，馬がもぐもぐと口を動かしたように見えることから「銜を味わう動作」と呼ばれるのだろうが，これによって口（正確には下顎）が緊張緩和すると，拳の操作の受容（つまり，拳の操作に抵抗がない状態）に至るのではないかと思われる．

常歩においては，主として，頸を前上方に伸ばすことによる体勢の起揚（elevation）と，中間常歩に比べて短縮した歩幅を特徴とする歩度．

Confidence：自信・信頼
馬が演技を行う際の大胆さと自己信頼，そして，騎手とのパートナーシップの中での騎手に対する信頼．

Connection：人馬の（特に，騎手の拳と馬の口との）連携
人馬を調和のとれた一体として結びつけるための回路に阻害（blockage⇒Blocked），遮断，よどみがない状態で，騎手から発せられ，その体を経て伝わるエネルギーの流れや馬に対する作用が，妨げられることなく馬体を透過して馬に流れ込み，また騎手へと戻っていく状態．⇒ Throughness．

Constrained：無理な（不自然な），束縛感のある
意に反して無理にさせられたり強制されたりした結果，筋収縮が過剰に持続すること．例えば，馬が側方屈曲や屈撓，速い速度での前進を無理強いされている，などの場合がある（「restrained（[動きが]抑制された）」と同義ではない）．

Constricted：窮屈な
無理強い（constraint⇒Constrained）や抑制（restraint），筋収縮の持続により動きが制限されること．馬体を無理にたたんだり，強制的につめたりして，体が締めつけられたようになった状態をいう．

Contact：コンタクト（依倚）
手綱がたるまずに一直線をなすようにぴんと張っている状態をいい，正しいコンタクトであるかどうか，すなわち，馬がコンタクトを受容しているかどうか（acceptance）は，騎手の拳と馬の口との間の連携の柔らかさ（elasticity）によって判断される．

Correctness：正良な運歩，（歩き方が）正しいこと
馬の四肢がまっすぐに動いている状態（そうでない例として，前肢を外側に振り出すようにして歩いたり[winging, paddling][13]，飛節が輪を描くように動いたりする馬[ringing hocks]が挙げられる）．「正調な運歩（purity）」と異なる．馬場馬術審判員は，正良な運歩を間接的

にしか審査せず，これが正調な運歩や運歩の質（quality）にどの程度の影響を与えるかで判断するに過ぎない．

Crookedness：1, 2, 3. 馬体の歪曲
1. 要求されている行進線に対して平行でなくなった状態（例えば，後躯が中央線の左または右にずれるなど）．
2. 馬の肩が張り出したり，頸が曲がったりするなど，馬体のうなじから尾までの部分のどこかが1列に並んでいない状態（misalignment ⇒ Alignment）．
3. 行進線をまっすぐにたどっていない状態（例えば，左右によれるなど）．

Cross Canter：不正駈歩，交差駈歩
駈歩の際，前肢と後肢とが異なった手前の動きをすること．「Disunited（不正［駈歩］）」と同義．

Definition：メリハリ
運動の差異あるいは明瞭な境界．通常，同じ歩法の中での歩度の移行について用いられる．

Disobedience：不従順
馬が，要求されたことを意図的に避けたり，要求されていないことをしようとしたりすること．

Disunited (canter)：不正（駈歩）
「Cross Canter（交差駈歩）」と同義．

Dragging：（後肢の）引きずり
後肢の先を地面に引きずりながら歩くこと，すなわち後肢の活発な動きの欠如（inactivity ⇒ Activity），または後退の際に肢を引きずることをいう（斜横歩や横歩で，馬体が長蹄跡に平行になっていない状態[14]

13）『The Equine Dictionary』によると，「winging」および「paddling」は，一般には「dishing」と呼ばれ，空中にある蹄が外側に逸れていくような歩き方で，内向（O状）肢勢の馬や狭踏肢勢の馬によく見られると説明されている．『国際馬事辞典』15-49では，「dish」に対して，「前肢を外輪に歩く」という訳語を与えている．

14）斜横歩や横歩で，前躯ばかりが横に動いて後躯が遅れ，前躯が後躯を引きずって運動している（あるいは，逆に後躯が前躯を引きずっている）ように見える状態を指す．⇒ Trailing．

ではない).

Elasticity：伸縮性，（運動の）弾力性，（体の）柔らかさ[15]

　　筋肉組織が，「伸展性」とか「バネのような弾力」という印象を与えるほどスムーズに伸展・収縮する性向あるいは能力.

Elevation：1.（前躯の）起揚；2.（肢の）高揚

1. 馬の頭と頸（頸のつけ根を含む）が，隆起した鬐甲のところから伸びやかにもち上がった状態.
2. ピアッフェやパッサージュの際に，馬の肢が上がる高さを指して使われる.

Engagement：踏み込み

　　馬の後肢の諸関節が，その負重期に屈撓（<u>flexion</u>）の深さを増すこと．その結果，相対的に後躯が沈下して前躯が起揚し，体重を後躯でより多く負担するようになる．上方に向かう推力すなわち推進力（<u>impulsion</u>）の前提条件の1つ.

　　踏み込みは，飛節の屈撓とも，ウエスタンのゲイト・ホース（gaited horse）[16]やハックニー種の馬に典型的に見られる「飛節の動き（hock action）」，すなわち，後肢が空中にある時期にその諸関節が明瞭な屈撓を示すこととも違うし，単に後肢が腹帯の方に向かって前に出る際の歩幅の大きさ（これを後肢の前方伸展［<u>reach</u>］という）とも違う.

Evasion：（扶助の）忌避，逃避

　　運動の困難さや正確さ，あるいはその目的とするところを馬が避けること（例えば，頭を傾けたり（<u>tilting the head</u>），口を開けたり，頸が折れ曲がった姿勢（<u>broken neckline</u>）をとったりするなど）で，多くの場合，積極的な抵抗（<u>resistance</u>）や不従順（<u>disobedience</u>）までは示さな

---

15) ここでいう「体の柔らかさ」は，単に「変形しやすい」という意味での「柔軟さ」ではなく，「筋肉が伸縮しやすいため，形が変わってもすぐ元に戻る」という意味での「弾力性（しなやかさ）」を指す.
16) 馬の先天的な歩法（常歩，速歩，駈歩．ウエスタンでは，ウォーク，ジョグ，ロープ）の他に，ステッピング・ペース，ラックなどの後天的な歩法またはその馬種に固有の歩法を1つ以上もっている馬（『The Equine Dictionary』）.

い．銜の忌避は，馬が銜との正しいコンタクト（contact）を避けるために使う手段である．

Expression：（運動の）弾発[17]
　律動感（cadence）のこと．

Extended (walk, trot, or canter)：伸長（常歩，速歩，駈歩）
　速歩，駈歩では，馬が前高の（uphill）バランスを維持しながら，最大限の前方への推力と前肢の極限的な前方伸展（forward reach）により，歩幅の最大の伸展を見せる歩度（pace）．
　常歩では，歩幅の伸展と頸の前方への伸展が最大になる歩度．その際，後肢の蹄跡は，前肢の蹄跡を踏み越す．

Falling In, Falling On inside Shoulder, Falling Out, Falling Over Outside Shoulder：内側に倒れ込む，内方肩にもたれる，外側にふくらむ，外方肩にもたれる（肩を張る）[18]
　バランスの失墜（loss of balance）や扶助の忌避（evasion）によって馬の肩が側方に逃げること．

Figure：図形[19]
　輪乗り，手前変換，8字乗りなど，馬場馬術課目の幾何学的構成要素．誤って，「運動課目（movement）」という用語と混用されることがある．

Flexibility：（関節の）屈撓能力，柔らかさ
　関節を自由に動かす能力．

Flexion：屈撓
　関節を動かし，これをはさむ2本の骨の角度を小さくすること．側方屈撓および前後屈撓とは，通例，「うなじ」の部分の屈撓を意味する．

17）本書では，この用語は，もっぱらドイツ語の「Ausdruck」に対応する用語として用いられている．「Ausdruck」は，英語の「expression」と同じく「表現」という意味の言葉なので，「運動の華」といった訳語も考えたが，本書の前後関係からすると，運歩の高揚による「弾発」を意味しているようなので，本書では「(運動の) 弾発」と訳した．

18）日本語では，肩が内側に逃げることを「内にもたれる」，外側に逃げることを「肩を張る」などと呼ぶ．

19）本書では「図形運動」としている．

Flipping：前肢を跳ね上げるような歩き方[20]
　　前肢の過剰な動作や人為的な動作をいう．通常，速歩について用いられる．

Forward：前方，（馬を）前に出す[21]
　　馬の前方に当たる方向，あるいは，その方向に向かって運動すること，またはその性向．
　　この用語は，側方，後方あるいは停止状態との対比において，馬が進んで行く方向を示すもので，どのように進んでいくかという態様を示すものではない．推進力（<u>impulsion</u>），エネルギー，前方伸展（<u>reach</u>），歩幅，脚に敏感（in front of the leg），テンポ（<u>tempo</u>）といった詳細事項に言及すれば，馬が前方に向かってどのように進んでいるのかという態様をより正確に表現できる．

Frame：馬体フレーム，（馬の）姿勢
　　伸長や収縮の相対的な程度によって決まる，長めのあるいは短めの馬のアウトライン（<u>outline</u>）．「レベル2のフレーム（枠組み，Second Level frame）」，「レベル4のフレーム」などのように，馬の調教レベルを指して使われることがあるが，これは誤用．

Freedom：（運歩の）伸びやかさ，歩幅の大きな運歩[22]
　　馬の前肢・後肢が動く範囲の大きさ．

Free Walk：自由常歩［236ページ追記参照］
　　リラックスした歩度で，馬は，頭と頸を全く自由に低下・伸展することを許される．馬の歩幅と馬体フレーム（<u>frame</u>）は，ともに伸展する．長手綱の場合にはコンタクトを維持するが，放棄手綱の場合には，手綱にたるみができ，したがってコンタクトはなくなる．

---

20)「flip」とは，「はじく」という意味であり，前肢の先をぴんぴんとはねるようにして歩く歩き方をいう．

21) 馬乗りの基本理念としての「forward」すなわち「前に出すように乗る」ということにつき，『獨逸馬術教範』に，「推進扶助は控制扶助よりも大きな意味をもつので，"前に出すように"が馬乗りの合言葉になる」という意味のことが書かれている．

22) 14ページ注2参照．

Gait：歩法，運歩・歩き方
　　常歩，速歩，側対速歩，駈歩，襲歩など，馬の肢の動きの種類．馬場馬術の目的では，常歩，速歩，駈歩の3つの歩法がある．
Goosestepping：前揚
　　前肢の過剰な動作や人為的な動作をいう．通常，常歩について用いられる．
Half Halt：半減却
　　瞬間的な収縮の増大，すなわち，馬の注意力を喚起したりバランス（balance）を向上させたりするための扶助の効果．
Hollow Back：背中がくぼんだ状態
　　馬の背中がたわんだり中央部がへこんだりした状態で，背中の筋肉がたるんだり，筋収縮が続いたりすることが原因となり，弾力性のある適度な緊張が失われ，背中の律動（swing）と弾力性（elasticity）が阻害される．
Hurried, Hasty, Quick, Rushed, Rapid：急ぎ足の，性急な
　　いずれも，テンポ（tempo）が速くなってしまう状態をいう．
Impulsion：推進力
　　推力（thrust）[23]．踏み込み（engagement）により蓄えられたエネルギーの放出．
　　馬場馬術では，推進力は空間期と関連づけられているが，空間期は速歩や駈歩のみに存在し，常歩には存在しないため，推進力の概念は，常歩には当てはまらない．
　　[注：FEIの採点用紙の「推進力」の項に書かれている本来のフランス語と後の英訳とを比べると理解しやすいかもしれない．英訳では「前進気勢（the desire to move forward）」となっているが，実は，元のフランス語では，「馬が自らの体重を前方に搬送しようとする意欲（le desire de se porter en avant）」[24]と表現されている］．

---

23) 本書では，「推力」と「推進力」とは明確に区別されている．「訳語解説」の「Impulsion」の項を参照．
24) 「体重を搬送する」とは，本書で「体重を負担する」と表現している状態と同じことを意味している．「訳語解説」の「Carriage」の項を参照．

Inside：1, 2. 内方
　　1．側方屈撓（<u>position</u>）や馬体の屈曲（<u>bend</u>）の際に馬が向く側．
　　2．馬体の両側のうち，馬場の中央に向いている側（しばしば「内側（inwards）」といわれる）．
　　　両者が一致しない場合（例えば反対駈歩の場合）は，前者が優先する．

Irregular：不整正な
　　　馬の運歩が正調でなかったり（impure ⇒ Purity），左右均等でなかったり（<u>unlevel</u>），均一でなかったり（<u>uneven</u>）する状態で，一過性の場合もあれば，慢性的な場合もあり，馬の故障が原因の場合もあれば，そうでない場合もある．テンポ（<u>tempo</u>）が一定しない状態を意味する用語ではない．

Late：（運動のタイミングが）遅れた
　　　扶助から遅れて運動が実施されること．通常，踏歩変換および移行に関して使われる．

Late Behind：後肢が遅れた
　　　踏歩変換の際，前肢の踏歩が変わってから後肢の踏歩が変わること．

Lateral：1. 側方（左右・横方向）の；2. 側対歩様
　　1．屈撓（<u>flexion</u>），屈曲（<u>bend</u>），柔軟性（<u>suppleness</u>），運動の方向などに関する左右いずれかの方向．
　　2．常歩が正調でなくなった状態（impurity ⇒ Purity）すなわち側対歩．駈歩でも見られるが，速歩では稀．

Lengthening：（歩幅・馬体の）伸展
　　　それぞれの歩法での尋常歩度と同じテンポ（<u>tempo</u>）とバランス（<u>balance</u>）を維持しながら，歩幅と馬体のアウトライン（<u>outline</u>）が長くなった状態．

Lift：（肢の）高揚
　　　ピアッフェやパッサージュの際に，馬の肢が上がる高さを指して使われる．

Lightness：1, 2. 軽快性

1．馬の四肢の軽快さ
2．手綱に対する軽快さ

Long and Low：(姿勢が) 低伸した, 低伸姿勢
　　馬が, 長めに執った手綱に向かって前下方に頭・頸を低下・伸展させてくるときの体勢 (carriage). 馬場馬術課目で「トップラインの伸展エクササイズ[25]」が要求されている場合, この体勢をとる必要がある.

Longitudinal：前後 (縦方向) の
　　前方から後方へ, または後方から前方へといった馬体の縦軸方向.「側方 (lateral)」の反意語.

Magpie (Magpie hop)[26]：(カササギのような) 両肢跳び
　　両後肢が同時に着地する歩き方. 通常, 駈歩ピルエットおよび踏歩変換について使われる.

Marching：歩行歩法の (歩くような)[27]
　　常歩の運歩が目的に適っていること (purposefulness).

Medium (walk, trot, or canter)：中間 (常歩, 速歩, 駈歩)
　　速歩, 駈歩では, 馬が収縮歩度と伸長歩度との中間の長さの歩幅を見せるとともに, 尋常歩度に比べると, いっそう前高の (uphill) バランスを示し, 推力がいっそう前上方に向かい, 前方伸展 (reach) がいっそう大きくなった歩度 (pace). 伸長歩度に比べ, いっそう丸みを帯びた

---

[25] 原文には「馬が拳から手綱を徐々にとっていくようにさせること」と書かれているが, 明らかに「トップラインの伸展エクササイズ」を示している.

[26] ウィンマーレン (Henry Wynmalen) の『Dressage (馬場馬術)』には,「Saut de Pie」あるいは「Magpie Jump」(いずれも,「カササギ跳び」の意味) と呼ばれ, パッサージュでよく見られる過失で, 馬が後肢の負担を軽くするため, 両後肢を同時に地面に着けてしまう動作だと書かれている.

[27] フランスでは, 速歩や駈歩を「跳躍歩法 (allure sautée)」すなわち「跳ぶような歩法」, 常歩や後退を「歩行歩法 (allure marchée)」すなわち「歩くような歩法」と呼び, ドイツでも, 速歩や駈歩は「弾発力のある運動 (schwunghafte Bewegung)」, 常歩は「歩行運動 (schreitende Bewegung)」すなわち「(ゆったりと) 歩くような運動」と呼ぶが, これはいずれも空間期の有無による区別ではないかと推測される.

FEI規程第403条「常歩」第1項に, 常歩は「marching pace」であると書かれ, 日本語規程では「行進歩様」と直訳されているが, これも「(跳躍のない) 歩くような歩法」を意味している.

（⇒Roundness）運動が生まれる．

常歩では，馬の体勢，歩幅ともに収縮常歩と伸長常歩との中間の歩度で，後肢は，蹄尖が前肢の蹄尖の跡よりも前に位置するように着地する．

Mobility：(前躯の）動きの良さ

馬の両肩すなわち前躯が動きやすくなった状態で，体重を後躯に移すことによって可能になる．

Movement：1.（馬の）動き；2. 運動項目；3. 運動課目

1. 馬が歩く様子．
2. 馬場馬術課目の運動項目（Test Movement）：馬場馬術課目の審査用紙上で，1つの採点対象として扱われるセクション．
3. 運動課目（Dressage Movement）：図形（figure），定型運動（pattern），移行またはこれらの組み合わせと対照的なものとしてのエクササイズで，斜横歩，後退，肩を内へ，腰を内へ，腰を外へ，速歩・駈歩での横歩，踏歩変換，ピルエット，後肢旋回[28]，ピアッフェ，パッサージュがある．

Nodding / Bobbing：馬が頭をがくがく振ること

馬が頭・頸を上下または前後にリズミカルに動かす動作で，その歩法での通常の頭頸の動き以外のもの．原因としては，過去に器具を用いたこと，無理強い（⇒Constrained），跛行などが考えられる．

---

28) FEI 規程には，従来，「後肢旋回」の説明はなく，「馬体の長さを半径として後躯の回りを前躯が移動する二蹄跡での旋回または半旋回」というピルエットおよび半ピルエットの定義のみが記載されていたが，第 21 版で，「停止から停止への後肢旋回」と「常歩からの後肢旋回」（日本語規程では，第 22 版で「ターン・オン・ザ・ホンチズ」という呼称に改められたが，本書では慣用に従って「後肢旋回」とした）の規定が追加された．これによると，ピルエットでは「内方後肢が旋回軸となる」のに対し，後肢旋回は，「ある一点を中心とする旋回運動で，旋回中，内方後肢はその点の付近にとどまりつつ，その周りを踏歩する」とされ，内方後肢が小さな円を描くことが許容されている．また，ピルエットが「通常は収縮常歩または収縮駈歩で実施されるが，ピアッフェで行うこともできる」のに対し，後肢旋回は「明確な 4 節のリズムで踏歩する」とされ，常歩での実施が前提となっている（以上，第 413 条「後肢旋回，ピルエットおよび半ピルエット」参照）．なお，第 23 版での改正につき，200 ページ追記参照．

Obedience：（騎手［の指示］に対する）服従[29]

　　　騎手が要求した運動，移行，図形を馬が自ら進んで実施すること．馬が抵抗（resistance）や扶助の忌避（evasion）を示しながら，それでもなお「騎手の指示に服従している（obedient）」場合もあり得る（例えば，馬が連続踏歩変換を正しい地点で過不なく実施したが，巻き込んだり，頭を傾けたり，口を開けたり，尾を振り回したり，十分前に出なかったりした場合，その馬は騎手の指示に服従して（obediently）運動したとはいえても，必ずしも従順に（⇒Submission）あるいは柔順に（supplely）運動したとはいえない）．

On the Aids：手脚の間に置かれた

　　　騎手の拳と馬の口との間の連携がよく保たれ（well-connected ⇒ Connection），馬が手の内に入り（on the bit），脚に敏感で，扶助に対する反応が良い状態．

On the Bit：手の内に入った

　　　馬が，要求に応じて側方および前後の屈撓を示しながら，頸を伸ばし，柔らかく，静かにコンタクトを受容している状態（acceptance of contact）．

On the Forehand：前駆に重った

　　　前後のバランスが悪い状態．馬が，目下の作業を行う際に体重を両前肢にかけすぎていること．

Outline：馬体のアウトライン（外形）

　　　馬の輪郭，すなわち，馬を横から見た姿で，馬の体勢（carriage）すなわち身の置き方（posture）を示す．

Outside：1, 2. 外方

　　1．側方屈撓（position）や馬体の屈曲（bend）の際に馬が向く側の反対側．

　　2．馬体の両側のうち，馬場の中央に向いている側の反対側（しばしば

---

[29] 本書でも，「submission」と区別するために「（騎手に対する）服従」と訳しているが，例外的に「従順」と訳した箇所もある（「disobedience」も，慣用に従って「不従順」とした）．

「外側（outwards）」と言われる）．

両者が一致しない場合（例えば反対駈歩の場合）は，前者が優先する．

Overbent：頸の曲げすぎ[30]

馬体に対する頸の側方への転位（displacement）が過剰な状態で，頸自体に起こることも，頸のつけ根に起こることもある．馬体の側方屈曲の見かけの一様性[31]が失われる原因となる．

Overflexed：過剰屈撓姿勢[32]

うなじ，頸の上部の関節またはその両方の前後の屈撓（longitudinal flexion）が過剰となった結果，馬が轡後に来ること．

Overstep, Overstride, Overtrack：踏み越し

後肢が，前肢の蹄の跡よりも前に着地すること．

Over-turned：過旋回

半ピルエットで180度を超えて，あるいはピルエットで360度を超えて旋回してしまうこと．

Pace：1. 歩度；2. ペース（側対速歩）

1. 同じ歩法（gait）の中での区分で，収縮（collected），尋常（working），歩幅を伸ばした（lengthened ⇒ Lengthening）[33]，中間（medium），伸長（extended）の各歩度がある．理想的には，単位時間当たりに歩く距離の変化は，テンポ（tempo）を全く変化させずに歩幅を変化させることでもたらされる．

[注：現行FEI規程には，ウェブスター辞書による正しい英語で「pace」と呼ばれるべき用語はない．さらに，FEIによるフランス語の「l'allure」[34]の英訳は「pace」となっているが，これは「gait（歩法，運歩）」と訳す方が英語としては正確である[35]．

2. 馬の側対肢が同時に動く歩法で，「amble」とも呼ばれる[36]．馬場馬術では認められない歩法．

---

30) この説明では「側方への頸の曲げすぎ」の意味になるが（「overbent」を直訳すると「屈曲過剰」），「前後の頸の曲げすぎ」すなわち「轡後に来る」の意味で使われるのがむしろ普通で，『The Equine Dictionary』や『国際馬事辞典』では「behind the bit（巻き込み）」と同義だとしている．

Parked：(停止で両後肢が) 踏み込んでいない
　　両後肢が馬体の後方に置かれている状態で，「Camped」と同義．停止に関して使われる．
Passage-like or Passagey Trot：パッサージュ歩様の速歩
　　一方の側の斜対肢の着地期が長くなり，同時に反対側の斜対肢の前出動作に躊躇が見られる結果，空中に浮かんで停止しているような印象を与える速歩．「空中停止速歩 (hovering trot)」とも呼ばれる．

---

31) 213ページ注6参照．
32) この姿勢を用いた調教手法は，そもそもフランスのボーシェ (François Baucher. 1796～1873) が編み出したともいわれるが，馬場馬術の世界では，1990年代からドイツ語の「Rollkur」の名でオリンピック級の騎手がさかんに用いるようになり，賛否両論を巻き起こした．FEIは，この姿勢がFEI規程に抵触する「巻き込み (behind the bit)」ではないかとの強い批判を受け，2006年2月に獣医師委員会・馬場馬術委員会による検討会を開催した．検討会レポート (Report of the FEI Veterinary and Dressage Committees' Workshop. FEIのウェブサイトで公開) によると，「頸の超過屈撓 (hyperflexion)」という仮の呼び名と，「頸の中間部位に，馬が自分では長時間維持できない程度の前後屈撓を生み出す調教テクニック」という仮の定義とが採択されるとともに，「経験に富んだ者が用いれば，このテクニックに起因する臨床的な副作用はないことが認められるが，経験・技量に乏しい騎手・調教者が用いると，馬に対する虐待になりうる」という趣旨の結論が出されたが，呼び名や定義を確定し，馬に対する悪影響の有無を確認するためにさらなる調査研究が必要とされており，まだ当分議論が続くと思われる．
33) FEI規程では，従来，収縮・尋常・中間・伸長の各歩度しか定義されていなかったが，第22版になって，速歩と駈歩に「歩幅を伸ばした歩度」(速歩では「Lengthening of Steps」，駈歩では「Lengthening of Strides」) が加えられ，「4歳馬向けの課目で要求されるもので，中間歩度を要求できるまで馬の調教が進んでいない場合の，尋常歩度と中間歩度の間の歩度」と定義された (第404条「速歩」第4.2項，第405条「駈歩」第4.2項参照)．
34) 馬術用語としては「歩法」の意味で使われるが，「歩き方，運歩」あるいは「速度」といった意味ももつ．
35) 「pace」の本来の意味は「速度」であり (日本語で「ペースが速い」などと言う場合と同じ)，このような概念は，FEI規程には現れない．また，「gait」という用語は，FEI規程には全く使われていない．
　　これに対して，『USEF規程集』では，従来はFEI規程にならって「pace」を用いていたが，2003年版から，「歩法」の意味では「gait」を用いるように改められた．
36) 『The Equine Dictionary』によると，「Pace (ペース)」とは，「空間期のある2節の側対歩法で，同じ側の前後肢が同時に前出する2節からなる」とされ，「Amble (側対歩)」とは，「ペースから派生した4節の側対歩法で，左後肢-左前肢-右後肢-右前肢という空間期のない4節からなる．運歩の順序は常歩と同じであるが，リズムや歩き方はペースに近い」とされている．ここから，側対歩様の常歩 (側対歩) は「amble」，側対歩様の速歩 (ペース) は「pace」と呼んで厳密には区別されるが，しばしば混用されると考えられる．

Pivoting：（旋回運動での）軸肢の固着
　　　正しいリズムで肢を上げようとせず，着地している肢を地面に固着させた（stuck）まま，その肢を軸にして旋回すること．ピルエットや後肢旋回，前肢旋回に関して使われる．

Poll：うなじ
　　　馬の頭蓋骨のうち最も高い位置にある点，すなわち後頭稜．馬場馬術における一般的な用法では，「うなじの」屈撓（flexion）とは，うなじのすぐ後ろの関節が前後または側方に屈撓することをいう．

Position：1. 側方屈撓；2. 姿勢
　　　1.「うなじの」側方への屈撓 (lateral flexion "at the poll") により，馬が「横を見る」ような形になること．用例：「右側方屈撓（position right）」，「左側方屈撓（position left）」．
　　　2. 騎手の身の置き方（posture）．

Punching：前揚
　　　前肢の過剰な動作や人為的な動作をいう．通常，速歩について用いられる（⇒Boxing）．

Purity：正調な運歩
　　　ある歩法において馬の肢が着地する蹄音の順序，タイミングが正しい状態．

Pushing Out：後肢が後方に流れる
　　　両後肢が，馬体に対して後ろすぎる位置で動く結果，体重を負担する（carry）ような動きではなく，後方に向かって押し出すような動きになる状態．

Quality：（運歩の）質
　　　運歩の質とは，運歩の伸びやかさ・大きさ（freedom / amplitude），弾力性（elasticity），流麗さなどをいう．「Purity（正調な運歩）」や「Correctness（正良な運歩）」と同じではない．

Reach：（前後肢・頸の）前方伸展
　　　前肢・後肢および頸を前方に伸ばす動作をいう（これらの個々の部位の前方伸展動作をいう場合もある）．

Regularity：運歩の整正

　　歩き方が正しいことをいい，運歩が正調で均一かつ左右均等であること（purity, evenness, levelness⇒Uneven, Unlevel）を包含する．整正でない運歩（⇒Irregular）には，一過性の場合もあれば，慢性的な場合もあり，馬の故障が原因の場合もあれば，そうでない場合もある．運歩（gait）に関する総合観察の中で，運歩の整正は，正調な運歩と馬に故障がないことだけを問題とする（テンポ（tempo）が変わらないことまでを意味するものではない）．

Relaxation：1, 2. リラクセーション

1. 馬の精神状態をいう場合：不安や神経質な感じがなく，沈静した状態．
2. 馬の肉体的状態をいう場合：通例，運動に最適な体勢をとり，力を発揮し，また，大きく流麗な運動を行うために必要とされる以外，筋肉の緊張すなわち筋収縮（⇒Tense）がない状態を指して使われる．

　　なお，肉体的状態と精神状態とは，相互連関的である場合が多い．

Resistance：抵抗

　　馬が騎手に対して物理的に対抗すること．不従順（disobedience）または扶助の忌避（evasion）と同義ではない．一過性の場合もあれば，慢性的な場合もある．

Rhythm：リズム

　　その歩法に特有な，肢が着地する蹄音と各肢の離着地の順序．馬場馬術の目的での正しいリズムは，正調な（pure⇒Purity）常歩のリズム，正調な速歩のリズム，正調な駈歩のリズムに限られる（側対歩（amble），ペース（pace），ラックなどは認められない）．

　　[注：リズムという用語は，誤って「テンポ」（メトロノームで決められる1分当たりの拍の数）の意味で使われることがあるが，この用法は，「リズム」という英語の正しい定義（ウェブスター辞書による）とも，音楽の世界での通常の用法とも一致しない]．

Rocking / Rocking Horse Canter：木馬のような駈歩

　　駈歩で，十分大きな歩幅で歩いていなかったり，十分な踏み込み

（engagement）に欠けていたり，騎手が妨害したりした結果，馬の頸と前躯が必要以上の上下動を示すこと．

Roundness：1.（馬体の）丸み；2.（運動の）丸み
    1．馬のトップライン（topline）が，横から見たときに凸状をなしていること．
    2．運歩の質（quality）が，直線的・平板でなく，丸みを帯びている状態で，馬の四肢の動き（movement）あるいは動作（action）の特徴を表す用語．

Schwung（ドイツ語からの借用）：弾発力
    両後肢によって生み出されたエネルギーが「律動する背中（swinging back）」を透過して伝達され，弾力性に富んだ（⇒Elasticity）馬体全体の動きとして現れる状態 ⇒Swinging Back．

Scope：肢の振幅
    運動の大きさ（amplitude）[37]，すなわち，前方伸展（reach）と丸み（roundness）．

Self-Carriage：セルフ・キャリッジ
    馬が，騎手の拳に支持をとったり，騎手の拳でバランスをとったりせず，自らの体重を負担している状態．

Slack：1, 2. たるんだ
    1．筋肉組織の状態に関して使われる場合：たるみが出て，筋肉の張り（muscle tone）[38]やバネのような弾力が失われた状態．
    2．手綱に関して使われる場合：コンタクトが失われた状態．

Snatching：1.（馬）が手綱をひったくろうとする動作；2. 鶏跛[39]
    1．手綱を急に引いて騎手の拳からもぎ取ろうとすること．

---

[37]「amplitude」には「振幅」という意味もあることから，馬の肢が前後に振れて大きく動く状態をいうものと考えられる．

[38] 筋肉は，力を入れない状態のときでもたるんでいるわけではなく，一定の張力で張られているが，「tone」とはその基本的な「張り」を意味している．筋肉に必要以上の緊張（筋収縮）が生じてしまうと，体が固くなった（tense）状態に陥るが，逆に「張り」が失われるのも，健康な状態ではない（⇒Relaxation）．

2. 一方または両方の後肢に関して使われる場合：後肢を急に，場合によっては過度に高いところまで持ち上げる動作．

Speed：速度

単位時間当たりに進む距離，すなわち，どのくらい速く前に進んでいるかを表す用語．馬が速度を増す際にとることができる手段としては，歩幅（length of stride）を伸ばすか，テンポ（tempo）を増すか，あるいはその両方がある．テンポを増しても，必ずしも速度が増すとは限らない．推進力（impulsion）と混同しないこと．

Sticky：肢が重い

肢を地面から持ち上げようとしないこと．根が生えたような状態．

Stiff / Stiffness：体が固い，固さ

目下の作業を実施するのに必要な関節を屈撓させたり（⇒Flexion）筋肉組織を伸展させたりすることができない（馬がそのようにしたがらないのではなく）こと（しばしば，「Tense（緊張した）」，「Resistant（抵抗[⇒Resistance]のある）」と混用される）．

Straightness：1, 2, 3. 真直性

1. 要求された行進線に沿っている状態（例えば，後躯が中央線の左にも右にもずれていない状態）．
2. 馬体の各部が，目下の作業に適するように1列に並んでいる状態（alignment．例えば，肩が出たり，頸が曲がったりしていない状態）．
3. 行進線がまっすぐな状態（例えば，よれずに運動する状態）．

Stride：完歩

馬の肢の動きが一巡して元の状態に戻るまでの運動の1周期をいう．例えば速歩の場合，一方の斜対肢の蹄音が聞こえる着地期（beat）），空

39）『The Equine Dictionary』の「stringhalt」の項に，「古くは"snatch"と呼ばれ，一方の後肢を唐突かつ過度に，場合によっては腹のあたりまで曲げる動作を特徴とする状態．通常，常歩中や，回転・後退運動中，あるいは寝ていた馬が立ち上がるときに見られるが，運動により軽快する．飛節の過労や外傷に起因する瘢痕組織のせいで伸筋腱の動きが制限されるため，ぎくしゃくした動作が発生すると考えられている．通常は無害だが，外科的治療も可能」と書かれている．ニワトリのような歩き方から「鶏跛」と呼ばれる．

間期（period of suspension），もう一方の斜対肢の蹄音が聞こえる着地期，次の空間期で1完歩となる．
　歩幅（length of stride）とは，この1周期の間に進む距離をいう．

Strung Out：（馬が）だらりとした
　馬体が伸びすぎた状態で，体勢（carriage），前後のバランス（longitudinal balance），人馬の連携（connection）が悪化する．

Stuck：（肢が地面に）固着した
　肢が地面に着いている時間が長くなりすぎ，その結果，その歩法のリズム（rhythm）が崩れること．

Submission：従順，従順性
　騎手に従うこと（compliance）．透過性（throughness）と騎手に対する服従（obedience）．馬が自らの意志を騎手の意志に対して譲っている状態で，騎手に常に注意を向けながら，自ら進んで運動し，信頼に満ちた態度を示すことによって，また，馬体の正しい屈曲（bend），騎手の扶助の受容（acceptance）とこれに対する服従（obedience），目下の作業に適したバランス（balance）など，運動を正しく実施する中で示される調和と無理のなさ（ease）によって明らかになる．

Suppleness：柔軟性[40]
　屈撓能力（pliability），すなわち，体勢（carriage）を調節したり（前後の屈撓能力），側方屈撓（position）や馬体の屈曲（bend）の深さを調節したり（側方の屈撓能力）することが，運動の流れやバランスを害することなくスムーズに行える能力．

Suspension：空間期
　速歩または駈歩の中で，馬の肢がどれも地面に着いていない瞬間あるいは期．

Swing：1.反復後退運動[41]；2.（馬の背中の）律動
　1.馬場馬術課目の1つ——常歩での前進運動をはさんで複数回の後退を

40）この説明では「柔軟性」という意味にしかならないが，本書では主に「柔順性」という訳語を用いている（「訳語解説」の「Suppleness」の項を参照）．

中断なく連続する運動．歩数はあらかじめ指定され，この一連の運動を何回か繰り返してから前進運動に移行する場合もある（例えば，「4歩後退，4歩前進，4歩後退，収縮速歩に発進」）．
  2. ⇒Swinging Back.
Swinging：左右の揺れ
  連続踏歩変換で，馬が肩や後躯を左右に転位させること．
Swinging Back：背中の律動，背の柔軟
  馬の胴体の筋肉が，固くなったりたるんだりすることなく，馬の背中が律動している（swing）ような印象を与え，かつ，両後肢が生んだエネルギーが馬体を透過して効率的に前方に伝わることができるように機能している状態．
Swinging Head：頭を振ること
  馬の鼻先が左右に（速歩または駈歩の場合）あるいは円を描くように（通常は駈歩の場合）動く状態で，コンタクトの受容が正しくないか，無理強い（⇒Constrained）があることを示す．
Tempo：テンポ
  メトロノームによって決められる，1分当たりの節（beat）の数．
  ［注：ヨーロッパ人の中には，正しい英語では「pace（歩度）」を使うべきところ，「tempo」という用語を使う人が存在する］．
Tense：1, 2. 緊張した，（緊張で）固くなった
  1. 馬の精神状態をいう場合：不安を覚え，神経質になっている状態．
  2. 馬の肉体的状態をいう場合：一般に，望ましくない筋収縮を表現する用語として使われる．
  ［注：運動に最適な体勢をとり，力を発揮し，また，大きく流麗な運動を行うためには，それに必要十分な緊張すなわち筋肉の張り（muscle

---

41）「swing」は，「ぶらんこ」を意味するドイツ語の「Schaukel」の直訳．「Schaukel」は，FEI規程では第22版で初めて採用された運動課目で，「後退の反復（reinback series）」（日本語規程では「シリーズで行なう後退」）という呼び方が「Schaukel」と併記され，「常歩を間にはさんで2回の後退を組み合わせる運動．所定の歩数で，しかも流麗な移行により実施しなければならない」と定義されており，後退は2回と決められている（第406条「後退」第5項参照）．

tone．適切な筋肉に適切なタイミングでもたらされる適度の収縮）がなければならない］．

なお，肉体的状態と精神状態とは，相互連関的である場合が多い．

Throughness：透過性

馬の筋肉組織が柔軟で，伸縮性に富み（⇒Elasticity），阻害されずに（unblocked⇒Blocked）調和がとれている状態で，その結果，エネルギーが後方から前方へ，また前方から後方へと何の制約も受けずに流れることができ，したがって，扶助すなわち馬に対する騎手の働きかけが何の妨げもなく馬体全体に及ぶ（例えば，手綱の扶助が馬体を透過して後肢に達し，これに働きかける）．ドイツ語の「Durchlässigkeit」すなわち「（扶助の）透過許容性（throughlettingness）」と同義．⇒Connection．

Tilting：頭を傾けること

頭をひねったり小首をかしげたりすること（一方の耳の高さが低くなること）で，扶助の忌避（evasion）の一種．

Topline：トップライン

両耳から頸と背中の上側に沿って尾に至る馬体のアウトライン（outline）．

Track / tracks：1．蹄跡；2．蹄跡線；3．二蹄跡運動；4．蹄跡

1. 【動詞】馬の肢が，単一の行進線あるいは進路をたどること（用例：馬の左後肢がまっすぐに行進している［track］）．

   【名詞】馬の運動方向に立っている観察者から見える馬の肢の行進線の数（用例：肩を内へでの3蹄跡行進または4蹄跡行進［3 or 4 tracks］）．

2. 「右手前蹄跡行進（track right）」（すべての隅角通過が右回転となり，騎手の右手が馬場の中央に向く行進方向）のように，運動の方向を意味する．

3. 横運動，すなわち「二蹄跡運動」の意味で使われる．

4. 馬場の中の埒沿いの通路．

Tracking up：後肢の蹄跡が前肢の蹄跡に重なる状態[42]
　　　後肢が前肢の蹄跡に踏み入れること．

Trailing：1, 2. 引きずり（遅れ）
　1．通常，横歩や斜横歩について用いられ，馬場の縦軸に対して馬体が平行になっていない状態を意味する（「後躯の引きずり」など）．
　2．後肢が，馬体よりも後ろの方で動いている状態をいうために使われることがある（「後肢の引きずり」など）．

Überstreichen：バランスチェック・エクササイズ
　　　短時間だけコンタクトを放棄することで，騎手はその際，1回の明瞭な動作により背みねに沿って（両）拳を前に出し，その後数完歩の間，コンタクト（contact）なしに騎乗する．放棄手綱であっても，馬が体勢（carriage），バランス（balance），歩度（pace），テンポ（tempo）を維持できることを示すのがこの運動課目の目的である[43]．

Uneven：均一でない[44]
　　　馬の運歩の幅が等しくない状態．

Unlevel：（運歩が）左右均等でない
　　　馬の運歩の高さまたは体重の負担が左右で等しくない状態．

Uphill：前高の
　　　馬の前後のバランスについていい，後躯に比べて前躯の方が高くなっている状態．

42）『The Equine Dictionary』によると，「馬体が真直である（straight）結果，収縮歩度を除くすべての歩度において，前肢の蹄の跡に後肢の蹄が重なる状態をいう馬場馬術用語」とされている（収縮歩度では，歩幅が短く，後肢は前肢の蹄の跡にまで届かないため，真直な馬であっても，前肢の蹄跡に後肢の蹄が重なることはない）．

43）『USEF規程集』では，「コンタクトを明瞭に放棄する操作で，その際，馬は，セルフ・キャリッジ，リズム，テンポ，真直性，それに運歩の質を維持する」（DR110条「図形とエクササイズ」第5項）と定義されている．111ページ注6参照．

44）『The Basics』では，「even」が「均一な」（あるいは「一定した」）という意味のほか，「左右均等な」（あるいは「均整のとれた」）という意味でも用いられているので（ドイツ語の「gleichmäßig」という用語が，これら両方の意味をもっていることと関連があるように思われる），その都度訳し分けた．

Whipping Up：尻の跳ね上げ

　　尻を上方に向かって繰り返し意図的に跳ね上げる扶助の忌避（<u>evasion</u>）で，通常，駈歩で踏み込み（<u>engagement</u>）と後肢の前方伸展（forward <u>reach</u>）が不十分である場合や，ピアッフェで発生する．

Wide Behind：踏み込まない

　　後肢が前肢に比べて馬体から離れた状態で馬が運動すること．踏み込みの忌避（<u>evasion</u> of <u>engagement</u>）であり，ピアッフェ，速歩での歩幅の伸展（<u>lengthening</u>）で最もよく見られるほか，停止の際に後肢が後方に残るという形でもよく見られる．

Working (walk, trot, or canter)：尋常（常歩，速歩，駈歩）

　　馬がエネルギッシュに，しかし沈静して運動する歩度（<u>pace</u>）で，歩幅は，収縮歩度と中間歩度との間となる．

［訳注．この後ろに付されている「USDF GLOSSARY OF QUADRILLE TERMS（USDFカドリール用語集）」は省略］

【第2版での追記】

　自由常歩について，FEI規程では，従来，「馬がまったく自由に頭頸の伸展を許される常歩」と定義されていたが，第23版では，名称が「（常歩中の）長手綱での馬体の伸展」に変更されるとともに，運動の定義も「騎手は，馬が徐々に前下方に（頭頸を）伸展させるのに従って手綱を伸ばしてやらなければならない．頸が前下方に伸展するにつれて，口が，程度の差はあれ，肩端と同じ（高さの）水平線に近づく必要がある」と改められ，この運動中にもコンタクトの維持が求められることになった（第403条「常歩」第3.5項）．その結果，この運動は，単なる「手綱を長くした常歩（あるいは放棄手綱での常歩）」ではなく，常歩での「トップラインの伸展エクササイズ」（40ページ注17参照）を意味することになったと考えてよいように思われる．

馬術用語の訳語について

　ここでは，本書で使われている馬術用語のうち特に悩まされたものについて，なぜ最終的に本書のような訳を採用したのかを，訳者の調査結果を含めて説明したい．

　なお，FEI 規程については，「訳出にあたって」に記したとおり，原則として 2006 年 5 月 10 日改訂の第 22 版を用いたが，随時改訂されていくものなので，必要に応じて FEI のウェブサイト[1]に公開されている最新版を確認されることをお勧めする．

推進力に関係する用語

Impulsion, Thrust（Propulsive Power）, Desire to move forward

　FEI 規程では，「impulsion」を「後躯から生まれ，燃えるような活力をもちながら制御されている前進エネルギーが，馬の潜在的な運動能力を活性化させるよう伝達されている状態」と定義し[2]，空間期のある歩法（速歩と駈歩）にのみ現れると説明している[3]．一方，日本語規程では，従来は「推進力」と「推進気勢」という 2 つの訳語を当てていたが（第 22 版では「インパルジョン（推進力）」という表現に統一），この用語で重要なのは，「馬体を前に進める」ことよりもむしろ，「人馬の体重を後躯で負担する」（⇒ USDF 用語集「Carriage」参照）という要素である．「推進力」も「推進気勢」も，このようなニュアンスを必ずしも表現しきれていないように感じられるが，本書では，最も一般的な「推進力」を訳語として採用した（267 ページ追記参照）．

---

1) http://www.horsesport.org/．馬場馬術競技会規程は，英語版，フランス語版とも，http://www.horsesport.org/d/rules/rules.htm からダウンロードできる．
2) 第 416 条「推進力／従順性」第 1 項参照．なお，この定義は，フランス語規程の表現によっている．
3) 第 416 条「推進力／従順性」第 1.1 項参照．なお，この説明は，英語版には従来からあったが，フランス語規程には第 22 版で初めて加えられた．

これに対して,「thrust」あるいは「propulsive power」は, ドイツ語の「Schubkraft」(本来の意味は「押したり突いたりする力」)[4] の英訳で,「人馬の体重を負担する力」ではなく,「馬体を前に進める力」を指す用語である. その点で明らかに「推進力」とは意味が異なるので,「前進力」という訳語も考えたが, 単に馬が「前に進む」というだけでなく,「前に向かって馬が自らの体を"押し出す"」という積極的な語感を出すため,「推力」という訳語を採用した.

他方,「desire to move forward」[5] は, 『Elemente der Ausbildung』では「Vorwärtsdrang」(直訳すると「前進衝動」)と表現されており[6],「(騎手の指示があれば) いつでも前に出ていこうとする状態」を意味すると考えられることから,「前進気勢」と訳した[7]. この日本語は「推進力」に近いニュアンスで使われる場合が多いように思われるが, 57ページに「馬が"前に出る"ためには,"前に出ようと思う"ことが必要なのだ」とあるとおり,「前進気勢」の本来の意味は,「馬が(自ら進んで)"前に出ようと思う"気持ち」であって, これがなければ馬が実際に「前に出る」ことはないので, 前進気勢こそが推進力の源泉だといっても過言ではないだろう. したがって, 前進気勢は, 調教の非常に早い段階で身につけなければならない資質であり, 伸びやかで歩幅の大

---

4)『獨和馬事小辞典』では「推進力」と訳されている.
5) FEI規程では, 後退の項(第406条「後退」第2項)で唯一この用語が使われており, 日本語規程では「前方へ進む意欲」と直訳されているが, 後退には空間期がないため, 空間期の存在を前提とした「impulsion(推進力)」に代えてこの用語が使われたものと考えられる.
6)「Vorwärtsdrang」は,『獨和馬事小辞典』では「推進気勢, 前進欲」と訳されている. なお, FEIの馬場馬術課目の総合観察にも「desire to move forward (前進気勢)」という説明(55ページ注3参照)があるが, これは『Elemente der Ausbildung』では「Gehfreude」(直訳すると「前に出る喜び」)と表現されている (実際には「Schwung」が使われる).
7)「前に出る勢い」という意味をもつ「forward momentum」も「前進気勢」と訳している (18ページ注15参照).
8) フィリス(James Fillis. 1834~1913)のものとされる「前進, 前進, そして常に前進 (En avant, en avant, et toujours en avant!)」という有名な箴言も, 常に推進扶助を使い続けろという意味ではなく, 馬の気持ちを絶えず「前」に向けておけという意味に理解するべきだし, 本書にも繰り返し引用されている「馬を前に出し, 真直にせよ」というシュタインブレヒトの箴言も, 馬の気持ちを常に「前」に向け, 前に出すように乗り続けなければ, 真直性は決して得られないという意味であろう.

きな運歩で運動する習慣により養われるもので，コンタクト以下のエレメントの前提条件になると考えられる[8]．

Schwung, Swinging Back

「Schwung」というドイツ語は，馬術用語としては「推進力（impulsion）」と同義で使われることが多いが[9]，『The Basics』では「Schwung」と「impulsion」とが使い分けられているため，別の訳語が必要となった．「Schwung」は，英語の「swing」に相当する言葉だが，「揺れ」という本来の意味のほか，「勢い，躍動」という意味もあり，「impulsion」以上に「運動の躍動感」とか，「弾力性」，「弾発」といった語感が強いように感じられること[10]，弾発や躍動感が出てくると馬の背中が律動する（揺れ動く [swing]）ような感覚があるからこそ「Schwung」と表現するのではないかと想像されることから，『ボルト氏の馬術』で使われている「弾発力」を訳語とした（267ページ追記参照）．

一方，「swinging back」は，『USDF用語集』で説明されているとおり，エネルギーが馬体を透過し，馬の背中が"swing"して（揺れ動いて）いる状態を意味する．また，FEI規程にも，「推進力は，馬の"soft and swinging back"（直訳すると"揺れ動く柔軟な背中"）を通してのみ表れる」という表現があり[11]，日本語規程ではここが「柔らかくスイングする馬の背」（第20版では「柔らかく前後にスウィングする馬の背」）と訳されている．

日本語規程第20版が「前後に」という言葉を補ったのは，「背中の筋肉が縦方向にバネのように伸縮する」イメージを表現するためだろうが，騎手にはむしろふわふわした上下動として感じられると思われる．しかし，「背中の上下動」では，単なる反撞の大きさと誤解されかねないし，かと言って，単に「揺れ動く背中」としたのでは，馬の背中が左右に揺れるという誤ったイメージを与えるおそれがある．そのため，当初は，「前後に揺れ動く（馬の）背中」とい

---

9) 本書にも，「Schwung」の英訳が「impulsion」だと書かれているほか（15ページ参照），『国際馬事辞典』でも，「Schwung」に対応する英語は「impulsion」，日本語は「推進，推進力」とされている（同辞典書17-25参照）．
10) 実際，『獨和馬事小辞典』や『乗馬教本』では「弾発」と訳されている．
11) 第416条「推進力／従順性」第1項参照．

う説明的な訳語を考えた.

　一方,フランス語規程では,この箇所が「伸縮性に富む柔軟な馬の背中」と表現されており,ドイツ人が「(前後に)揺れ動く背中」と表現する状態を,フランス人は「柔軟な背中」と呼ぶことがわかる.日本語にも「背の柔軟」という用語があるので,これを訳語とすることも考えたが,結局はドイツ的な表現を活かすことにし,「swing」には「一定のリズム(周期)で揺れる」というニュアンスがあることから,「リズム(律動)」を連想させる「背中の律動」という訳語を採用した.

口向きに関係する用語

Contact, Acceptance of the bit, On the bit, Behind the bit

　まず「contact」は,「接触」が本来の意味だが[12],『USDF用語集』では「手綱がたるまずに一直線をなすようにぴんと張っている状態」と定義されており,日本語規程では訳さずに「コンタクト」と表現されているが,『国際馬事辞典』には「銜受(はみうけ),コンタクト」と併記されている[13].一方,『Elemente der Ausbildung』では,「contact」に代えて「Anlehnung」というドイツ語が用いられているが,これは本来「依存」を意味する言葉で,馬術用語としては「依倚」と訳される[14].

　ドイツ公式教本では,「依倚(Anlehnung)」とは「騎手の拳と馬の口との間の柔らかく弾力性のある恒常的連携(Verbindung)をいう」と定義され[15],「馬が,その馬体フレームにかかわらず,銜に向かって踏み出してくるようになったときに成立する」という説明に加え,「依倚は,馬が求め,騎手がこれを許してやるものである」と書かれているが[16],これは,馬を活発に前に出し

---

12) 英米の馬術書には,脚を馬体に密着させておくことも「contact」と表現しているものがある.
13) 『国際馬事辞典』17-44 参照.
14) 『獨和馬事小辞典』では「依倚,依託」と訳されている.「依倚」は,本来は「よりかかる,頼る」という意味の熟語で,馬術用語としては,「(銜に対して)支持をとること」という意味になる.
15) ドイツ公式教本171ページ(英語版138ページ)参照.『今村馬術』でも,「コンタクト」を「拳と馬口との接触」と定義し,その感覚は「引くでもなし引かれるでもなしの妙味」だと説明している(同書(増補改訂版)226ページ参照).

て馬が依倚を求めるようにしむけてやらなければならないことを意味している．そして，その結果，馬が銜に向かって出てきたときに生まれる「銜との接触」（いわばファースト・コンタクト）が「contact」の本来の意味で，これが恒常化して「恒常的連携」と呼べるようになった状態が「Anlehnung」だと考えられる．しかし実際には，「contact」という馬術用語は，決して一過性の「接触」ではなく，恒常化した「銜との接触」を指して使われているので，結局，両者は同じ意味だと考えてよいだろう．訳語としては「依倚」の方が馬術用語らしいかもしれないが，日本語規程，『国際馬事辞典』にならって「コンタクト」とした．

　他方，「acceptance of the bit」（直訳すると「銜の受容」）については，FEI規程では，この表現が見当たらない代わりに「acceptance of the bridle」（直訳すると「勒の受容」）という用語が使われている．この用語は，日本語規程では「銜を受け（入れ）る」と訳され，フランス語規程では「銜に対する従順性」とも表現されていて[17]，「拳の操作に抵抗がない」という受動的なニュアンスが感じられる．『The Basics』でも，「accept」という単語が「（扶助操作に）従う」という意味で用いられている例が少なくなく，「accept the bit」も，「銜（すなわち拳の操作）に抵抗なく従う」という意味だと理解した方がわかりやすい箇所もあるため，「銜を受ける」という訳語を当てた[18]．

　ここで，『The Basics』では「contact」と「acceptance of the bit」とが区別して使われているにもかかわらず，「"contact"とは，"acceptance of the bit"のことをいう」[19]と書かれていることに着目しなければならない．「銜を受ける」というと，馬の「口がおさまる」という語感が強く感じられるが，「口がおさまった」だけでは「銜を受けた」ことにはならない．訳者は，「口がおさ

---

16) それぞれ，ドイツ公式教本176ページおよび171ページ（英語版142ページおよび138ページ）参照．

17) 第405条「駈歩」第3項，第416条「従順性／推進力」第2項では「勒の受容（l'acceptation de la bride）」と表現されているのに対し，第401条「目的と一般原理」第2項では「銜に対する従順性（la soumission au mors）」という表現が使われている．

18) 『Elemente der Ausbildung』で使われている「das Gebiss annehmen」も，『獨和馬事小辞典』では「銜を受ける」と訳されている．

19) 15ページ参照．

まる」とは，馬が「下顎を譲ること」ではないかと考えているが[20]，この瞬間，銜に対する抵抗が解消するだけでなく，馬体各部の緊張が解けるので，騎手の方もすかさず拳を譲って馬を前に出してやると，馬が素直に「銜に出てくる」ようである[21]．そして，馬が前下方に頭頸を伸展させて銜を求めてきたときに，これを両拳で柔らかく受け止めてやると，そこにコンタクトあるいは依倚が生まれてくるように感じられる．このように，「口がおさまる」という受動的な面と，「銜に出てくる」という能動的な面とは，実は表裏一体であり，この両方が達成されて初めて「銜を受けた」といえるのであり，「銜を受ける」という用語には受動的な語感があるとしても，「銜に出てくる」という能動的な状態と一体として理解しなければならないのである．「コンタクトとは，馬が銜を受けることをいう」という本書の説明も，「口がおさまると，銜に出てくる」という一連の現象が「銜を受けること」であり，その結果，コンタクトが生まれると考えれば理解しやすい[22]．

このように考えれば，「口がおさまっている」だけで「銜に出てくる」気配がなく，拳にほとんど張力が感じられない「巻き込み」[23]や，逆に拳に張力が感じられ，あたかも「銜に出ている」かのような感覚はあるものの，それが一本調子かつ過大な重さで，これが軽くなって「口がおさまって」くる気配が一向に感じられない「手綱に重った状態」[24]が，いずれも「銜を受ける」とか「コンタクト（依倚）」とは全く別のものだということが理解できるだろう．

---

20) 銜を馬の口に作用させたとき，馬が抵抗して銜に突っかかったり，銜の作用を忌避して巻き込んだりすることなく，銜を味わうかのように口をもぐもぐ動かす動作を見せたとき（⇒USDF用語集「Chewing the Bit」参照），騎手は，拳がふっと軽くなることで馬の口（下顎）が緊張緩和したことを感知するが，これが「下顎の譲り」である．これを，馬が鼻面を垂直線に近づけるのに必要な「うなじの譲り」と混同してはならない．

21) 井上昭成氏（同志社大学馬術部OB）の示唆による．

22) 『国際馬事辞典』17-45で，「accepting the bridle」が「銜を受ける事，依倚，アピュイ」と訳されているのも，「銜を受ける事」から「依倚」までが一体不可分の現象として理解されているからではないかと思われる．なお，「アピュイ」とは，「支持」を意味するフランス語の「appui」の音訳で，ドイツ語の「Anlehnung（依倚）」に相当する．

23) 246〜249ページ参照．

24) 「前躯に重っている」（⇒USDF用語集「On the Forehand」参照），あるいは「銜（手綱・拳）に重る・もたれる（lean on the bit）」などと呼ばれる状態で，馬の前後のバランスの不良に起因する（248ページ参考図5cおよび65ページ注9参照）．

「acceptance of the bit」に関連して，『The Basics』には「accept one rein」（直訳すると「一方の手綱を受容する」）という用語も使われており，こちらは，馬が左右どちらか片側の手綱（拳）の操作だけに従い，他の側の操作に従わない状態を指しているが，「銜を受ける」という訳語との整合を考えて，「（一方の）手綱の操作に従う」とはせずに，「（一方の）手綱を受ける」と訳した．

次に，「on the bit」（直訳すると「銜の上にある」）について，FEI規程は，「馬は，停止中も含め，あらゆる作業において"on the bit"でなければならない」と定め[25]，「on the bit」の重要性を強調するとともに，「調教段階や歩度の伸縮によって程度の差はあるが，頸が起揚してアーチを描き，銜に対する軽く柔らかいコンタクトと，全身の緊張緩和とによって従順性を示している状態をいう．馬の頭は一定の位置に保たれ，通例，鼻面が垂直線よりもやや前に出て，うなじが頸の最高点に位置して柔軟に保たれており，騎手に対するいかなる抵抗も存在しない」と定義している[26]．これは，「馬が，要求に応じて側方および前後の屈撓を示しながら，頸を伸ばし，柔らかく，静かにコンタクトを受容している状態」という『USDF用語集』の定義と比べると，「鼻面が垂直線に近づいた姿勢」と「頸のアーチ」を求めている点で要求レベルが高いように見受けられる．

FEI規程では，この用語をすべて引用符付きで「"on the bit"」と表記している．日本語規程では，従来「銜を受ける」と訳されていたものが[27]，第21版から「オン・ザ・ビット」という表現に改められ，「後躯からのインパルジョン（推進力）が背中，頸，柔軟な項を通って銜にのる状態をいう」という日本語規程独自の注釈が施されている．

一方，『Elemente der Ausbildung』では，「on the bit」に代えて「am Zügel」（直訳すると「手綱の上にある」）という用語を用い，この状態にある馬は，「騎手の拳との間に，弾力のある確実な連携を恒常的に保つとともに，頸を伸ばし，

---

25) 第401条「目的と一般原則」第6項（第23版では第5項）参照．
26) 前掲箇所参照．この訳は，英語版とフランス語版の折衷で，英語版では「……軽く柔らかいコンタクトと全身の緊張緩和を伴って銜を受けている（accept the bridle）状態をいう」と表現されている．
27) そのため，「accept the bridle」との区別が明確でなかった．

いつでも頸を前下方に伸展させたり，縮めたり，あるいは側方に屈曲させたりすることができる．このとき，馬の鼻面は，どのような場合でもほぼ垂直線上にとどまる」と説明されているが[28]，ここでは，FEI規程と同様に「鼻面が垂直線に近づいた姿勢」が重要な要素とされていることがわかる．

また，ドイツ公式教本は，「am Zügel」について明確な定義を与えていないが，「依倚が発展した段階」としての「Beizäumung」に言及する中で，「この"うなじの屈撓"が"am Zügel"の状態である」と述べている[29]．そして，日本語版『乗馬教本』は，「Beizäumung」を「項と頸の屈撓」と訳し，「手脚の間に置かれた馬が半減却により徐々に収縮の程度を増していくときに自然に示す，うなじと頸とのより強い前後屈撓」と説明している[30]．以上を総合すると，ドイツでは，「うなじと頸の屈撓（Beizäumung）」により「鼻面が垂直線に近づいた姿勢」をとり[31]，頸がアーチを描くようになった状態を「am Zügel」と呼ぶということがわかる[32]．

他方，フランス語規程では，「on the bit」に代えて，英語版と同じように引用符付きで「《dans la main》」（直訳すると「手の中にある」）という表現が用いられているが，例外的に「《mise en main》」（同じく「手の中に置いた状態」）が使われている箇所がある[33]．『Manuel d'Equitation』（以下「フランス馬術教範」）は「mise en main」について，「頭の静定を特徴とし，ゆったりと起揚した頸を前提とする．馬の体形と調教程度により頸の起揚の程度には差があるが，常にうな

---

28) 本書83ページの「手の内に入った馬」の節の冒頭に，『USDF用語集』による「on the bit」の定義が引用されているが，『Elemente der Ausbildung』では，この定義に代えてこのようなな説明が置かれている．
29) ドイツ公式教本171ページ（英語版138ページ）参照．
30) 『乗馬教本』の日本語版では，「扶助に従える馬が歩度減却の扶助により次第に収縮していくと自然にこの現象（項と頸の屈撓）が現われる」となっているが（同書93ページ参照），ここでは原書（第47版93〜94ページ）を参照して訳し直した．
31) 『獨和馬事小辞典』では，「Beizäumung」に「衝受，衝受法」という訳語を当てており，『獨逸馬術教範』でも「衝を受けさせること」と訳されている．日本では「衝を受けさせる」という用語が「鼻面をおさめる」という意味で使われることが少なくないので，「鼻面が垂直線に近づいた姿勢」をこのように表現したものと思われる（本書の用法とは一致しない）．
32) 「am Zügel」を日本語に訳すとすれば，「手綱の操作に軽い」という訳語が適切だと思われる（「am Kreuz」を「騎坐（腰）の作用に軽い」と訳したことにつき，後述の「Seat」の項を参照）．
33) 第414条「パッサージュ」第3項，第415条「ピアッフェ」第1.2項の2ヶ所．

じの頂点が最高点に位置する．馬の頭がうなじのところで屈撓して鼻面は垂直線よりやや前に位置し，馬の口と騎手の拳との間に明瞭で柔らかいコンタクトが恒常的に保たれる」と定義している．これは，FEI 規程による「on the bit」の定義によく似ており[34]，両者ともフランス語で「ラムネ (ramener)」と呼ばれる「鼻面が垂直線に近づいた姿勢」を必要条件としていることがわかる[35]．

以上をまとめると，「am Zügel」あるいは「on the bit」とは，「依倚」，すなわち，「馬の口と騎手の拳との間の恒常的な"連携"」が確立されていることを前提として，馬がうなじを譲ること（うなじの前後屈撓）によって鼻面が垂直線に近づいた姿勢をとるに至った状態だということになる．

そこで，このような状態をどういう日本語で表現するかという問題になるが，フランス語規程で使われている「dans la main」や「mise en main」は，いずれも「手の内にある」という意味であること，『国際馬事辞典』19-21 でも「手の内にある」と訳されていることから，「手の内に入った状態」とした．

ただし，ここで注意しなければならないのは，「銜を受ける」ことが「口がおさまる」ことだけを意味するわけではないのと同様に，「on the bit」も，「鼻面が垂直」という外形にばかりとらわれてはいけないということである．ドイツ公式教本でも，「手の内に入った (am Zügel) 状態は，それ自体が調教の目的なのではなく，適切な調教作業の結果あるいは副産物として生じるものなので，若馬の基礎調教でも，上級レベルの古馬の柔体運動でも，あまり早くから手の内に入れようと (an den Zügel) してはならない．馬のリラクセーションや両後肢の活発な動き，ひいては調教全体の目的に悪影響を与えることになる

---

34) FEI 規程の定義は「dans la main」に対するもので，「mise en main」に対する定義は与えられていない．また逆に，「dans la main」は，『フランス馬術教範』には定義されていない．

35) クロスリー (Anthony Crossley) は，馬の鼻面が垂直線に対して 5 度程度前に出ている状態が「on the bit」であり，この角度が 10 度を超えるのは「on the bit」とは言えないが，0 度になるのは最大限の収縮の場合に限られ，鼻面が少しでも垂直線より後方にくるのは轡後に来た状態だと述べている（『Dressage - An Introduction』（馬場馬術入門）』第 4 章 [64〜72 ページ] 参照）．なお，フランス馬術教範は，「ramener」（直訳すると「引き戻す」）について，「第二頚椎が屈撓して頭の角度が閉じ，うなじが最高点に位置したまま，頸のつけ根がもち上がり，頸がアーチを描いた状態をいう」と定義しており，銜の操作に最も従いやすい頭の姿勢だとしている．ちなみに，『乗馬教本』のフランス語版でも「Beizäumung」が「ramener」と訳されており，両者がほぼ同じ意味の用語であることが裏付けられる．

からで，拳の操作だけでこれを求めた場合はなおさらである」と厳しく戒められているし[36]，FEI規程の定義からも，「銜に対する軽く柔らかいコンタクトと，全身の緊張緩和とによって従順性を示している状態」がないかぎり，いくら鼻面が垂直線に近づいて頸がアーチを描くような形をとったとしても，とても「手の内に入っている」とはいえないことがわかる．これに加えて，FEI規程にあるとおり，「うなじが頸の最高点に位置する」こともきわめて重要なポイントで[37]，鼻面が垂直線に近づいても，うなじよりも後ろの部分が折れ曲がってしまうようでは[38]，やはり「手の内に入った」ことにはならない．

ここで，正しい口向き（すなわち，正しく銜を受け，正しいコンタクトを維持し，手の内に入ること）が得られない典型的なケースである「behind the bit」について述べておこう．これは，FEI規程では「騎手の拳の忌避」と説明されており[39]，日本語規程には，「馬が頸をすくめるようにして銜あるいはコンタクトから逃げ，コンタクトに向かって踏み出していない状態．頭頸は鼻梁の垂直線よりも後方へきている場合もあり，そうでない場合もある．"鞍後にくる"とも言う」という独自の注釈（『USDF用語集』による定義とほぼ同じ）が施されている．『Elemente der Ausbildung』では「hinter dem Zügel」（直訳すると「手綱の後ろにある」）と表現されており，ドイツ公式教本ではこの用語について，「馬の鼻面が垂直線よりも後方に位置することに加え，馬が手綱の扶助を受け容れようとせず，銜から後ろに逃げる結果，馬が拳に向かって踏み

---

36) ドイツ公式教本171ページ（英語版では138ページ）参照．
　　また，FEI規程は，従来は，伸長常歩と自由常歩を除く常歩，速歩，駈歩の全歩度と，停止，後退の定義において，「on the bit」であることを要求していたが，第22版になって，中間速歩・駈歩および伸長速歩・駈歩についてもこの要求が削除されたほか，新たに定義された「歩幅を伸ばした歩度」の説明にも「on the bit」という言葉は現れない（第402～406条参照）．これは，中間・伸長歩度の速歩・駈歩では，馬体を伸展させるために鼻面を垂直線よりもやや前に出さなければならず，また，「歩幅を伸ばした歩度」を要求する対象である調教途上の馬に対しても，むやみに鼻面を垂直線に近づけようとしてはならないという考え方によるものと推測される．
37) このことは，244ページに引用した『フランス馬術教範』による「mise en main」の定義にも明記されているし，ドイツ公式教本でも，「手の内に入った（am Zügel）」状態の前提となる「依倚（Anlehnung）」の説明の中に，「前下方に伸展した姿勢での騎乗の場合を除き，うなじが常に馬体の最高点に位置する」と書かれている（同書171ページ［英語版138ページ］参照）．
38) 「頸が折れ曲がった姿勢」（⇒USDF用語集「Broken Neckline」参照）である．
39) 第416条「推進力／従順性」第2項参照．

出してこなくなる．"頸が折れ曲がった姿勢"と同時に見られることが多い」との説明に加え，馬の鼻面が垂直線よりも後方に来て，手綱がやや緩んでいる図が描かれているが（参考図5d参照），これは，馬が銜に向かって出てこないから手綱が緩むということを示唆した図だと考えられるので，「銜に向かって出てこない」という状態にこの用語の重点が置かれていることがわかる．

　一方，ドイツ公式教本では，同じく「口向きをつくる過程で生じやすい誤り」として，「hinter der Senkrechten」（直訳すると「垂直線の後ろにある」）に言及している．「騎手の拳の作用が強すぎる結果，馬が鼻面を垂直線よりも後方に位置させて運動する状態」と説明したうえで，同じように鼻面が垂直線よりも後方に来た馬の図が描かれているが，こちらは手綱が緩んでいないという違いがあり（参考図5a参照）[40]，「鼻面が垂直線よりも後方」という馬の姿勢を強調した用語であることがわかる．そして，『USDF用語集』でも，このドイツ語を直訳した「behind the vertical」という用語を定義し，「behind the bit」とは区別している．

　『国際馬事辞典』では，「behind the bit」が「轡後(きょうご)に来る，巻き込む」と訳されており[41]，「behind the vertical」という用語は収録されていないが，字義どおり考えれば，これらの用語は，「鼻面が垂直線よりも後方にある状態」を指す「hinter der Senkrechten」や「behind the vertical」の訳語にふさわしく，「銜に向かって出てこない状態」を指す「hinter dem Zügel」や「behind the bit」には「銜に出てこない」といった訳語を当てるべきであるように思われる．

　ところで，『USDF用語集』は，「"behind the bit"であっても"behind the vertical"でない場合もある」としている[42]．確かに，馬が背中を反らせて極端に頭を高くした姿勢をとりながら「銜に向かって出てこない」場合には，馬体構造上，「鼻面が垂直線よりも後方」にはならないものの，これは例外的な

---

[40] 以上，ドイツ公式教本176～179ページ［英語版142～145ページ］参照．
[41] 『国際馬事辞典』19-25参照．「behind the bit」は，日本語規程でも「轡後に来る」と訳されていたが，第22版で「ビハインド・ザ・ビット」という表現に改められた．なお，「轡」は手綱を意味する字なので，「轡後に来る」という用語はドイツ語の「hinter dem Zügel」の直訳だった可能性がある．
[42] ⇒USDF用語集「Behind the Bit, Behind the Aids, Behind the Leg」参照．

ケースであり,「behind the bit」であれば鼻面が垂直線よりも後方に来るとするドイツ公式教本の説明の方が説得力がある.

以上からは「behind the bit」と「behind the vertical」とを区別する実益はあまりないように思われるが,ここで「過剰屈撓姿勢」(FEIの新たな用語法では「頸の超過屈撓」)の問題が出てくる[43].この姿勢は,「鼻面が垂直線よりも後方」にある姿勢で,明らかに「behind the vertical」の状態なので,伝統的

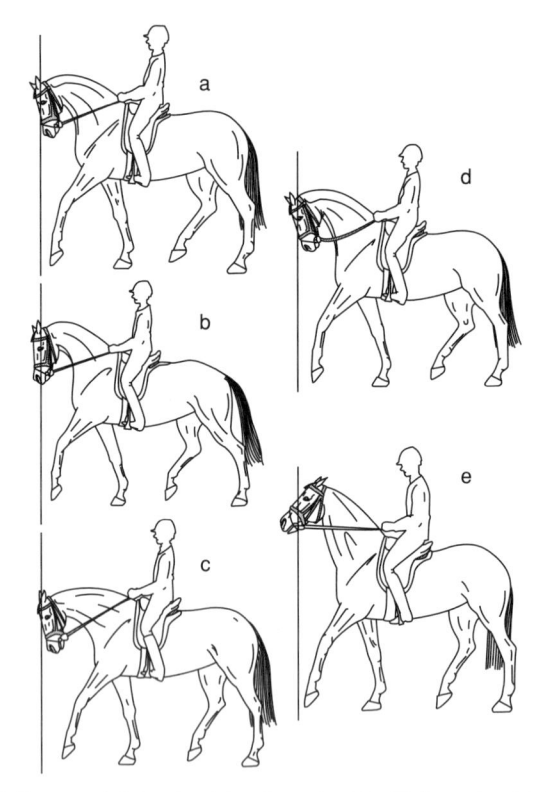

参考図5 口向きをつくる過程で生じやすい誤り(出典:ドイツ公式教本)
　　　a:䩭後に来た姿勢,b:頸が折れ曲がった姿勢,c:手綱に重った姿勢,d:巻き込んだ姿勢,e:頭を上げた姿勢[44]

---

43) 42〜44ページ,84〜85ページおよび227ページ注32参照.
44) ドイツ公式教本では,「銜に突っかかった姿勢すなわち頭を上げた姿勢」となっている(211ページ注3参照).

な馬術観からすると,「behind the bit」と同視されて否定されるだろう.しかし,馬がこの姿勢をとりながらもコンタクトを失わずに運動できるようにさせるだけの技量を騎手がそなえているかぎり,「銜に向かって出てこない」状態には陥らないので「behind the bit」ではない(したがって,いささか疑問は残るものの,完全に否定することまではできない)というのがフォン・ジーグナー大佐の立場であり,FEIもこれと同様の見解に立っていることはほぼ間違いない.ドイツ公式教本が,「鼻面が垂直線よりも後方」になる「hinter der Senkrechten」(参考図5a)を「口向きをつくる過程で生じやすい誤り」の一種だとしているのが,過剰屈撓姿勢を否定する趣旨なのかどうかは明確でないが,『USDF用語集』が「behind the bit」に加えて「behind the vertical」という用語を定義したうえで,その説明の中で「"behind the vertical"であっても"behind the bit"でない場合もある」とわざわざ述べているのは,まさに過剰屈撓姿勢の否定を避けるためであるように思われる.

そのため本書では,これらの用語を区別することにしたが,「銜に出てこない」といった説明的な訳語を新たに用いると,文章が回りくどくなるため,従来の用語を使い分け,「behind the vertical」を「轡後に来る」,「behind the bit」を「巻き込む」と訳すことにした.

最後に付け加えておくと,口向きの感覚は馬術の奥義ともいえ,なかなか簡単に説明できない概念なので,国または言語による用語法の違いや馬術家による解釈の違いが顕著に現れる[45].したがって,実際に馬術書を読む際には,個々の用語の意味をその都度十分に検証することが必要だろう.

柔軟性に関係する用語

Suppleness, Durchlässigkeit, Looseness, Relaxation

「suppleness」は,一般に「柔軟性」と訳されるが,『The Basics』では,も

---

[45] 例えば,『USDF用語集』による「on the bit」の定義は,FEI規程で求められているような頭の起揚とアーチや,鼻面が垂直線に近づいた姿勢に言及がなく,「コンタクト(つまり"銜との接触")を(恒常的に)受容する」ことだけを言っている点で,むしろ「銜を受けること(acceptance of the bit)」の定義にふさわしいように感じられるし,日本語規程による「オン・ザ・ビット」の注釈(243ページ参照)も同じである.

っぱらドイツ語の「Durchlässigkeit」の訳語として使われており，物理的な「柔らかさ」という以上の意味がこめられている。そこでまず「Durchlässigkeit」から検討すると，クリムケ博士の『*Basic Training of the Young Horse*（若馬の基礎調教）』[46]には，この用語を強いて英語に訳せば「obedience（騎手に対する服従）」になるという編者の注が付いているし，『国際馬事辞典』でも，ドイツ語特有の表現として「従順性（扶助に対する服従）」と訳されているものの，ここでいう「従順性」とは，「人間に逆らわず，おとなしい」という意味ではなく，「馬が扶助に従う能力をもち，いつでも従える状態」をいうとされている[47]。

また，『ボルト氏の馬術』には，「前方推進扶助により，収縮運動中の弾発力（Schwung）が常に維持されるように注意しなければならない。これがうまくできるようになると，"Durchlässigkeit"[48]が向上し，騎手の推進扶助と控制扶助とが妨害なしに馬体を透過するようになる。その結果，後躯からの弾発力は馬の口に達し，また反対に，負荷をかけることによって馬体を屈曲させる手綱の扶助は，同時に腰と脚の推進扶助を使うことにより，同じ側の後肢に働きかける」と書かれており[49]，後躯で生まれたエネルギーが「律動する背中（柔軟な背中）」を透過して妨害なしに前方に流れ，これが拳に受け止められると，同様に背中を透過して今度は後方に流れて後躯に働きかけ，収縮をもたらすと同時に「扶助に対する従順性」が向上するというドイツ馬術の考え方がはっきりと示されている。

しかし，「Durchlässigkeit」が「扶助の透過」によって得られる「扶助に対する従順性」を意味するとはいえ，単に「従順性」[50]と訳してしまうと，「扶

---

46) 274ページ注16参照。
47) 『国際馬事辞典』17-58参照。
48) 『ボルト氏の馬術』では「（扶助に対する）従順性」と訳されている。
49) 『ボルト氏の馬術』115ページ参照。なお，『獨和馬事小辞典』は，「Durchlässigkeit」を「（扶助・手綱の作用の）透徹」と訳している。
50) FEI規程では，「従順性（submission）」について，「隷従（subordination）を意味するのではなく，騎手に対して常に注意を払い，自ら進んで常に自信に満ちた態度で運動すること，そして，馬が調和，軽快性および無理のなさを示しながら様々な運動を実施することで示される騎手に対する服従（obedience）を意味する」と定義している（第416条「推進力／従順性」第2項）。

助に対して鋭敏な状態」というよりも「(馬の性質としての) 温順さ，従順さ」の方が強くイメージされかねないこと，『ボルト氏の馬術』の英語版では「馬がためらうことなく扶助に従う"透過性 (throughness)"」と説明され，ドイツ公式教本の英語版では「"透過"すること (coming 'through') あるいは"扶助の透過を許すこと"('letting the aids through')」とされていることを考えて，「扶助透過性」と訳すことにした．

そのうえで，改めて「suppleness」について検討すると，「Durchlässigkeit」に代わる用語として使われているとはいえ，「扶助透過性」と訳してしまうのはいささか訳しすぎの感がある．また，「柔軟性」では，どうしても物理的な「柔らかさ」とか「曲げやすさ」のイメージが先に立つが，日本語でも，「口が柔らかい」というのは，ともすれば轡後に来てしまうようなグニャグニャした状態ではなく，拳の扶助に対して鋭敏に反応する状態を指して使われることから，「柔軟性」と「従順性」とを併せて表現できるような訳語が適当だと考えて，「柔順性」という訳語を当てた．

もちろん，物理的に「柔らかい」という意味で「supple」が用いられていると判断される箇所では，「柔軟な」というオーソドックスな訳語を用いたが，本書の場合，そのようなケースはむしろ稀であった．

「suppleness」と似た用語として「looseness」がある．こちらも，「柔軟性」と訳すのが一般的だろうが，「柔軟性」という意味で使われる「suppleness」には「筋肉がよく伸展し，体を側方・前後に屈撓させやすい」というニュアンスがあるのに対し[51]，「looseness」は，馬の心身の固さがとれてリラックスした状態（『The Basics』では「relaxation（リラクセーション）」と表現されている）を意味する．

「looseness」は，もともと「解放された（自由になった）状態」を意味するドイツ語の「Losgelassenheit」の訳語で，体がほぐれて伸び伸びと運動できるようになった状態を指している．これも「柔らかさ」であるには違いないが，『獨和馬事小辞典』で「自由なること，柔軟なること」と訳されていることからもわかるように，この「柔らかさ」は，筋肉の固さがとれて自在に伸縮でき

---

[51] ⇒USDF用語集「Suppleness」参照．

るようになった状態（いわば，本運動のための準備段階）を意味しており，むしろ「脱緊張」あるいは「緊張緩和」[52]とでも表現するべき用語である．そこで，「looseness」については，「柔軟性」とは訳さずに，「馬体がほぐれた状態」という説明的な訳語を採用した．

　なお，「relaxation」については，トレーニング・ツリーのエレメント1で使われており，本書では重要な用語になっているので，適切な訳語を探したが，しっくりする用語が見つからなかった．語感としては，「緩み」という言葉が一番近いように思われるが，これでは「気の緩み」というように注意が行き届かない状態が連想されやすいので，敢えて訳すことをあきらめて，最近一般化しつつある「リラクセーション」を採用した．

馬の姿勢に関係する用語

Engagement, Bending the haunches, Half steps

　「engagement」は，一般には「踏み込み」と訳され，日本語規程でも，「(後躯の) 力」，「(後躯を) よく使うこと」といった訳語も用いられていたものの，大半の箇所で「踏み込み」と訳されていた．第21版からは，「engagement」あるいは「engage」は，すべて「エンゲイジメント」という表現に統一され，「従来は単に後肢の"踏み込み"と訳されることが一般的であったが，単なる後肢の踏み込みではなく，後肢の推進筋の躍動的かつ能動的な前動を伴った踏み込みであり，それは馬が馬術的に停止したときにも該当する」という独自の注釈が施されており，単なる「踏み込み」，すなわち「後肢が馬体の下に向かって前に踏み出す動作」ではないことが強調されている．

　『*Elemente der Ausbildung*』では，「engagement」に対応する用語として，「Untertreten」（直訳すると「(馬体の) 下に向かって踏み出すこと」で，文字どおり「踏み込み」に相当する）のほか，「Aktivität der Hinterhand」（「後躯

---

[52] フランス語には，「(筋肉の) 収縮 (contraction)」の対語として，「(筋肉の) 弛緩，緊張緩和」を意味する「décontraction」という用語があるが，フランス語規程の第401条第2項および第6項の「décontraction totale (完全な緊張緩和)」という表現は，英語版では「submissiveness throughout (完全な従順)」となっており，よけいな緊張がなくなるだけで馬の抵抗の解消（従順）につながるという事実が暗示されている．

の活力・活発な動き」）という表現がしばしば使われている．また逆に，『The Basics』で「後躯・後肢の活力・活発な動き（activity）」と表現されている箇所のほとんどが「踏み込み」と読み替えても意味が通じるばかりか，むしろ「踏み込み」と読み替えた方が理解しやすくなる箇所さえある．したがって，「後躯の活力・活発な動き」と「踏み込み」とは，表現は全く違うが，指している内容は同じだと考えられる．このように，「engagement」は，「踏み込み」の動作そのものよりも，むしろその動作によって「後躯を活発に動かす（使う）こと」に意味の主眼があることを念頭に置かなければならない．

　しかしながら，このようなニュアンスを伝えられる適切な用語が見当たらなかったので，本書でも，「踏み込み」という一般的な用語を訳語とした．

　「踏み込み」に似た用語として，『The Basics』には「bending the haunches」（直訳すると「後躯を曲げること」）という表現が使われている．『Elemente der Ausbildung』では，「Hankenbiegen」（あるいは「Hankenbiegung」）と表現されているが，これは，『獨和馬事小辞典』や日本語版『乗馬教本』では「股の屈撓」と訳されている．「股の屈撓」とは，『獨逸馬術教範』によると，「馬の臗股関節および膝関節（すなわち"股"）を屈撓させること」で[53]，後躯の屈撓によって後躯に負重できるようになった馬に対し，さらに収縮の向上を求める作業であり，これに伴ってその他の後躯の諸関節も屈撓するので体重負担力が増すと説明されている．

　この説明からすると，「股の屈撓」とは，収縮がさらに進んだ段階を表すことになるが[54]，本書では，そのような高度な意味で「bending the haunches」が使われている箇所はむしろ稀で，ほとんどの箇所で，文字どおり「後躯（の諸関節）を屈撓させること」という意味で使われている．そのため，訳語としては「後躯の諸関節の屈撓」とするのが正確かもしれないが，これではやや冗長であること，「Hanken」は英語では一般的に「haunches」と表現され，これは

---

[53] ドイツ公式教本にも，「Hanken」とは馬の股関節と後膝関節を指す用語だと書かれている（同書173ページ参照）．

[54] 「"股の屈撓"とか"ハーフ・ステップ"などは，基礎調教のテーマではない」という本書の記述（132ページ）も，それを裏付けている．

通常「後躯」と訳されることから,「後躯の屈撓」という訳語を採用した[55]. ただし,前後関係から高度の収縮を指して使われていると判断した箇所だけは,「股の屈撓」とした.

なお,本書で,「股の屈撓」とともに「基礎調教のテーマではない」とされた「half steps」(132 ページ参照)について述べておくと,この用語は,『*Elemente der Ausbildung*』で使われている「halbe Tritte」の直訳だと思われる. ドイツ公式教本上級編では,この用語の明確な定義は置かれていないものの,ピアッフェやパッサージュの準備作業として使われるとされており[56],歩幅を非常に短縮した極度の収縮速歩を意味する用語であることがわかる.

これに対して,『獨和馬事小辞典』では,「halbe Tritte」を「半踏歩」と直訳し,「股の屈撓をなさしむる号令」として,「半踏歩に縮め」という表現が紹介されている. 『獨逸馬術教範』にも,「股の屈撓」の項に"半踏歩に縮め"の号令で,馬を半踏歩に前進させる」と書かれていることから,本来は,「股の屈撓」を促す作業だったと考えられる. スペイン乗馬学校の供覧演技では,双柱につないだ馬を追い鞭で少しずつ踏み込ませていってピアッフェからルヴァードに導く方法が見られるが,この「少しずつ踏み込ませる」過程が「半踏歩につめる運動」の本来の形であり,「股の屈撓」を目的として徒歩あるいは騎乗作業で行われていた「半踏歩につめる運動」が,今日ではもっぱらピアッフェやパッサージュの準備作業として使われるようになったのではないかと想

---

[55] ドイツ公式教本では,「Hanken<u>biegung</u>」という表現が見当たらず,代わりに「Hanken<u>beugung</u>」が用いられているが,「Biegung」も「Beugung」も「曲げること」という意味なので,いずれも同じ意味だと理解して差し支えないと思われる(「Biegung」は「(馬体の)側方屈曲」という意味の用語なので,混乱を避けるため,「Beugung」という別の用語に「(後躯の)屈撓」という意味をもたせた可能性もある).

なお,『Elemente der Ausbildung』にも「Hankenbeugung」が使われている箇所がいくつかあるが,『The Basics』では「lowering the haunches(後躯の沈下)」と表現されているため,本書では,両方の表現を組み合わせて「後躯の屈撓・沈下」と訳した.

[56] ドイツ公式教本上級編によると,騎乗調教でピアッフェを教える場合,短時間の「ハーフ・ステップ」から再び弾発力(推進力)に富んだ収縮速歩あるいは尋常速歩に移行する作業を経て,一定の歩調を保ちながらハーフ・ステップをさらに短縮していき,ピアッフェに導くとされている(同書89ページ[英語版71〜72ページ]参照).

また,パッサージュを仕込む最も普通の方法も速歩または「ハーフ・ステップ」から導くやり方だとされている(同書93ページ[英語版75ページ]参照).

像される.

　しかしながら,「半踏歩につめる運動」と直訳しても,わかりにくいことに変わりはないので,本書では,訳さずに「ハーフ・ステップ」と表現している.

Carriage, Self Carriage, Position

　「carriage」は,馬術用語としては,『USDF用語集』に定義されているように,「(馬の)体勢」という意味である.しかし,FEI規程の「"ease and carriage"」という表現が,フランス語規程では「《l'aisance et la prestance》(無理のなさと押し出しの良さ)」となっていることを考えると[57],「carriage」には「堂々たる立ち姿」といったニュアンスがこめられているようにも感じられたので,必要に応じて「良い体勢」などのように言葉を補って訳している.

　その一方,『The Basics』では,「Tragkraft」(本来の意味は「物体を搬送する力,その重量を負担する力」)という用語に対応する言葉として「carriage」が用いられているので,その訳語も必要となった.「Tragkraft」は,「Schubkraft」すなわち「推力(propulsive power)」と対照的な用語として使われており,ドイツ公式教本上級編の英語版では,「carrying capacity」(「搬送・負担能力」)という訳語に加え,「体重を後躯に負担させる能力」という説明が付されている[58].

　「carriage」の動詞形の「carry」は,「搬送する,(重さを)負担する」という意味の言葉だが,「重さを支える」がその本来の意味で,「搬送」よりも「負担」の方に重点があるので,馬術用語としては「(人馬の体重を)負担する」と訳すべきだと考えられる.そこで,その名詞形の「carriage」に対する訳語にも,「体重負担力」を採用した[59].

---

57) FEI規程第417条「収縮」c)および第4項,また,下記注59参照.
58) ドイツ公式教本上級編の英語版27ページ参照.
59) FEI規程の「ease and carriage」についても,日本語規程では「イーズ・アンド・キャリジ」と表現され,「エンゲイジメントを通してパワーが加わり,いっそう後躯で体重を支えられるようになること.運動が容易にこなせる態勢を示す」という独自の注釈が施されているが,ここにも示唆されているように,「carriage」には「(後躯の)体重負担力が増した結果としての堂々たる立ち姿」というニュアンスがあり,一方の「ease」には,運動の「無理のなさ」以上に,「無理のない(ゆったりとした)姿勢」という意味合いが強いように思われるので,日本語に訳せば,「無理がなく,堂々とした,(馬場馬術的に)良い体勢」ということになろう.

馬術用語の訳語について

　「carriage」に関連して「self-carriage」という用語があるが，これは，『USDF用語集』では，「馬が自らの体重を負担している状態」と定義されている（「carriage」が，「体重負担力」に近い意味で使われている）．これに対して，『乗馬教本』では，「用役姿勢（Gebrauchshaltung）」，「調教姿勢（Dressurhaltung）」に続く姿勢として，「Selbsthaltung」（直訳すると「自分自身の姿勢」）があるとされ，「騎手に要求された姿勢をあたかも馬が自ら維持しているように見える状態」と定義されているが[60]，これを英語に直訳すると「self-carriage」になる（この場合，「carriage」が，「体勢」の意味で使われている）．「Selbsthaltung」は，『乗馬教本』の日本語版では「自得姿勢」と訳されているが，用語としてはわかりにくい．しかし，強いて別の日本語に置き換えても，「自らの体重を負担して運動している姿勢」といった説明的な訳語にしかならないため[61]，結局，敢えて訳さずに「セルフ・キャリッジ」とした．

　最後に，「姿勢」を意味する最も一般的な用語である「position」について述べておく．『*The Basics*』では，この用語は，もっぱらドイツ語の「Stellung」の訳語として「側方屈撓」の意味で使われており，馬の頭を側方に向けることを意味しているのに対し，「屈曲」（英語では「bend」，ドイツ語では「Biegung」）とは，頸・あばらなど馬体の一部を折り曲げることを指す[62]．さらに，ドイツでは，あばらを折り曲げることによって脊椎全体を屈曲させること（すなわち，「馬体の屈曲」）を特に「側方屈曲（Längsbiegung）」と呼ぶようである[63]．そして，ドイツ公式教本にあるとおり，「側方屈撓の伴わない側方屈曲はありえないが，側方屈曲のない側方屈撓は可能」で，実際，例えば斜横歩では，FEI

---

60) 『乗馬教本』100ページ参照．なお，『乗馬教本』のフランス語訳では，「自発的姿勢」を意味する「maintien spontané」という訳語が与えられている．
61) 日本語規程でも，「セルフキャリッジ（頭頸を自ら保持すること）」という説明的な表現になっている（第403条「常歩」第3.2項「収縮常歩」参照）．
62) ドイツ公式教本によると，「側方屈撓」は，「馬が頭と頸の間，すなわちうなじの関節のところで頭を側方に向けること」をいい，「頸がごくわずかに屈曲する以外，脊椎はまっすぐな状態を保つ」と説明されているのに対し，「（馬体の）屈曲」は，「馬が解剖学的に可能な範囲で体の縦軸（つまり脊椎）を曲げた状態」と定義されている（同書106～107ページ［英語版では88ページ］参照）．次ページ参考図6参照．
63) 92ページ注5参照．

規程にも,「うなじのところで運動方向の反対側に僅かに側方屈撓する以外,馬体はほぼまっすぐ」と定められている[64].したがって,日本語で「内方姿勢」という場合,「側方屈撓」だけを意味している場合もあれば,「側方屈曲」も含めた場合もあることに注意しなければならない(268ページ追記参照).

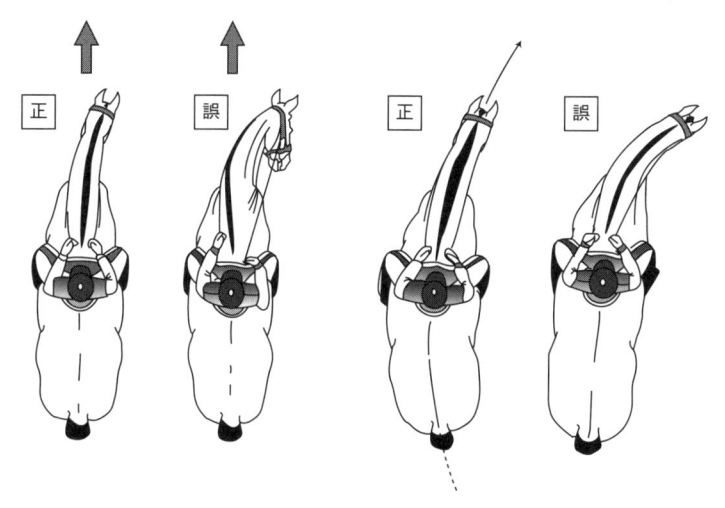

参考図6　右への側方屈撓(左の図)と右への馬体の屈曲(右の図)(出典:ドイツ公式教本).

その他の用語

Seat, Seat Aids, Engaging the Seat

「seat」は,ドイツ公式教本の英語版によると,「骨盤,両側の股関節および大腿部」を指すとされている[65].これは,騎手の体が鞍と接する部分,すなわち,膝から大腿の内側を経て臀部に至る部分の総称だと理解できるが,これは,日本の馬術用語では「騎坐」と呼ばれている.

『*Elemente der Ausbildung*』では,「seat(騎坐)」に対応する用語として,「Gesäß」,「Kreuz」,「Sitz」など様々な用語が使われている.これらのうち,「Gesäß」は,一般には「臀部」を指すが,「座ったときに鞍と接する部分」と

---

64) FEI規程第411条「斜横歩」第2項参照.
65) 同書51ページ参照(ただし,ドイツ語の原文にはこのような定義はない).

いうことで，騎手の体の一部としての「騎坐」とほぼ同じ意味に使われているようである．また，「Kreuz」は，解剖学的には脊椎の下端近くにあって骨盤の後部を形成する「仙骨部」を指すが，一般用語としては「腰」の意味で使われる．そして，「Sitz」は，まさに英語の「seat」に対応する用語で，「座ること」という本来の意味から転じて，「乗馬姿勢」という意味ももっている．FEI規程でいう「騎手の姿勢（position）」が，「体の各部の配置」という意味での全体的な「姿勢」を指すのに対し，「seat」あるいは「Sitz」は，「座り方の良否」という意味合いが強い．そのため，この意味での「seat」に対しては，「座り」という訳語も考えたが，結局，『乗馬教本』の日本語版の表現にならって「騎坐姿勢」とした．また，「seat」が「（鞍上に）座ること」とか「座り方」という意味で使われている場合には，単に「騎坐」と訳した．

そうすると，「dressage seat」は，ドイツ公式教本で「基本姿勢」とも呼ばれているとおり，あらゆる騎坐姿勢の基礎であり，フラットワーク全般に用いられるだけでなく，やや鐙をつめた形で障害飛越や野外騎乗の準備運動にも用いられ，決して馬場馬術専用の騎坐姿勢ではないことから，「ドレッサージュ騎坐姿勢」と訳すべきだろうが[66]，これではあまりに冗長なので，慣用に従って「馬場馬術姿勢」とした．

また，鐙を短くして上半身を股関節のところから軽く前傾させる障害飛越・野外騎乗向けの騎坐姿勢は，「前傾姿勢」あるいは「障害姿勢」と呼ばれ，馬の背中の負重を軽減したり，馬の大きな重心移動に適応しやすくしたりする効果があるが，『The Basics』では，この騎坐姿勢を指して，「forward seat」（直訳すると「前方騎坐姿勢」）と「two-point seat」（同じく「2点支持姿勢」）という異なった用語が使われている．「forward seat」の方が一般的な用語のようなので，これを「前傾姿勢」と訳し（この訳語では，むやみに上半身を前傾させるイメージが生じかねないので，「前方騎坐姿勢」という直訳も考えたが，慣用的なわかりやすい訳語を採用した），そのバリエーションである「two-point seat」を「2ポイント姿勢」と訳した[67]．

---

66) 「dressage」が必ずしも「馬場馬術」だけを意味するものではなく，馬の調教過程そのものを指す用語でもあることにつき，「ドイツ語版への序」を参照．

次に,「seat aids」(直訳すると「騎坐の扶助」)は,「脚の扶助」,「拳の扶助」[68]
と並ぶ重要な扶助だが,『*Elemente der Ausbildung*』やドイツ公式教本では
「Gewichtshilfen(体重の扶助)」と表現されており,前者には「Kreuzhilfen(腰
の扶助)」という表現も使われている.FEI規程では,英語版でもフランス語版
でも「騎坐(英:seat,仏:assiette)の扶助」と表現されているので,日本語
規程もそれに従っているが,ドイツでは,この表現は使われないようである[69].

ドイツ公式教本によると,「Gewichtshilfen(体重の扶助)」には,両側の坐
骨への負重,片側の坐骨への負重,負重の軽減の3つがあり,「負重の軽減の
操作」は,新馬調教や後退の調教の初期などに馬の背中や後躯の負担を減ら
してやることをいい,「両側の坐骨に負重する操作」は,半減却や移行など,
馬の両後肢を特に活発に動かす必要がある場合には必ず使わなければならない
とされる.また,「片側の坐骨に負重する操作」は,一般には内方坐骨への負
重を指し,「馬の側方屈撓あるいは側方屈曲を伴うあらゆる運動の際に拳と脚
の扶助を支援する重要な手段で,よく調教された馬は,騎手のバランスに合わ
せようとして回転運動を始める」とされており[70],これらの「体重の扶助」は,
上半身を自然に垂直に起こした姿勢から与えられるもので,「強く"腰を張る
(Kreuzanspannen)"操作」を必要とすると説明されている[71].

---

67) 上半身の前傾をやや強めて鞍から尻を僅かに浮かせ,左右の脚の2点だけを馬体と接触させる
姿勢を「2ポイント姿勢」と呼ぶのに対し,上半身をほとんど前傾させず,尻をごく軽く鞍に着け
て,左右の脚と騎坐の計3点を馬体と接触させる姿勢を「3ポイント姿勢」と呼ぶ.『*The Basics*』
にいう「forward seat(前傾姿勢)」は3ポイント姿勢がイメージされているように感じられるが,
これは,「障害姿勢」というと2ポイント姿勢がイメージされやすい日本とは逆になっている.
68) 英語やフランス語では「手(英:hand,仏:main)の扶助」と表現されるのに対し,ドイツ
語では「手綱(Zügel)の扶助」と表現される.本書では,特に区別せずに両方用いている.
69) 『獨逸馬術教範』には,「騎手が"騎坐(Gesäß)の扶助"として感じる扶助は,体重の移動の
ことなので,実は"騎坐の扶助"というものは存在しない」と書かれている.
70) さらに,「内方坐骨への負重は,外方脚を股関節のところから後ろに引くことで生じるもので,
その結果,騎手の内方の腰がわずかに下がるとともに,内方の膝の位置が深くなるが,このとき
に膝が曲がったままでいることが重要で,内方坐骨に負重しようとするあまり内方の鐙に力をか
けすぎると,内方の膝が伸びきってしまうため,かえって誤った側に体重がかかってしまう」と
いう注意が与えられている(本書100ページの参考図2参照).
71) 以上,「体重の扶助」については,ドイツ公式教本71〜73ページ(英語版では59〜61ページ)
参照.なお,「強く"腰を張る"操作」については,263ページ参照.

一方,「Kreuzhilfen（腰の扶助）」について考えると,「腰」を扶助の手段と考えるのはドイツ馬術特有の発想であるように思われるが，これを馬術的に見ると，腰部の筋肉（腹筋と下部背筋）を使って骨盤を動かすことで馬に働きかけ，騎手の意志を伝えるということだと考えられる．そして，そのときに馬に作用を及ぼすのは，腰ではなく，馬体と接している坐骨なので，これは結局「坐骨を利かせる操作」を意味することになる．したがって,「Kreuzhilfen」を「坐骨の扶助」と意訳することも検討したが，いささか訳しすぎの感があるので,「腰の扶助」と直訳するのが自然だと判断した．

　そのうえで「seat aids」の訳語を考えると，単に「騎坐の扶助」としたのでは，左右の大腿で鞍をグリップしたり，腰で「漕ぐ」ようにして坐骨を鞍にこすりつけたりするイメージが生じ，騎坐全体が浮き上がって浅くなり，騎手の安定が害されたり，馬の背中が強く圧迫されすぎ，馬が背中を反らせてしまう原因になったりしかねないため，本書では,『The Basics』の「seat（騎坐）」という表現を活かしつつ,『Elemente der Ausbildung』で「Gewichtshilfen」が使われている箇所では「騎坐（体重）の扶助」,「Kreuzhilfen」が使われている箇所では「騎坐（腰）の扶助」とし，カッコ書きで訳し分けた．それにより，いくらFEI規程で「騎坐の扶助」と表現されているからといって，馬体をむやみに騎坐で締めつけたり坐骨で抑えつけたりするような操作は誤りであり,「体重のかけ方や座り方で騎手の意志を伝える扶助」を使わなければならないのだということが直感的にわかりやすくなるのではないかと期待している．

　これに合わせて,「seat」の訳語についても,『Elemente der Ausbildung』で「Gesäß」が使われている箇所では「騎坐（臀部）」,「Kreuz」が使われている箇所では「騎坐（腰）」とし,「Sitz」が使われている箇所では，上記のように「乗馬姿勢」という意味での「騎坐姿勢」と,「座り方」という意味での「騎坐」とを使い分けた．

　「seat」に関連して,『The Basics』には，日本語の「腰を張る」という意味の用語として,「engagement of the seat」という用語が使われている．当初は,「踏み込み（engagement）」からの連想で,「騎坐の繰り込み」という訳語を考えたが,「engagement」はむしろ,「踏み込み」の場合と同様に,「活発に（積極的に）使うこと」というニュアンスで理解すべきだろう．『Elemente der

『Ausbildung』では，この用語に代えて，「Kreuzeinwirkung」(「直訳すると「腰を作用させること」」)，あるいは「Anstellen des Kreuzes」(同じく「腰を活発に使うこと」)といった表現が使われているが，強いて訳し分けるほどの意味の違いはないように思われる．そこで，「作用される（働きかける）」と「活発に使う」との両方のニュアンスを含んだ「利かせる」という言葉を採用し，『The Basics』で使われている「seat（騎坐）」と，『Elemente der Ausbildung』で使われている「Kreuz（腰）」を両方とも活かすため，やはりカッコ書きを用いて「騎坐（腰）を利かせる操作」という訳語を当てることにした．

ところで，英語で「腰を張る」という意味の最も一般的な用語は「bracing the back」である[72]．この用語は，74ページ注13のとおり，ミューゼラーが『乗馬教本』で用いた「Kreuzanspannen」の英訳で，「Kreuz」は「腰（仙骨部）」，「anspannen」は「（筋肉を）緊張させる」という意味なので，日本語の「腰を張る」もこの用語の直訳だと想像されるが，非常にわかりにくい[73]．「腰を"張る"」という用語からは，腰の筋肉を緊張させて下腹を前に突き出すようにする動作が連想されがちだが，これは『乗馬教本』第4図に示されている「くぼみ腰」そのもので，腰の自由な動きが阻害されて馬の動きに追随できないうえ，脊椎が不自然な形に湾曲したところに反撞の衝撃が加わるため，腰に過度の負担がかかることは間違いない．そこで本書では，フォン・ジーグナー大佐が敢えて「bracing the back」という一般的な用語を避けて「engagement of the seat」と呼んでいることにならい，「腰を張る」ではなく，「騎坐（腰）を利かせる」という表現を用いている．

ここで，ドイツ人の医師父子が著した『An Anatomy of Riding（乗馬の解剖学）』には，「腰を張る」，あるいは「騎坐（腰）を利かせる」操作とは，左右

---

72) 「back」が背中から腰までの広い範囲を指すので，「bracing the small of the back（腰のくびれの部分を張る）」と表現されることもある．
73) ドイツ公式教本には，「人間は仙骨を動かす筋肉をもっていないので，"Kreuzanspannen"（つまり"仙骨部の筋肉を緊張させること"）というのは，運動生理学的には不正確な表現であるが，古典馬術の世界に浸透した表現として，体幹の筋肉群（腹筋群と腰の深部にある背筋群）の緊張・弛緩と，それによって生じる骨盤が傾く動きを指すと了解されている」という注釈が置かれている（同書53ページ［英訳版44ページ］参照）．

両側の腹筋群を同時に同じ強さで緊縮させ、骨盤の前部を引き上げて骨盤全体を後ろに傾ける動作であり、このときに背筋を使って背中を伸ばしておかないと、腹筋を使っても骨盤の前部が引き上げられる代わりに胸郭が引き下げられてしまうため、骨盤が十分傾かないと解説されている[74]。「骨盤を後ろに傾ける」というのは、ミューゼラーの考え方に沿うものだが、そのために「腰」ではなく腹筋を主に使うという発想は、画期的だったと言えるだろう[75]。

しかしながら、フォン・ジーグナー大佐は、「騎坐（腰）の扶助」について、「骨盤を傾けるのではなく、両坐骨を前下方に押し出すことで効果が生まれる」とし、骨盤を後ろに倒すのは、坐骨の後ろ側に座ることにつながり、脊柱が硬直して膝が上がってしまうので、重大な過失だと断じるとともに、「両坐骨を前下方に押し出す」とは「ドラム缶の端に座ってこれを傾ける」感覚だと表現している[76]。これは、障害飛越の際、随伴動作により鞍から離れた腰を、着地時に再び鞍に戻すために前下方に送る動作に似た感覚ではないかと想像されるが、このときには骨盤が全く傾かないわけではなく、僅かな後傾は生じると考えるのが自然なので、上半身までが後傾したり「坐骨の後ろ側に座る」ことになったりするほど大きく骨盤を傾けてはならないという意味だと解釈するべきだろう[77]。

「腰を張った」姿勢は、馬の動きに追随していくためにも必要だとよくいわれる。しかし、ドイツ公式教本は、騎手が馬の動きに追随していくのに必要な

---

74)『An Anatomy of Riding』35〜36ページ（全面改訳版である『An Anatomy of Dressage』[275ページ注18参照]では51〜52ページ）参照。

75) ドイツ公式教本も、体幹の筋肉群の働きにより「骨盤が傾く」動きが「Kreuzanspannen（腰を張る操作）」だとし（261ページ注73参照）、"腰を張る"には、腹筋と下部背筋を僅かな時間だけ緊張させる」と述べている（同書72ページ[英語版60ページ]参照）。

76) 72〜75ページ参照。

77)『乗馬教本』原書第47版にも、「腰を張る操作は、主として腹筋群の役割であり、これが多少収縮することにより、肋骨下部が骨盤上部に接近し、骨盤上部が僅かに後方に傾くことから、"腰を張る"とか"腰を利かせる"と呼ばれるのである」という注釈が置かれているが（同書22ページ参照）、この注釈は第47版で初めて入れられたものなので、編集に携わったフォン・ジーグナー大佐自身が書き加えた可能性が高く、したがって、大佐が骨盤の後傾を必ずしも否定しているわけではないことがわかる。

のは「適度に張った腰（mäßig angespannte Kreuz）」であり，これは「上半身を自然に垂直に起こした姿勢」を意味し，騎手は，この姿勢で腹筋と下部背筋の緊張と弛緩を繰り返しながら馬の動きに追随していくと述べている．そして，これらの筋肉が緊張と弛緩を繰り返す過程で，「緊張期を僅かの間だけ強める」ことを「強く"腰を張る"操作（verstärktes "Kreuzanspannen"）」と呼んでいる．この操作は，前進を促す脚の操作と相まって，馬の重心下への踏み込みを促し，両後肢の負重を増すために行われ，そのおかげで半減却の際に手綱を過度に使わなくて済むようになる反面，これを継続的に使うと，馬が鈍くなり，踏み込みを促すところか前進運動が阻害されてしまううえ，騎手も硬直した姿勢に陥るとして厳しく戒められ，1回の操作で効果がなければ，操作を継続するのではなく，断続的に反復しなければならないことが示唆されている[78]．

したがって，馬の動きに追随していくための姿勢としては，上半身を垂直に起こした「適度に腰を張った姿勢」をとっていればよく，馬の踏み込みを促そうとするときだけ，骨盤を僅かに後ろに傾ける「強く"腰を張る"操作」（すなわち，本書でいう「騎坐（腰）を利かせる操作」）を断続的に使うのであって，決して上半身まで後傾するほど強く骨盤を後ろに傾けたり，「強く腰を張った」ままで乗り続けたりしてはいけないと考えるべきだし，普段はむしろ，「上半身を自然に垂直に起こした姿勢」を維持するのに必要な最小限の筋肉の「緊張」（これが「適度に"張った"」という言葉の意味するところだろう）を残すだけで，あとは腰（背中の下部）の力を抜くようにして，その柔軟性により馬の反撞を吸収していくのが合理的だと思われる．

On the aids

「on the aids」（直訳すると「扶助の上にある」）は，「an den Hilfen」というドイツの馬術用語の直訳だと思われるが，本書67ページにあるとおり，「on the seat」（直訳すると「騎坐の上にある」），「on the legs」（同じく「脚の上にある」），「on the bit」（同じく「拳の上にある」）の3つが達成された状態を指す用語で

78）ドイツ公式教本71～72ページ（英語版では60ページ）参照．

ある．これらの用語は，やはりドイツ語の「am Kreuz」,「am Schenkel」,「am Zügel」の直訳で，『乗馬教本』では，それぞれ「腰に従う」,「脚に従う」,「手綱に従う」と訳されており，同書のフランス語版では，それぞれ「la lgérèté au rein（腰に対する軽さ）」,「la lgérèté à la jambe（脚に対する軽さ）」,「la soumission à la main（拳に対する従順性）」と訳されている．

　これらのうち，まず，「on the seat」については，『乗馬教本』にならって「腰に従う」と訳しても，「腰」を「騎坐」と言い換えて「騎坐に従う」としてもわかりにくいので，フランス語版『乗馬教本』の「軽さ」という表現を参考に，「騎坐（腰）の作用に軽い」と訳した．また，「on the legs」については，「脚の作用に軽い」でもよかったが，慣用に従って「脚に軽い」とした[79]．そうすると，「on the bit」は，「銜（の作用）に軽い」，あるいは，ドイツ語の「am Zügel」を活かして「手綱（の作用）に軽い」とすべきところだが，「Contact」の項で説明したとおり，「手の内に入った状態」と訳している．

　さて，日本語版『乗馬教本』では，「on the aids」に相当する「an den Hilfen」を「扶助を諒解した」と訳しており[80]，『国際馬事辞典』には，「手と脚の扶助に従った状態」という説明がある[81]．

　そこで，「on the seat」,「on the legs」との整合を図る意味で，「扶助に軽い」という訳語を考えたほか，「扶助に従っている状態」という説明的な訳語も検討したが，いずれも「扶助に従順」というだけのニュアンスしか伝わらず，「馬が拳・騎坐・脚の扶助の中に囲い込まれた状態」（つまり，騎手の扶助から逃げられなくなった状態）[82]という真の意味がとらえにくくなると思われたので，敢えて「手脚の間に置かれた状態」という『国際馬事辞典』の訳語を採用した．

---

79)「脚に軽い」という意味の英語表現としては，「in front of the legs（脚に敏感な）」がよく使われる．77ページ注15参照．
80) 例えば，本書の図23に相当する日本語版第20図には，「扶助を諒解せる馬」というキャプションが付いている．同じ用語が，英語版では「扶助に従う馬」あるいは「扶助に据えられた馬」，フランス語版では「扶助の内に置かれた馬」あるいは「扶助に従順な馬」などと訳されており，いずれも苦心の跡が見られる．
81)『国際馬事辞典』19-30参照．

なお，この用語は，「収縮と前躯の起揚の原理」を示した本書の図45Aにも現れる．この図は『乗馬教本』の第25図に基づいているが，参考図7のとおり，明らかな違いがある．『Elemente der Ausbildung』では，上から2番目の図（B2）が「手脚の間に置かれた状態」になっているのに対し，『乗馬教本』では，一番上の図（A1）がこれに当たっている．A1は「収縮なしに」と書かれているが，これはB1のように，「全く収縮がない」状態とは違い，「本格的な収縮がない」というだけの意味であって，軽度の収縮は存在しており，だからこそ『The Basics』に「初期の収縮」（B2）と書かれているのだと考えるべきだろう．このように，「収縮」とは決して型にはまった固定的な状態ではなく，「全く収縮がない状態」（B1）から「（本格的な）収縮はしていないが，手脚の間に置かれた状態」すなわち「初期の収縮」（A1，B2）を経て「（本格的な）収縮」（A2，B3）へと，馬の調教の進展とともに次第に収縮の程度を増していくものであり[83]，「手脚の間に置かれた状態」は，軽度の収縮を当然に伴うのである[84]．ちなみに，「股の屈撓」（A3）とは，「Engagement」の項（253～255ページ）に述べたとおり，収縮がさらに進み，ピアッフェの準備作業として「ハーフ・ステップ」をしている段階を指しており[85]，本書が対象とする基礎調教のレベルを遥かに超えている．

---

82) 本書に繰り返し出てくる「馬を2本のレールの間に保つ」という状態がこれに当たる．『国際馬事辞典』19-30のフランス語の欄に，「bien encadré（[手脚に]上手に囲い込まれた）」という表現が載せられているのも，同じ趣旨であろう．また，カプリリー（151ページ注1参照）が唱えた「手脚の通路」という概念にも通じるものがある．
83) FEI規程にも，「収縮歩度における馬の頭頸の姿勢は，当然，調教の段階により，またある程度は馬の体型によって決まる」と明記されている（第417条「収縮」第5項参照）．
84) USEFの馬場馬術課目でも，レベル2から収縮歩度が課されている．しかしながら，ここで要求されている収縮はごく軽度で，もっと上級の馬場馬術課目で要求される収縮と同じではない．
85) A3の図は，原書では「Hankenbiegen（股の屈撓）」となっているが，英語版旧版では「後躯を動かすこと（mobility of the haunches）」と書かれており，図に示されている馬の肢の動きを見ても，「ハーフ・ステップ」によって股の屈撓を促している図であるように思われる（「股の屈撓」および「ハーフ・ステップ」については，254ページ参照）．

馬術用語の訳語について

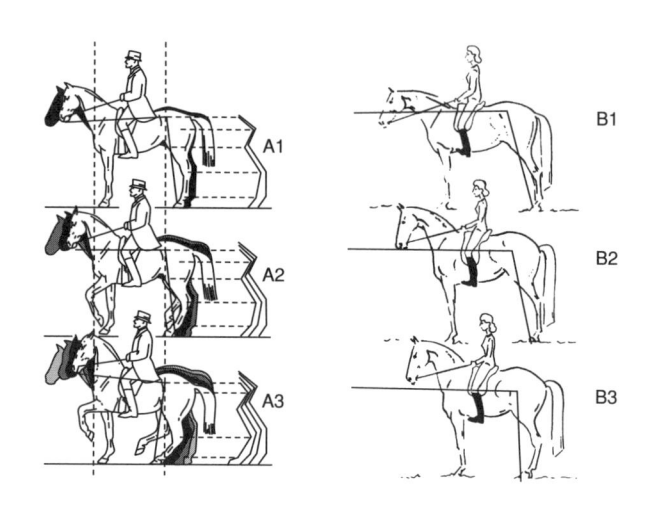

参考図7 「収縮と前躯の起揚の原理」の図とキャプションの比較

	左：『乗馬教本』の図版[86]			右：本書の図版（図45A）	
	原書	日本語版		『The Basics』	『Elemente der Ausbildunga』
A1	収縮なしに手脚の間に置かれた馬	（説明なし）[87]	B1	収縮していない馬	全く収縮がない馬
A2	収縮した馬	収縮姿勢	B2	初期の収縮	手脚の間に置かれた馬
A3	股の屈撓	股の屈撓	B3	確立された収縮	収縮した馬

Crookedness

「crookedness」とは，「真直でない状態」すなわち，馬体あるいは馬の運動の方向（行進線）が左右どちらかに曲がっている状態を指す用語である．しかし，「真直でない」といっても，人間の右利き，左利きのように，先天的また

---

86) 原書第47版93ページ．
87) 日本語版は，原書の古い版に基づいているため，A1の図に対して何も説明が加えられていない．

は後天的に左右どちらか一方の側が不得手な状態から，駈歩で後躯が内に入るとか，行進線がずれる（よれる）といった状態まで様々な現れ方をする．

本書では，行進線のずれよりも，むしろ馬体の曲がりを示す用語として使われているので，「（馬体の）左右の曲がり」という訳語をほとんど採用しかけたが，「屈曲」という馬術用語があるように，馬体が「曲がる」こと自体は，必ずしも悪いことではない．そのため，否定的なイメージをもつ「歪曲」を使い，「馬体の歪曲」という訳語を採用した．

【第2版での追記】
推進力と弾発力
本書では，英語の「impulsion」を「推進力」，ドイツ語の「Schwung」を「弾発力」と単純に訳し分けたが，実は同じ概念を表しているので，本来は訳語を統一することが望ましい．237ページにあるとおり，「体重を後躯で負担する」ことが重要な要素になるが，馬がその状態で後躯を活発に使えば，より高く跳び上がり，弾むような動き（つまり「弾発」）を見せるようになるし，そうなって初めて「推進力」あるいは「弾発力」があると言えるのである．

用語としては「推進力」が一般的だが，単に「前に進む」という語感が強い．「弾発力」の方が用語の意味をより的確に表していると思われる．例えば，「常歩には"推進力"がない」と言うと，不活発な運動が連想されるが，「"弾発力"がない」と言えば，常歩には馬が空中に跳び上がる空間期が存在しないため，この「力」を発揮する余地がないということが直感的に理解しやすい．

真直性
フォン・ジーグナー大佐は，「左右均等に屈撓できる状態」という簡略化された定義を置いているが（90ページ参照），元のドイツ語の「Geraderichten」（直訳すると「真直整置」）は，「馬体の縦軸が行進線に一致するように（真直に），諸扶助によって馬体の各部（特に前躯と後躯）が一列に並べられた（整置された）状態」を意味する．つまり，この用語は，うなじや馬体を左右に曲げるという姿勢の問題にとどまらず，馬が諸扶助に従うことを学んで手脚の間に置かれる結果，馬体の歪曲が改善され，「手脚の通路」に沿って「2本のレ

ール」の間を歩けるようになった状態（265ページ注82参照）を指すのであって，それだけの基盤があってこその「左右均等な屈撓」なのである．逆に言うと，馬が扶助に対して十分従順になって扶助の透過が両手前ともかなりの程度まで向上し，しかもエレメント7の「バランス」，つまり，馬の動きの中で発揮される「高度なバランス」あるいは「エキリーブル」（105ページ注2参照）が相当発達してこないと，「真直性」は生まれない．

　新馬が手綱操作により頭頸を左右に曲げたり，直線上・輪線上で所望の進路から逸脱せずに運動したりできるようになったとしても，それはリラクセーションの結果，関節の可動域が広がり，ふらつかずに（まっすぐ）歩ける程度の「初歩的バランス」が整ったというだけで，扶助透過性と高度なバランスがある程度身についてこない限り，「真直性」を獲得したとは言えないのである．

内方姿勢

　257ページに，日本語の「内方姿勢」には，「（うなじの）側方屈撓」と「（馬体全体の）側方屈曲」との両方が含まれる場合があると述べたが，古くからの馬術書を読めば，「内方姿勢」が本来「側方屈撓」のみを意味する用語であることは明らかである（その意味で，本書で「側方屈撓」とあるのは，「内方姿勢」と読み替えて差し支えない）．回転，駈歩発進，斜横歩などの際に内方姿勢（側方屈撓）が必要な理由を明快に説明した馬術書は見当たらないが，行間を読んでいけば，うなじを屈撓させて頭をわずかに内方に向けてやると内方後肢の踏み込みが促されるということが暗黙の前提となっている（そして，内方後肢の踏み込みが，今度は馬体全体の側方屈曲につながる）ように思われる．

　これが正しいとすると，内方姿勢を要求する場合，馬の姿勢自体よりもむしろ，その結果内方後肢がより活発に動いているかどうか（「踏み込み」の意味について252～253ページ参照）にまず注意を向けるべきことになる．例えば駈歩発進の際，「内方姿勢」にこだわって内方手綱を使いすぎ，かえって発進できなくなるケースがよく見られるが，これもおそらくは内方手綱で馬体の屈曲（側方屈曲）まで求めようという意識を持つからで，「内方姿勢」の本来の意味は，馬の頭だけをわずかに内方に向けることで内方後肢の踏み込みを促す（それにより駈歩発進が容易になる）という点にあると考えるべきなのである．

訳者あとがき

　現代競技馬術の世界では，特に馬場馬術において，ドイツが圧倒的な優位を保っている．そのため，ドイツの調教法を学びたいと考える騎手や調教者は着実に増えていると思われる．しかしながら日本では，少なくとも訳者が馬に乗り始めた四半世紀前を思い起こすと，フランス馬術が一般的で，系統的に書かれたドイツの馬術書は，ミューゼラーの『乗馬教本』だけと言ってよい状況であった．しかも，その『乗馬教本』も，概念的な説明が多く，日本の乗馬人口の大多数を占める初級者・中級者にとって読みやすいものでは決してない．

　今日に至っても，馬に乗り始めたばかりの初心者向けの本はそこそこ見つかるものの，ただ馬にまたがって楽しむという段階から，様々な問題に遭遇し，それを解決する過程に意識を向け始め，そのおもしろさ，難しさを味わえるようになった中級者が読める本がほとんどないという状況は相変わらずで，そこにフラストレーションを感じている馬乗りは少なくないだろう．

　これに対して本書は，著者がドイツ公式教本や『乗馬教本』を補足するために書いたと「はじめに」で述べているとおり，ドイツ馬術の考え方に従って系統立てて書かれているうえ，内容も実践的で充実しており，まさに中級者にうってつけではないかというのが訳者の感想である．

　訳者自身，本書を一読してから『乗馬教本』を再読することで，より理解が深まり，また多数の新たな発見があった．結果的に，かつては非常に読みにくい本だと思っていた『乗馬教本』の良さがだんだんわかってきたように感じているが，そういう意味で，「『乗馬教本』の補足」という著者の意図は完全に成功しているように思われる．

　したがって，本書をお読みになる場合は，ボーシェ，フィリスといった馬術家たちの手になるフランスの馬術書のことはしばらく忘れ，ドイツ馬術の世界にどっぷりと浸かることをお勧めする．『乗馬教本』と併読すれば，なお効果的である．こうしてドイツ馬術の考え方をひととおり理解したうえで，改めてフランスの馬術書と対比すれば，また新しいものの見方が生まれてくるだろう．

　訳者の印象では，フランスの馬術書は，一見非常に論理的な中に研ぎ澄ま

訳者あとがき

された感覚の世界が感じられるのに対し，ドイツの馬術書は，ひたすら理詰めで首尾一貫している．経験が少ない騎手には，感覚よりも理屈で理解できるドイツの馬術書の方が読みやすいようにも思われる．

　本書の表題は，「調教の基礎」とするのが原著に最も忠実だが，「調教」という言葉を使うと敷居が高そうな印象を与えかねないということで，「ドレッサージュの基礎」とした．馬に乗る以上は，上手になって馬を思いのままに操りたくなるのは当然だが，その一方で，「乗り手3分に馬7分」と言われるとおり，馬が良くならないと騎手も上達しないし，馬を良くしていく過程で騎手も同時に上達できるという関係があることを考えれば，現に自分がまたがっている馬を少しでも乗りやすくするのが馬乗りの務めであり，楽しみでもあるということになるだろう．荒木雄豪先生は，「馬術即ち調教」という格言を事あるごとに口にされ，馬に乗るということは，馬を調教する，つまり気持ちよく乗れるようにするということだと常々説いておられるが，その「調教」のためのガイドブックとして本書が非常にすぐれており，多くの騎手に，しかも経験の少ない騎手にも安心してお勧めできることは間違いない．

　最後に，本書の翻訳にあたり，直接・間接に様々な御指導をいただいた荒木先生と，高津彦太郎氏に厚く御礼を申し上げるとともに，ほぼ毎週末にともに馬に乗りながら，馬術談義を通して多大な御示唆をいただき，同時に訳者の知識欲を絶えず鼓舞していただいた井上昭成氏に対し，特に感謝の念をここに記しておきたい．また，訳注が多く，編集しにくい文章を巧みに仕上げていただいた片岡一成氏を始めとする恒星社厚生閣のスタッフの方々にもこの場を借りて御礼申し上げる．さらに，言わずもがなではあるが，これまで訳者に多種多様な経験を積ませてくれた馬たちには，感謝の言葉もない．

2006年10月

訳　者

文　献

参考までに，本文中に引用されている文献と，訳者が脚注に引用した文献の一覧を掲げておく．なお，日本語以外の文献で，書名の次に［独］または［仏］とあるものは，それぞれドイツ語またはフランス語の文献，表示がないものは英語の文献であることを示している．

日本語の文献

1　荒木雄豪・槇本彰 編『馬術教範抄－付. 馬事提要抜粋』[1]，2001，恒星社厚生閣（東京）．
2　今村　安（荒木雄豪・槇本　彰編）『今村馬術』（増補改訂版），1989初版／1994増補改訂版，恒星社厚生閣（東京）．
3　印南　清『馬術讀本』，1971，中央公論社（東京）．
4　四條隆徳編『獨和馬事小事典』（荒木雄豪編訳『国際馬事辞典』［増補三訂版］所収），1942初版？／2001，恒星社厚生閣（東京）．
5　シュテンスベック（荒木雄豪・高津彦太郎訳）『馬術』[2]（荒木雄豪・高津彦太郎・槇本　彰編『シュテンスベック氏の馬術－ドイツ式馬場馬術』所収），1998，恒星社厚生閣（東京）．
6　シュテンスベック（岩崎彦彌太訳）『独逸ステンスベック式馬術』[2]（江上波夫他監修，千葉幹夫編『馬の文化叢書第8巻「馬術―近代馬術の発達」』所収），1994，馬事文化財団．
7　スウィフト（阿部二葉訳，渡辺　弘監修）『センタード・ライディング』[3]，2001，アニマル・メディア．
8　デカルパントリー将軍（遊佐幸平，城戸俊三，永持源治他訳）『エキタシオン・アカデミック－国際競技馬場馬術の準備』[4]，1978，日本中央競馬会．

---

[1]　荒木・槇本編『馬術教範抄』によると，同書が昭和13年に改訂されて翌14年に出版された「昭和14年版」の馬術教範に基づいているのに対し，日本馬術連盟の『馬術教範』は昭和2年版を復刻したものだということで，両者にはかなりの違いが見られる．

[2]　原書：Stensbeck, Oscar Maria, *Reiten – Eine Anleitung, Es zu Lernen und Selbst ein Pferd bis zur Vollendung Ausbilden*（馬術－馬術を自習し，自ら馬を完璧に調教するための指導書）［独］，1931初版．

[3]　原書：Swift, Sally, *Centered Riding*, 1985, St. Martin's Press（New York, USA）．

[4]　原書：Decarpentry, Albert Eugène Edouard (Général), *Equitation Academique– Préparation aux Épreuves Internationales de Dressage*（馬場馬術―国際馬術競技会への準備）［仏］，1949，Henri Neveu（Paris, FRA）．

なお，邦訳書には，訳者などの記載がなく，市販もされていないため，千葉幹夫編『馬の文化叢書第8巻「馬術―近代馬術の発達」』（文献6参照）の参考文献欄に記載されている書誌を使用した．また，次の英語版があるが，これには，パリのÉmile Hazan社発行の第2版（改訂版）によったと記されている．

英語版：Nicole Bartle 訳, *Academic Equitaition – A Preparation for International Dressage Tests*（馬場馬術―国際馬場馬術競技会への準備），1971初版／1987, J.A. Allen（London, UK）．

文献

9　日本馬術連盟『馬術教範』[1]，1983，日本馬術連盟（東京）．
10　バラノフスキー（荒木雄豪編訳）『国際馬事辞典』[5]（増補三訂版），1995初版／1999増補改訂版／2001増補三訂版，恒星社厚生閣（東京）．
11　フィリス（遊佐幸平訳註，荒木雄豪編）『フィリス氏の馬術』[6]（増補改訂版），1993初版／1998増補改訂版，恒星社厚生閣（東京）．
12　ボルト（澤田孝明訳，高津彦太郎，井上正樹編訳，荒木雄豪監修）『ボルト氏の馬術』[7]，2003，恒星社厚生閣（東京）．
13　ミューゼラー（南大路謙一訳）『乗馬教本』[8]，1956初版／1981，恒星社厚生閣（東京）．
14　遊佐幸平（荒木雄豪，高津彦太郎 編）『遊佐馬術』[9]，1998，恒星社厚生閣（東京）．
15　ラシネ（椎名　穣抄訳，高津彦太郎・荒木雄豪編）『ボーシェー紹介』[9]（荒木雄豪・高津彦太郎編訳『ボーシェー氏の馬術』所収），2000，恒星社厚生閣（東京）．
16　リカール（遊佐幸平訳）『馬調教の理論』[10]，1962，日本馬術連盟．
17　陸軍騎兵実施学校訳『獨逸馬術教範』[11]，1914，陸軍騎兵実施学校（非売品）．

5）原書：Baranowski, Zdzislaw, *The International Horseman's Dictionary*（国際馬術用語辞典），1955初版．

　なお，原書（英仏独の3ヶ国語版）は絶版だが，同名の英仏独伊西5ヶ国語増補版が，Christina Belton の訳により，1996年にロンドンのJ.A. Allen社から出版されている．

　また，邦訳の増補三訂版は市販されていないため，一般に入手可能なものでは1999年の増補改訂版が最新版となる．ちなみに，増補三訂版に付録として収録されている『獨和馬事小辞典』の書誌は次のとおりである．

　四條隆徳編（荒木雄豪再編）『獨和馬事小辞典』，1942初版，科学書院（東京）．

6）原書：Fillis, James, *Principes de dressage et d'équitation*（調教と御術の原理）[仏]，1890初版．

　英語版：M. H. Hayes 訳，*Breaking and Riding*（調教法と御術），1902初版／1969，J.A. Allen（London, UK）．

7）原書：Boldt, Harry, *Das Dressurpferd*（馬場馬術馬）[独]，1978初版／1998，Edition Harberbeck（GER）．

　英語版：Sabine Schmidt, Dane Rawlins 訳，Sarah Whitmore 編，*The Dressage Horse*（馬場馬術馬）[第3章のみの英訳]，出版年・出版社不詳．

8）原書は，文献26のとおり．

9）これは，フィリスの次の著書のうち，ポヴェロー（Povero）号の調教に関する部分を遊佐が解説した講演会の速記録で，遊佐がフィリスの著書に基づきながら自らの馬術観を披瀝したものとされている．

　Fillis, James, *Journal de dressage*（調教日誌）[仏]，1903初版／1993，Jean-Michel Place（Paris, FRA）．

10）原書：Claude-Racinet, Jean, *Racinet Explains Baucher*, 1997, Xenophon Press（Cleveland, OH, USA）．

11）原書：Licart, Jean Charles André Alfred (Commandant), *Dressage*（調教）[仏]，1952/1989，Lavauzelle（Paris, FRA）．

　なお，この書誌は，千葉幹夫編『馬の文化叢書第8巻「馬術－近代馬術の発達」』（文献6参照）によったが，訳者が使用したのは，北海道大学馬術部編『馬調教のための指針』（1964，未出版）所収のものである．

文献

日本語以外の文献

18 Belknap, Maria Ann, *The Equine Dictionary*（馬事辞典），1997, J.A. Allen（London, UK）．

19 Blixen-Finecke, Hans von（Baron），*The Art of Training–Lessons from a Lifetime with Horses*（調教の技芸－馬と過ごした人生からの教訓），1996, Half Halt Press（Boonsboro, MD, USA）．

20 Crossley, Anthony, *Dressage–An Introduction*（馬場馬術入門），1984初版／1992, Swan Hill Press（Shrewsbury, UK）．

21 Fédération Française de sports Equestre（フランススポーツ馬術連盟），*Manuel d'Equitation*（フランス馬術教範）［仏］，初版年不詳／1975, Lavauzelle（Limoges, FRA）．

22 Deutschen Reiterlichen Vereinigung（ドイツ馬術連盟），*Richtlinien für Reiten und Fahren*, Band 1, Grundausbildung für Reiter und Pferd（馬術及び馬車の御術のガイドライン第1巻－人馬の基礎教育）［独］[13]，1994, FN-Verlag（Warendorf, GER）．

23 Deutschen Reiterlichen Vereinigung（ドイツ馬術連盟, Susanne Miesner, Michael Putz, Martin Plewa共著），*Richtlinien für Reiten und Fahren*, Band 2, Ausbildung für Fortgeschrittene（馬術及び馬車の御術のガイドライン第2巻－上級者の訓練）［独］[14]，1997, FN-Verlag（Warendorf, GER）．

24 Guérinière, François Robichon de la（Tracy Baucher 訳），School of Horsemanship（馬術調教）[15]，1994, J.A. Allen（London, UK）．

12）原書：Kriegsministerium（戦争省），*Reitvorschrift*（馬術教範）［独］，1912, Mittler und Sohn（Berlin, GER）．
　なお，この馬術教範は，ハノーヴァーのドイツ騎兵学校が中心となり，シュタインブレヒト（文献29参照）の理論に基づいてまとめたものだとされている．

13）英語版：German National Equestrian Federation（Christina Belton 訳），*The Principles of Riding – The Official Hand-book Of the German National Equestrian Federation, Book 1*（馬術の基本原理－ドイツ馬術連盟公式教範第1巻，全訂版），1985初版／1997全訂版，Kenilworth Press（Buckingham, UK）．
　なお，原書出版社のFN-Verlag（http://www.fnverlag.de/）は，いわばドイツ馬術連盟の出版局である．
　また，英語版の初版を日本語に訳したものが，『ドイツ馬術連盟乗馬の基礎』（非売品）として社団法人全国乗馬倶楽部振興協会から出版されている（出版年不詳）．

14）英語版：German National Equestrian Federation（Christina Belton 訳），*Advanced Techniques of Riding – The Official Handbook Of the German National Equestrian Federation, Book 2*（乗馬の高等技術—ドイツ馬術連盟公式教範第2巻，全訂版），1986初版／2000全訂版，Kenilworth Press（Buckingham, UK）．
　なお，この英語版は，馬場馬術の部分のみの訳であり，障害馬術や総合馬術の部分は割愛されている．

15）原書：*École de Cavalier*（騎手の教育）［仏］，1733初版．
　なお，上記に掲げた英語版は全文の英訳であるが，次のとおり，第2部のみの英訳がアメリカで出版されている．
　英語版その2：訳者不詳，*École de Cavalier*（騎手の教育），1992, Xenophon Press（Cleveland, OH, USA）．

文献

25 Klimke, Reiner, *Grundausbildung des jungen Reitpferdes* – von der Fohlenerziehung bis zum ersten Turnierstart（若い乗用馬の基礎調教－子馬の馴致から最初の競技会まで）［独］[16], 1980／1990第5版, Franckh（Stuttgart, GER）.

26 Müseler, Wilhelm, *Reitlehre*（乗馬教本）［独］[17], 1933初版／1981第44版（Kurd Albrecht von Ziegnerによる全面改訂版）／1998第46版／2005新訂第47版, Müller-Rüschlikon（Cham, GER）.

27 Racinet, Jean-Claude, *Another Horsemanship* – A Manual of Riding in the French Classical Tradition（もう一つの馬術－フランス古典伝統馬術による乗馬の手引き）, 1991, Xenophon Press（Cleveland, OH, USA）.

28 Schusdziarra, Heinrich; Volker Schudziarra（Sandra L. Newkirk 訳）, *An Anatomy of Riding: A Guide to Better Dressage Through An Understanding of Anatomy*（乗馬の解剖学：解剖学の理解を通じたより良い馬場馬術への道案内）[18], 1985, Breakthrough Publications（Ossining, NY, USA）.

29 Steinbrecht, Gustav（Paul Plinzner 補追）, *Das Gymnasium des Pferdes*（馬の身体訓練）［独］[19], 1886初版／2004第16版（改装版）, FN-Verlag（Warendorf, GER）.

30 United States Dressage Federation（合衆国馬場馬術連盟）, *Glossary of Dressage Judging Terms*（馬場馬術審査用語集）【本書付録】, 初版年不詳／1999改訂版, USDF（Lincoln, NE, USA）.

31 Wynmalen, Henry, *Dressage – A Study of the Finer Points of Riding*（馬場馬術－馬術の詳細についての考察）, 1953初版／出版年不詳, Wilshire Book（Holywood, CA, USA）.

32 Ziegner, Kurd Albrecht von, *The Basics*; A Guideline for Successful Training（調教の基礎－調教を成功に導くガイドライン）【本書】, 1995初版？／1995改訂第2版, Xenophon Press（Cleveland, OH, USA）.

33 Ziegner, Kurd Albrecht von（Dorothea Heaton 訳）, *Elemente der Ausbildung* – Leitfaden für den Bereiter junger Pferde（調教の要素－若馬調教ガイド）［独］[20], 2001, Cadmos Verlag（Lüneburg, GER）.

---

16) 英語版：Sigrid Young 訳, Jane Kidd 編, *Basic Training of the Young Horse*（若馬の基礎調教）, 1985, J.A. Allen（London, UK）.
　　なお, 2005年にFranckh-Kosmos社から出版された第6版（英語版は, 2006年J.A. Allen社）は, 1999年のクリムケ博士の死去後, 総合馬術と馬場馬術の選手である娘のイングリットの手で全面的に増補改訂されたもので, 内容が一新されている（viiページ注17参照）.

17) 英語版：Harold Erenberg（第4版までは F. W. Schiller）訳, *Riding Logic*（乗馬の論理）, 1937初版／1983第5版, Methuen London（London, UK）.
　　フランス語版：André Stratmann 訳, *Équitation – la formation du cavalier, le dressage du cheval*（馬術－騎手の訓練と馬の調教）, 1967初版（1988, Jean-Michel Place［Paris, FRA］）.
　　なお, 原書は, 改版のたびに図版などに改変が加えられており（フォン・ジーグナー大佐の関与について, 207ページ注3参照）, 日本語版『乗馬教本』の「訳者の言葉」にもあるとおり, 章の順序の入れ替えなども行われている. ちなみに, 日本語版が主として原書第9版に基づいているのに対し, フランス語版は第36版, 英語版の第5版（全面改訂版）はおそらく原書第44版を

それぞれ底本としている.

18) 原書：*Gymnasium des Reiters*（騎手の身体訓練）［独］, 1978, Parey（Berlin & Hamburg: GER）.

　なお，原書の題名はシュタインプレヒトの著作（文献29）のもじりで，原書，英語版とも長らく絶版になっていたが，USDFとの共同出版の形で次の英語改訳版が発行された.

　Cynthia Hodges 訳, Reina Abelshauser 編, *Anatomy of Dressage*（馬場馬術の解剖学）, 2004, Half Halt Press（Boonsboro, MD, USA）& United States Dressage Federation（Lexington, KY, USA）.

19)「Gymnasium」というドイツ語は，一般には「ギムナジウム」（ドイツの9年制文科高等中学校）を意味するが，英語と同様に「体育館」という意味でも使われるので，この書名は「馬の高等教育」とも「馬の身体訓練」とも解釈できる．しかし，高等馬術だけでなく，基礎からの調教（つまり「体づくり」）が扱われているようなので，後者を採用した.

　なお，Cadmos社から2001年に挿絵入りの版が出ているほか，次の英語版があるが，これには1978年にドイツのアーヘン（Aachen）にあるGeorgi社から出版された第10版によったとの記載がある.

　英語版：Helen K. Gibble 訳, *The Gymnasium of the Horse*（馬の身体訓練）, 1995, Xenophon Press（Cleveland, OH, USA）.

20) 英語版：Ziegner, Kurd Albrecht von, *Elements of Dressage – A Guide for Training the Youg Horse*（調教の要素－若馬調教ガイド）, 2002, Cadmos Verlag（Lüneburg, GER）.

索　引

【あ行】

肢で歩く馬　69
（横運動での）肢の交差　185, 196, 198-199
頭を上げる　64, 211, 248
（頸をひねって）頭を傾ける　64, 234
（踏歩変換で）後肢が遅れた　222
依倚　vi, 25, 216, 240
移行　49, 157-167
　　同じ歩法の中での移行　159-161
　　下位の歩度への移行　115, 165
　　駈歩からの移行　163, 165
　　停止への移行（全減却）　166
　　別の歩法への移行　161-166
　　横運動相互の移行　185, 186, 189, 191
一定の歩調　→ 歩調
一方の腰が折れ曲がった姿勢　100
一方の手綱を受ける　61, 64, 243
運動課目　141-150, 224
　　——のガイドライン　144
運歩の整正　vi, 15, 24, 47-54, 229
大きな歩幅　14, 15
　　cf. 歩幅の大きな（運歩）
折り返し手綱　32, 36, 62

【か行】

外乗　30
駈歩発進　162, 165
過剰屈撓姿勢　42-44, 84, 226, 248-249
片手手綱　83, 106
肩を内へ　117-119, 177-184, 198-199
肩を張る　219
肩を前へ　101-102, 118, 178, 180
体づくり　35
完歩　48, 231
騎坐　69, 75, 257, 258
　　——姿勢　258
　　——（腰）の作用に軽い　68-76, 264
　　——の扶助　72, 85, 259-260, 262
　　——（腰）を利かせる操作　69, 72-75, 130, 261
脚に軽い　76-81, 264
脚の扶助　79, 85, 130, 160, 181
脚の用法　80
キャバレッティ　33-34
（前駆の）起揚　25, 44, 130, 218
　　絶対的起揚　20
　　相対的起揚　20, 109
韁後に来る　213, 245, 246-249
（馬体の）緊張　233
隅角通過　138-140
空間期　121, 232
クセノフォン　149
（馬体の）屈曲（側方屈曲）　92, 185, 213, 256-257
屈曲騎坐姿勢　180-181
頸が折れ曲がった姿勢　214, 248
頸をひねる　→ 頭を傾ける
クリムケ博士　vii, 274
軽快（性）　25, 130, 222
後駆の屈撓　130, 254
控制扶助　16
腰の扶助　→ 騎坐の扶助
腰を内へ　184-187, 198-199
腰を外へ　187-189, 198-199
腰を張る　74, 260-263
拳の扶助　160　cf. 手綱の扶助
コンタクト　vi, 15, 25, 59-65, 216, 240-242

【さ行】

自由演技　149-150
収縮　vi, 15, 25, 125-133, 215, 265

277

索 引

従順（性）　25, 225, 232, 250
柔順（性）　vii, 16, 25, 113-119, 157, 251
柔軟（性）　232, 249-252
自由飛越　35
手脚の間に置かれた　15, 25, 67-85, 225, 264
シュタインブレヒト　87, 147, 274
『乗馬教本』　2, 67, 130, 207, 272, 274
伸長速歩　71
真直（性）　vi, 16, 25, 87-103, 231, 267
（騎手に対する）信頼　24, 216
（前方）推進扶助　130
推進力　vi, 15, 25, 121-123, 221, 237, 267
推力　18, 23, 25, 130, 238
図形運動　92, 135-140, 219
整正　→運歩の整正
正調な（運歩）　228
節　48, 212
背中で歩く馬　68
背中の律動　70, 122, 233, 239-240
背の柔軟　55, 233　*cf.* 背中の律動
セルフ・キャリッジ　23, 230, 256
（頭頸の）前下方伸展　62
前駆に重る　225　*cf.* 手綱に重る
前駆の起揚　→起揚
前傾姿勢　258
前後屈撓　219, 245
前進気勢　10, 18, 25, 238
セント・ジェームズ賞典馬場馬術課目
　パートⅠ（基礎課目）　171-172
側対歩　51-52, 212, 222
速度　50, 231
側方屈曲　→屈曲
側方屈撓　219, 228, 256-257, 268
　——での騎乗　100-101, 103, 178
（肩・後躯が）外側に逃げる　80, 82, 219

【た行】

体重の扶助　→騎坐の扶助

体重負担力　18, 23, 131, 255
（馬の）体勢　215
（扶助の）タイミング　79, 157-167
手綱に重る　64, 242, 248
手綱の扶助　79, 85, 130　*cf.* 拳の扶助
手綱の用法　82, 83
手綱びっこ　36, 51
単純踏歩変換　145, 163-164
　速歩をはさんだ単純踏歩変換　166
弾発　219
　——力　vi, 15, 25, 121, 230, 239, 267
弾力性　218
地上横木　33-34
調馬索作業　31-33
（馬の動きへの）追随　85
低伸姿勢　44, 223
手の内に入った　81-85, 225, 243-246
点頭運動　59
テンポ　49, 229, 233
ドイツ公式教本　vi, 2
透過（性）　62, 234
踏歩変換　143, 201-206
　——の扶助　204
トップライン　234
　——の伸展エクササイズ　39-40, 63, 132
ド・ラ・ゲリニエール　6, 273
トレーニング・ツリー　18

【な行】

内方姿勢　268
長手綱　30
斜横歩　39, 93-99, 178-179
二蹄跡運動　→横運動
伸びやか（な運歩）　14, 15, 25, 55-57, 220

【は行】

ハーフ・ステップ　132, 254-255
拍車　77-78

索　引

馬体がつまった停止　116, 215
馬体の歪曲　→歪曲
馬体フレーム　44, 125, 127, 220
銜に突っかかる　64, 211
銜を味わう　215
銜を受ける　15, 60, 241-242
バランス　15, 25, 105-112, 212
　　──チェック・エクササイズ　111, 235
半減却　115-116, 121, 221
　　──ポイント　137
反対屈撓での騎乗　102-103
反対姿勢の肩を内へ　199
（調教の）フェイズ　17-20, 23, 144
（騎手に対する）服従　225　cf. 従順（性）
不従順　217
扶助透過性　vi, 16, 25, 114, 250-251
　　cf. 柔順（性）
不正駈歩　201, 217
踏み込み　25, 44, 80, 122, 218, 252-253
蛇乗り　137
　　長蹄上の蛇乗り　136
鞭　76-77
放棄手綱　30
ポダイスキー大佐　112, 157
（一定の）歩調　vi, 24
歩度　48, 226
歩幅の大きな（運歩）　14, 25, 220
　　cf. 伸びやか（な運歩）
歩法　48, 221
ボルト（ハリー）　vi

【ま行】

前高の（バランス）　235
巻き込み　64, 84, 213, 246-249
ミューゼラー　2, 272, 274
鞭　→べん
股の屈撓　253

【や行】

横歩　175, 189-197, 198-199
　　──の行進線の基準　192-193, 195
横運動　175-199
4節の駈歩　53-54

【ら行】

力線　179, 193, 195
リズム　24, 48, 229
　　駈歩のリズム　53
　　常歩のリズム　51
　　速歩のリズム　52
律動　→背中の律動
　　──感　25, 49, 123, 214
リラクセーション（リラックス）　vi, 16, 24, 27-45, 229, 252
レベル（調教グレード）　xiii, 8, 23
（騎手の拳と馬［の口］との）連携　25, 61, 114, 216, 240

【わ行】

（馬体の）歪曲　16, 88-89, 217, 266-267

訳者紹介

椎名　穣（しいな・ゆたか）

1961年東京生まれ．1981年，東京大学入学と同時に運動会馬術部で馬術を始める．大学卒業後，転勤の先々でも必ず乗馬クラブを探し，琵琶湖乗馬倶楽部（滋賀県大津市），北星乗馬クラブ（北海道札幌市），Wheathill Riding Centre（英国Liverpool）などで乗馬を続け，現在は，高津彦太郎氏に紹介されたグリーングラス乗馬倶楽部（栃木県足利市）に所属．

ドレッサージュの基礎――馬と共に成長したい騎手のためのガイドライン

2007年3月30日	初版第1刷発行
2009年10月30日	第2刷発行
2012年4月20日	第3刷発行
2015年2月15日	第4刷発行
2021年5月15日	第5刷発行

著　者　クルト・アルブレヒト・フォン・ジーグナー
訳　者　椎名　穣
発行者　片岡一成
発行所　株式会社 恒星社厚生閣
　　　　〒160-0008　東京都新宿区四谷三栄町3番14号
　　　　TEL：03(3359)7371　FAX：03(3359)7375
　　　　http://www.kouseisha.com/

印刷製本　（株）シナノ

ISBN 978-4-7699-1056-5　C0075

定価はカバーに表示

恒星社厚生閣馬術叢書

馬と仲良くなれる本
ピンチさんのハッピーホースマンシップ

ドロシー・ヘンダーソン・ピンチ著／牧浦千晶訳
A5判／184頁／並製／定価2,750円
初版：2011年1月5日

馬の気持ちやカラダのしくみ，乗馬のハウツーを馬の目線でやさしく解説。表情豊かなイラスト満載。

総合馬術競技
トレーニングおよび競技

パトリック・ガルウ著／後藤浩二朗監修／吉川晶造訳
B5判／256頁／上製／定価8,800円
初版：2011年9月30日

最高峰の総合スポーツ馬術である総合馬術競技の全貌と最先端の科学的トレーニングを解説。

ハンターシート馬術

ジョージ・H・モリス著／髙木伸二訳
A5判／258頁／上製／定価4,950円
初版：2010年11月25日

北京オリンピック団体優勝の米障害馬術チーム監督が説く基本と練習法。原書は1971年発刊のロングセラー。

乗馬教本
Ⅰ．「騎手の教育」　Ⅳ．「人馬教育の向上演習」
Ⅱ．「馬の調教」　Ⅴ．「馬具及び馬装」
Ⅲ．「課業」

ミューゼラー著／南大路謙一訳
A5判／204頁／上製／定価2,750円
初版：1965年，第5刷：1996年

5ヵ国語で翻訳され好評を博している，騎手の教育・馬の調教・馬具および馬装等に関する世界的な乗馬入門書。

実用馬術
Ⅰ．「騎手の訓練」　Ⅲ．「馬の調教」
Ⅱ．「解説並に基本概念」　Ⅳ．「競技騎乗」

ザイフェルト著／南大路謙一訳
A5判／284頁／上製／定価3,300円
初版：1982年，第3刷：1999年

馬術競技の要求に対する人馬訓練の指導書。初心者，教官，調教者，さらに競技観覧者のための解説書。

フィリス氏の馬術　増補改訂版
第1編「総説」
第2編「普通馬術」
第3編「高等馬術」

フィリス著／遊佐幸平訳註／荒木雄豪編訳
A5判／278頁／上製／定価3,520円
初版：1993年，増補改訂版：1998年

古今の名馬術書の一つとされる原著に訳者が彼一流の解説と註を付して訳した戦前版を現代的記述に改めたもの。

国際馬事辞典　増補改訂版
Ⅰ．「馬」　Ⅳ．「索引（日・英・仏・独）」
Ⅱ．「馬と騎手」　〔付〕「馬術家と馬術関係書」
Ⅲ．「施設と馬具」

バラノフスキー著／荒木雄豪編訳
A5判／300頁／上製／定価5,280円
初版：1995年，増補改訂版：1999年，
増補三訂版（非売品）：2001年

馬術関連用語2500語以上を収録した英・仏・独の馬術用語の対訳に日本語訳を付け，4カ国語の検索が可能。

馬場馬術
―競技への道

ハミルトン著／中山照子訳
A5判／210頁／上製／定価3,850円
初版：1997年，再版：2004年

英国馬術協会屈指の女性指導者である著者が，その豊かな経験と知識により著した最高のガイドブック。

ボルト氏の馬術

Ⅰ.「馬場馬術の歴史」　Ⅱ.「馬場馬術スポーツ用乗馬の評価」
Ⅲ.「Mクラスからグランプリまでの馬場馬術の調教」
Ⅳ.「1978年世界選手権大会馬場馬術競技リポート」
〔付〕「オリンピック大会(1912～2000)馬術競技入賞記録」

ボルト著／澤田孝明訳
高津彦太郎・井上正樹編訳／荒木雄豪監修
A4変版／352頁／上製／定価25,300円
初版：2003年

東京とモントリオールの両オリンピックで共に団体優勝と個人2位を獲得した著者の馬術理論を豊富な連続写真と共に。

馬術への誘い

京大馬術部事始―もっと馬術を理解するために―
第1編「馬の科学編」
第2編「馬の技術編」

京都大学馬術部編
A5判／273頁／並製／定価2,200円
初版：2003年、再版：2004年

馬の生理生態を科学的に詳述した科学編と馬術競技の規定やトレーニングを解説する技術編からなる入門書。

乗馬の歴史

―起源と馬術論の変遷

E・ソレル著／吉川晶造・鎌田博夫訳
A5判／480頁／上製／定価4,730円
初版：2005年

馬具改良の歴史，調教法の発達史，戦争での活用法変遷，スポーツ馬術確立までの歴史を俯瞰。

掲載の定価は2021年4月現在の税込価格です